Dave Asprey

Das
BULLET
PROOF
KOCHBUCH

Dave Asprey

Das
BULLET
PROOF
KOCHBUCH

125 Rezepte für die Bulletproof-Diät

riva

Bibliografische Information der Deutschen Nationalbibliothek

Die Deutsche Nationalbibliothek verzeichnet diese Publikation in der Deutschen Nationalbibliografie.
Detaillierte bibliografische Daten sind im Internet über http://dnb.d-nb.de abrufbar.

Für Fragen und Anregungen:
info@rivaverlag.de

2. Auflage 2021
© 2016 by riva Verlag, ein Imprint der Münchner Verlagsgruppe GmbH,
Türkenstraße 89
80799 München
Tel.: 089 651285-0
Fax: 089 652096

© der Originalausgabe

Die amerikanische Originalausgabe erschien 2015 bei Rodale, Inc., USA, unter dem Titel *Bulletproof – The Cookbook: Lose Up to a Pound a Day, Increase Your Energy, and End Food Cravings for Good*. Copyright © 2015 by Dave Asprey. Published by arrangement with Rodale Inc., Emmaus, PA, USA. All rights reserved.

Bulletproof® ist eine eingetragene Marke der Bulletproof Digital, Inc.

Übersetzung: Christa Trautner-Suder
Redaktion: Kathrin Gritschneder
Umschlaggestaltung: Melanie Melzer
Umschlagabbildungen: shutterstock/Lisovskaya Natalia (oben), shutterstock/hlphoto (unten links), shutterstock/Subbotina Anna (unten Mitte), shutterstock/Innershadows Photography (unten rechts); Umschlagrücken: shutterstock/stockphoto mania; Umschlagrückseite: shutterstock/AS Food studio (oben); shutterstock/ Valentyn Volkov (Mitte); shutterstock/Taiftin (unten links), Mitch Mandel (unten Mitte und rechts)
Fotografien: Mitch Mandel
Food Styling: Paul Grimes
Prop Styling: Stephanie Hanes
Satz: inpunkt[w]o, Haiger
Druck: Florjancic Tisk d.o.o., Slowenien
Printed in the EU

ISBN Print: 978-3-86883-866-4
ISBN E-Book (PDF): 978-3-95971-197-5
ISBN E-Book (EPUB, Mobi): 978-3-95971-198-2

Weitere Informationen zum Verlag finden Sie unter

www.rivaverlag.de

Beachten Sie auch unsere weiteren Verlage unter www.m-vg.de

Für meine Frau, Dr. Lana Asprey,
die mein verrücktes Biohacking in der Küche ...
und überall sonst unermüdlich unterstützt.

Danke, Lana!

Lob für das
BULLETPROOF-KOCHBUCH

»Die Bulletproof-Diät gibt eine wohlschmeckende Antwort auf die Frage: ›Wie kann ich fantastisches Essen genießen, das mich gesund hält?‹ Das Bulletproof-Kochbuch ist eine unglaubliche Sammlung von Rezepten, die mit Sicherheit vielen dabei helfen werden, ihre Gesundheitsziele zu erreichen.«

Dr. med. DAVID PERLMUTTER, *New-York-Times*-Bestsellerautor
von *Dumm wie Brot* und *Brain Maker*

»Fett verbrennen, den Stoffwechsel in Schwung bringen und Muskeln aufbauen – das können Sie mit diesen erstaunlichen Rezepten zur Bulletproof-Diät. Hier wird ungesunder Zucker gegen köstliche diätetische Fette ausgetauscht, von denen die Gesundheit angekurbelt wird.«

JJ VIRGIN, CNS, CHFS, Ernährungs- und Fitness-Expertin für Promis und
Autorin des *New-York-Times*-Bestsellers *The Virgin Diet* und *Sugar Impact Diet*

»Seit über zwei Jahren bin ich nun Bulletproof und spreche bei der Arbeit ständig über die positiven Veränderungen, die diese neuen Essgewohnheiten bei mir bewirkt haben. Ich erzähle es anderen Schauspielern und dem Filmteam am Set und meinen Freunden auf Partys. Immer wieder werde ich gefragt: ›Klar, du trinkst Bulletproof-Kaffee, aber was isst du?‹ Jetzt kann ich ihnen einfach dieses mit großartigen Rezepten vollgepackte Buch in die Hand drücken. Danke, Dave!«

BRANDON ROUTH, Schauspieler und Star von
Legends of Tomorrow und *Superman Returns*

Lob für die
BULLETPROOF-DIÄT

»Dave Asprey sorgt dafür, dass Sie alles, was Sie über Ernährung und Gesundheit zu wissen glaubten, infrage stellen werden. Sein revolutionärer Rat wird Sie wahrscheinlich zu einer gesünderen, besser aussehenden und smarteren Version Ihrer selbst machen – wir können alle so Bulletproof werden wie Dave!«

Dr. med. MARK HYMAN, Autor des #1 *New-York-Times*-Bestsellers
Hoher Blutzucker, übergewichtig und mangelernährt

»Heute haben wir die Möglichkeit, zu messen, was funktioniert. Dave Asprey nutzt diese neue Power bei seinem Biohacking des menschlichen Körpers, um unser Denken und Wohlbefinden zu verbessern. Diese Fähigkeit ist bahnbrechend und wird dazu führen, dass sich die menschliche Leistungsfähigkeit messbar verbessern wird.«

Dr. med. PETER H. DIAMANDIS, CEO, XPRIZE Foundation,
Vorstandsvorsitzender, Singularity University und Autor
von *Überfluss: Die Zukunft ist besser als Sie denken*

Inhaltsverzeichnis

Vorwort

Am einfachsten erfährt man etwas über die Vorteile, Bulletproof zu werden, durch den Erfahrungsbericht von jemandem, der damit eine erstaunliche Veränderung erlebt hat. Wer wäre da geeigneter als der Schauspieler Brandon Routh, der den Superman in *Supermans Rückkehr* und den Superhelden »Atom« in der TV-Erfolgsserie *Arrow* gespielt hat? Er ist ein ausgezeichnetes Vorbild für ein Bulletproof-Leben in einem fordernden, leistungsorientierten Beruf, der körperliche und geistige Höchstform verlangt. Brandon spielt einen Superhelden – und im übertragenen Sinn geht es beim Biohacking genau darum: das Erreichen Ihrer persönlichen Superkraft und das Entdecken von Fähigkeiten, von deren Existenz Sie bisher nicht einmal wussten. Brandon ist ein großartiges Beispiel für eine Bulletproof-Lebensweise, weil er tatsächlich die Rundumveränderung in jedem Aspekt seines Lebens erlebt hat – angefangen von der Gewichtsabnahme über die Verbesserung der Hirnfunktion bis hin zu besserem Schlaf und tieferen sozialen Begegnungen.

Brandon entdeckte den Bulletproof-Ansatz genau in der Zeit, als er für eine General-überholung reif war. Zu dem Zeitpunkt war ihm das gar nicht so klar; nachdem er erst einmal mit dem Experimentieren angefangen hatte, war er schnell bekehrt. Und er ist noch heute einer unserer größten Fans.

Die Schauspielerei stellt wie jeder Job hohe Anforderungen, bei diesem besonderen Beruf kommen aber noch eine Menge weiterer Faktoren ins Spiel. Schauspieler zu sein verlangt wirklich ein hohes Leistungsniveau. Am Set herrscht immer Druck, dazu kommen endlos lange Drehtage, heißes Scheinwerferlicht und intensive Persönlichkeiten. Wenn sie dann an der Reihe sind, müssen sie auf den Punkt ihre Leistung bringen. Sie brauchen Ausdauer und Energie und müssen im Vollbesitz ihrer geistigen Fähigkeiten sein. Sie können es sich nicht leisten, mental oder körperlich schwach zu sein.

Brandons Geschichte kann Ihnen einen Eindruck von dem Gefühl vermitteln, auf die unzähligen Arten Bulletproof zu sein, auf die er seine eigene Verwandlung erlebt hat. Hier lesen Sie seine Geschichte, wie Brandon sie 2014 erzählt hat, als er Gast in meinem Podcast war:

»Ich wurde durch meinen Freund Adam Carolla auf einem Junggesellenabschied auf die Bulletproof-Diät aufmerksam. Er fragte mich, ob ich schon von der Methode gehört hätte, Butter und Kokosöl in den Kaffee zu rühren – und natürlich war ich skeptisch. Was ich im Blog über die Vorteile guter gesättigter Fettsäuren las, fand ich jedoch sehr interessant.

Zwei Tage später probierte ich die Bulletproof-Diät aus und habe seitdem nicht mehr damit aufgehört. Sie veränderte meine Ernährung, meine Einstellung zur Gesundheit und knipste in meinem Gehirn ein Licht an – wobei ich bis dahin gar nicht gewusst hatte, dass es ausgeschaltet war. Es ist jemandem, der es nicht selbst probiert hat, schwer zu erklären, aber mein Geist wurde tatsächlich aufgeweckt.

Bulletproof veränderte meine Energie, meine Klarheit in der Kommunikation mit anderen Menschen, meine Schlafmuster – es veränderte einfach alles. Sechs Monate nachdem ich mit Bulletproof begonnen hatte, bekam ich eine neue Superhelden-Rolle als Ray Palmer alias »The Atom«. Ray Palmer war als schnell sprechendes Energiebündel mit Witz und Charisma angelegt. Die Bulletproof-Diät half mir, die geistige Energie und Freiheit zu entwickeln, die ich für die überzeugende Interpretation dieser Rolle benötigte. Zudem musste ich für die körperlichen und auch für die optischen Anforderungen der Rolle in guter körperlicher Form sein – ich denke nur an die gefürchteten Szenen mit nacktem Oberkörper! Vorher hatte ich bereits mit veganer Ernährung experimentiert, weil das Essen so gut, so rein und so sauber ist. Man bekam es jedoch nur in veganen Restaurants oder musste es selbst zubereiten. In den meisten herkömmlichen Lokalen werden solche Gerichte nicht angeboten. Und da gehe ich auf diese Party und höre etwas über Bulletproof-Essen und merke, dass es noch eine weitere Option gibt, kraftvolles, reines Essen zu bekommen, das mir helfen könnte, mein volles Leistungspotenzial auszuschöpfen. Plötzlich fügte sich alles zusammen.

Ein weiteres glückliches Zusammentreffen war, dass meine Frau und ich uns in dieser Zeit immer wieder darüber unterhielten, wie wir es mit der Ernährung bei unserem bald einjährigen Sohn halten wollten, nachdem er knapp ein Jahr gestillt worden war. Bulletproof zu werden half uns bei der Entscheidung, tierische Fette und Proteine von hoher Qualität zu wählen, und die Ergebnisse waren ziemlich erstaunlich. Unser Sohn gedeiht prächtig. Er hat gute verbale Fähigkeiten und besitzt mit seinen zwei Jahren bereits einen für seine Altersgruppe umfangreichen Wortschatz. Wir sind der Meinung, dass die Art und Qualität seiner Ernährung dabei eine große Rolle gespielt haben.

Lassen Sie mich Ihnen erzählen, wie Bulletproof wirklich jeden Aspekt meines Lebens zum Besseren verändert hat: Als Erstes stellte ich eine Veränderung meiner Essgelüste fest. Plötzlich mied ich alles, was Dave als »suspekte« Lebensmittel bezeichnet, aß nur dieses hochwertige Fett und hatte überhaupt keine Gelüste mehr auf Süßes. Mein Körper wurde wirklich neu eingestellt, sodass ich, wenn ich zu wenig Fett aß, wieder Gelüste auf Süßes bekam. Bei diesem neuen Ernährungsstil benötigte ich keine Zwischenmahlzeiten mehr, ich fühlte mich nicht mehr unzufrieden und vertraute wirklich darauf, dass mein Organismus mir sagte, was er brauchte.

Heute hält meine Sättigung normalerweise sieben bis acht Stunden an und ich bin voller Energie. Früher, als ich noch zwischendurch hungrig wurde, bekam ich wie die meisten Leute in diesem Fall schlechte Laune. Heute kenne ich diese Hungerattacken nicht mehr – und auch nicht die damit verbundene schlechte Laune. Wenn Sie Bulletproof werden, fällt auch Ihnen vermutlich als Erstes auf, dass alles entspannter ist. Ich stellte außerdem sehr schnell eine einschneidende Veränderung meines Energielevels fest. Dieser verschob sich so stark, dass sich sogar mein soziales Verhalten veränderte. Auf Partys war ich immer eher introvertiert gewesen, ich beobachtete Unterhaltungen lieber, als daran teilzunehmen. Heute hat sich ein völliger Rollentausch vollzogen. Ich bin begierig darauf mitzureden – meine Freunde machen sich schon über mich lustig, weil ich den Mund nicht mehr halten kann. Ich strotze einfach vor Energie und mein Geist ist ständig wach und aktiv.

Die neu gewonnene Energie war bereits eine erstaunliche Offenbarung und nun stellen Sie sich vor, wie ich mich bei der Gewichtsabnahme fühlte. In den ersten vier bis fünf Monaten nahm ich über zehn Kilo ab. Ich hatte immer hart und regelmäßig trainiert, aber was die Pfunde schmelzen ließ, waren die veränderten Essgewohnheiten. Es ist schon verblüffend, dass ich mein Körperfett ab dem Moment beim Schmelzen beobachten konnte, als ich anfing, hochwertige Fette zu essen. Ich konnte im Fitnessstudio nun auf der Hantelbank auch mehr Gewichte stemmen. Nachdem ich Bulletproof wurde, gewann ich tatsächlich et-was von der verloren geglaubten jugendlichen Ausdauer zurück.

In dieser Zeit hörte ich außerdem auf, Alkohol zu trinken. Ich lernte, dass Bier leider eine der schlechtesten Alkoholsorten ist, weil es Gluten und ein spezifisches Mykotoxin (Schimmelpilzgift) enthält, Ochratoxin A, das oft auch in Kaffee und Schokolade vorkommt. Dieses Schimmelpilzgift beeinträchtigt die körperliche Leistungsfähigkeit des Menschen, weil es eine DNA-Schädigung durch Oxidation verursacht, wodurch die Zellmembranen angegriffen werden und eine optimale Funktion der Mitochondrien nicht mehr möglich ist. Bier ist also eine der schlechtesten Alkoholsorten.

Bis zu diesem Zeitpunkt war Bier mein Getränk der Wahl gewesen. Nachdem ich es jedoch verbannt hatte, fühlte ich mich so energiegeladen, dass ich gar keines mehr trinken wollte. Seit ich Gluten meide, spüre ich, welchen Tribut es von meinem Körper fordert – Migräne, Völlegefühl, benebeltes Gehirn (Brain-Fog) und Energiemangel noch Tage nach dem Verzehr. Mir ist klar geworden, dass es ein Kryptonit-Lebensmittel ist, das niemandem irgendwie nützt. Ich bin kein Fanatiker – hin und wieder genehmige ich mir durchaus ein Gläschen, aber ich entscheide mich dann in der Regel für Wodka oder einen anderen destillierten Alkohol, weil dies die sauberste Lösung ist.

Als Nächstes fiel mir meine kognitive Leistung auf, insbesondere mein Gedächtnis. Als Schauspieler muss ich Texte auswendig lernen, das gehört zu meinem Job. Bevor ich Bulletproof wurde, geriet ich manchmal ins Stocken – besonders wenn ich am Abend zuvor Bier getrunken hatte. Heute geht das alles ganz einfach. Der Brain-Fog, dieses Benebeltsein, hat sich aufgelöst und das Auswendiglernen ist keine große Sache mehr.

Last, but not least habe ich das Gefühl, dass sich, seit ich Bulletproof bin, sogar mein Bewusstsein und meine Spiritualität verwandelt haben. Heute besitze ich die Konzentrationsfähigkeit eines Zen-Mönchs. Ich bin mir meiner selbst bewusster, geduldiger und weniger wertend. Ich führe auch einen sinnvollen inneren Dialog mit meinen Gefühlen und empfinde mich im Umgang mit und in der Einschätzung von anderen Menschen als ruhig und gelassen. Bulletproof zu sein betrifft nicht nur Körper und Geist – auch wenn Sie dies sehr stark empfinden werden. Es geht tiefer. Es hat das Potenzial, Sie zu Ihrem innersten Kern zu führen.«

Ich möchte mit einem direkten Zitat Brandons aus dem Podcast schließen, welches das Verwandlungspotenzial dieses Werkes unterstreicht.

»Schenken Sie Ihrer Angst Aufmerksamkeit. Angst hält uns davon ab, eine Menge großartiger Dinge zu tun. Ich musste herausfinden, wo die Angst in mir wohnt. Obgleich ich ziemlich erfolgreich in meinem Beruf bin, schleicht sich die Angst ein – der Zweifel, der Selbstzweifel als Schauspieler. Wie präsentiere ich mich der Welt gegenüber, was halten andere von mir? Nachdem ich meine Angst entdeckt hatte, musste ich feststellen, dass sie mir nicht dienlich war. Wenn ich über genug Achtsamkeit verfüge, um zurückzuschauen, Verantwortung übernehme für mein Tun und dankbar werde, stoße ich manchmal auf die darunter liegende Angst. Das hilft mir, mich zu öffnen, mehr wahrzunehmen und mehr zu teilen und ein glücklicheres, aufgewertetes Leben zu führen.«

Höre ich Brandon über seine Erfahrung sprechen, Bulletproof zu werden, bin ich hocherfreut. Dieser Bursche kommt einem Superhelden so nah, wie dies überhaupt möglich ist. Er erreicht diese Leistungsstufe jeden Tag – mental und körperlich. Als Schauspieler ist er wirklich das perfekte Fallbeispiel. Die Tatsache, dass er der Bulletproof-Diät das Verdienst zuschreibt, ihm zu seiner Bestform zu verhelfen, ist für mich persönlich die größte Belohnung.

KAPITEL 1

Die Bulletproof-Prinzipien

Möglicherweise biohacken Sie bereits Ihren Weg zum Bulletproof-Leben, wenn Sie dieses Buch lesen. Vielleicht hören Sie auch mal einen Podcast im amerikanischen Bulletproof-Radio, lesen etwas auf dem Bulletproof-Blog und verfeinern ständig Ihre Strategie, um zu einer optimalen Leistungsfähigkeit zu gelangen. Es mag sogar sein, dass Sie dies alles überspringen und gleich die Rezepte lesen möchten, weil Sie die unglaublichen Ergebnisse gesehen haben, die der Bulletproof-Ansatz bietet. Das ist okay. Egal ob Bulletproof neu für Sie ist oder Sie bereits ein erfahrener Biohacker sind – nehmen Sie sich die Zeit, dieses Anfangskapitel zur Erinnerung daran zu lesen, warum wir tun, was wir tun, und um die Bulletproof-Grundprinzipien aufzufrischen.

In erster Linie ist dies ein Kochbuch, eine Sammlung von Bulletproof-Rezepten, die das Essen innerhalb dieses Ernährungsplans einfach sowie sättigend und selbstverständlich auch lecker machen sollen. Bevor wir jedoch die Ärmel hochkrempeln und uns mit den Zutaten und der Zubereitung beschäftigen, möchte ich die Grundgedanken hinter diesen Rezepten beleuchten und einige häufige Fragen über die Bulletproof-Diät beantworten. Falls Ihnen Bulletproof zum ersten Mal begegnet, erhalten Sie in diesem Kapitel eine solide Einführung in Philosophie, Forschung und Zielsetzung, die zum Bulletproof-Zustand der Höchstleistung führen. Es sind Lektionen, die Ihr Leben verändern können. Bulletproof zu werden ist keine Schnelllösung und auch keine Marotte, sondern ein komplett neuer Weg, Ihren körperlichen Zustand zu verstehen und so zu optimieren, dass er ungeahnte Energie- und Funktionalitätsstufen erreichen kann.

Es geht nicht darum, unbesiegbar zu sein. Es geht darum, Ihre Reserven an Energie und Willenskraft so aufzufüllen, dass Sie sich in der Lage fühlen, »es zu schaffen« – egal was das Leben bringen mag. Als ich 135 Kilogramm wog, hatte ich ehrlich gesagt nicht das Gefühl, über so eine Kraft oder Kontrolle zu verfügen. Heute fühlen sich meine Freude und mein Potenzial grenzenlos an.

Bulletproof zu werden heißt, seine wahre Widerstandskraft zu finden und sich klarzumachen, dass man alles erreichen kann, was man sich vorgenommen hat.

Bevor wir zu den Rezepten kommen, lassen Sie mich die wichtigsten Grundprinzipien dieses Ansatzes darlegen und auf das Wesentliche reduzieren, als Merkhilfe für die Kernaussage. Die folgenden Seiten vermitteln Ihnen ein gutes Grundlagenverständnis davon, was wir hier tun und warum es funktioniert. Nachfolgend die häufigsten Fragen, die ich immer wieder zur Bulletproof-Diät höre.

Was heißt Bulletproof sein?

Bulletproof zu werden bedeutet ganz kurz und knapp gesagt, Sie im Sinne von körperlicher Leistungsfähigkeit, Intelligenz und täglicher Energie so stark wie möglich zu machen. Das heißt, ständig das Maximum aus Ihrem Körper und Ihrem Gehirn herauszuholen. Als ich mit dieser Suche begann, wog ich 135 Kilogramm. Während ich beruflich ein fabelhaft erfolgreicher Unternehmer im Silicon Valley war, befanden sich mein Körper und mein Geist in einem traurigen Zustand. Wegen meines technischen Hintergrunds verstand ich den Begriff des Hackens wortwörtlich. Ich hatte persönliche Erfahrung mit Hindernissen und Grenzen gemacht und damit, sie zu entschlüsseln und umgehen zu lernen. Daher wandte ich denselben Ansatz an, um mein Gewichtsproblem sowie mein benebeltes Gehirn zu ergründen und zu überwinden. Aus dem Bauch heraus glaubte ich, es müsse Wege geben, meinen Organismus zu entschlüsseln und mir mehr Kontrolle über meinen Körper zu geben – nicht um ihn zu überlisten, sondern um ihn zu verstehen und die Funktionalität zu optimieren, die mein Körper in seinem Bestzustand liefern konnte.

Wie sich herausstellen sollte, veränderte dieser Ansatz mein Leben – und das Leben Hunderttausender nach mir. Alle meine Methoden werden von dem Gedanken gelenkt, dass wir kontinuierlich lernen und verfeinern, was für uns persönlich funktioniert. Dass wir kleine Justierungen vornehmen – wie das in der Technik üblich ist –, um unseren Körper klüger, stärker und robuster zu machen. Es gibt keine Wunderwaffe. Wenn Sie jedoch Ihren Körper so neu einstellen können, dass Sie Ihren Heißhunger unterbinden, werden Sie damit den Zustand Ihres Körpers und Ihres Geistes verändern.

Kann man mit der Bulletproof-Diät abnehmen?

Ja, Bulletproof zu leben ist eine Möglichkeit, um abzunehmen. Sie verwandelt den Körper in eine schlanke, effiziente Maschine voller Energie. Aber das ist eigentlich nur ein Nebeneffekt, sobald Sie Ihren Körper in seinen wirksamsten Arbeitsmodus versetzen. Wollte ich nicht abnehmen? Doch, natürlich. Probieren die meisten Leute deshalb zuerst die Bulletproof-Diät aus? Absolut. Aber geht es hier wirklich nur darum? Nein. Unser bestes und stärkstes Selbst zu entwickeln bedeutet, an jedem einzelnen Organsystem ein Feintuning vorzunehmen – vom Stoffwechsel über die Entgiftung bis zur Gehirnleistung. Und wenn wir das tun, schwindet unser Übergewicht, weil die Organe so arbeiten, wie sie sollten:

Sie arbeiten auf Höchstleistungsstufe und verbrennen dabei effizient und beständig Energie. Eigentlich ist die Gewichtsabnahme ein Nebenprodukt der optimalen Körperfunktionen. Ich will nicht lügen – genau um dieses Nebenprodukt kümmern sich die meisten von uns. Es geschehen jedoch noch tausend andere gute Dinge, die diese Gewichtsabnahme möglich machen. Daher sorgt Bulletproof-Werden für einen bemerkenswerten Aufschwung der Gehirnfunktion und des Energieniveaus. Die Menschen berichten, wie erstaunlich sie sich fühlen – so gut wie nie zuvor im Leben –, wenn sie nach dieser Methode essen. Deshalb heißt die Antwort: Ja, die Gewichtsabnahme ist eine fantastische Sache. Aber sie ist nicht das Einzige. Und sie ist nicht das, was die Bulletproof-Lebensweise definiert. Bei Bulletproof geht es vielmehr um einen ganzheitlichen Erfolg.

Wie funktioniert die Bulletproof-Diät?

Die Bulletproof-Diät funktioniert nicht so wie die meisten anderen Diäten – es werden keine Kalorien gezählt. Wenn Sie aufhören, Lebensmittel zu essen, die Sie schwächen, können Sie wieder das hormonelle Hungersignal Ihres Körpers hören und die übermäßigen Essgelüste schwinden. Sie müssen auch nicht versuchen, sich beim Sport mehr abzutrainieren, als Sie durch Nahrung zuführen – was bei den meisten Menschen ohnehin einen unhaltbaren biologischen Stress erzeugt. Hungersnöte und Arbeitslager sind außerdem keine guten Strategien, um Willenskraft oder Widerstandsfähigkeit aufzubauen. Wählen Sie stattdessen Lebensmittel mit der richtigen Energie, die so gut wie keine blockierenden Substanzen enthalten, dafür aber ein Maximum an Nährstoffen. Diese Lebensmittel essen Sie dann, wenn Ihr Körper sie aufgrund seines Biorhythmus am besten verwerten kann. Das ist weit entfernt von den meisten »gesunden« Diäten, die darauf fokussiert sind, die Energiemenge in der verzehrten Nahrung zu reduzieren und gleichzeitig die Nährstoffmenge zu erhöhen – wobei die Effekte der Antinährstoffe völlig unbeachtet bleiben.

Die Bulletproof-Diät zählt zu einem gewissen Grad zur Gruppe der ketogenen Diäten, wobei mein Ernährungsplan weniger Ketonkörper liefert als eine vollständig ketogene Diät. (Für alle Wissenschaftsfreaks: Es handelt sich um eine zyklisch ketogene Diät mit Nährstoff-Timing!)

Wahrscheinlich haben Sie bereits von Ernährungsformen wie der Atkins-Diät oder der Paläo-Diät gehört, die ebenfalls unter den Oberbegriff ketogene Diäten fallen. Aber täuschen Sie sich nicht: Die Bulletproof-Diät unterscheidet sich von diesen beliebten Diätprogrammen aus Gründen, auf die ich kurz eingehen möchte. Diese Ansätze verbindet die Art, wie die Gewichtsabnahme erreicht wird – und zwar vor allem durch den Vorgang der Ketose. Die Ketose ist ein Zustand, in dem der Körper Fett anstelle von Kohlenhydraten verbrennt. Das ist, wenn Sie sich das einmal überlegen, ein ziemlich einfacher Plan. Normalerweise verbrennt der Körper

Kohlenhydrate, die er zur Energiegewinnung in Zucker verwandelt. Stehen dem Körper jedoch keine Kohlenhydrate zur Verfügung, schaltet er um auf Plan B: die Fettverbrennung. Dies ist ein natürlicher Vorgang, auf den der Körper je nach Bedarf von sich aus umschaltet. Würden Sie sich in einer Situation befinden, in der Sie keine Kohlenhydrate bekommen, würde Ihr Körper wissen, was er zu tun hat, und eine alternative Energiequelle finden (das heißt: die gespeicherten Fettreserven). Die Bulletproof-Diät baut darauf auf, einen ketogenen Zustand zu erzeugen, um zur Energiegewinnung Fettreserven anstelle von Kohlenhydraten zu verwenden. Wenn Sie Kohlenhydrate essen, bevorraten Sie in Ihrem Körper Extraenergie – fehlen die Kohlenhydrate jedoch, verbrennt der Körper Fett und Sie nehmen ab.

Ist die Ketose eine sichere Stoffwechselform?

Als ich erstmals die Kraft der Ketose entdeckte, hörte ich von der sogenannten Eskimo-Diät, bei der fast keine Kalorien aus Kohlenhydraten, sondern fast alle aus Fetten stammen. Panikmacher in Sachen Ernährung verwechseln häufig den Zustand der metabolischen Ketoazidose durch Diabetes mit der völlig natürlichen Form der ernährungsbedingten Ketose – diese ist ein natürlicher Zustand, in dem sich der Körper befindet. Die vollständige Ketose wird sogar bei Kindern zur Behandlung von Epilepsie und Krebs eingesetzt und ist sehr sicher. In diesem Zustand erzeugt der Körper Glukose aus Eiweiß. Für manche Menschen ist dies optimal und sie bleiben über längere Zeiträume in diesem Zustand. Andere Leute, zu denen ich gehöre, werden davon schlapp. Aus diesem Grund empfehle ich für den maximalen Effekt – und besonders für Frauen –, nur zyklisch in die Ketose zu gehen und sie wieder zu verlassen. Und ich empfehle, immer ein paar Kohlenhydrate zu essen, weil es den Körper belastet, Glukose nur aus Eiweiß zu erzeugen. Mit meinen Empfehlungen bekommen Sie das Beste aus beiden Welten: einen weniger stark ketogenen Zustand, als in den meisten Paläo-Diäten empfohlen.

Als ich anfing, mich mit der Ketose zu befassen, wollte ich sehen, was passiert, wenn ich auf unbestimmte Zeit in einem ketogenen Zustand blieb – oder, wie in meinem Fall, für drei Monate. Was meinen Sie? Es war nicht gut. Die Inuit ernähren sich primär von Eiweiß und großen Mengen Fett. Sie leben von Leckerbissen wie Walspeck und Seehund-Dörrfleisch. Gut für sie: Sie sind dafür genetisch prädisponiert, da sie sich über Jahrhunderte mit dieser Art der Ernährung entwickelt haben ... und sie leben auf Packeis. Bei uns in Amerika ist dies jedoch nicht der Fall. Nachdem ich drei Monate lang nur Eiweiß und lächerliche Mengen an Fett gegessen hatte, fing mein Körper an, nicht mehr richtig zu arbeiten. Meine Schlafqualität war dahin, meine Augen und Nebenhöhlen waren ständig völlig trocken. Ich bekam Kopfschmerzen. Weil ich nicht über ausreichend Kohlenhydrate verfügte, um den Schleim zu produzieren, der einen gesunden Magen auskleidet, entwickelte ich Lebensmittelallergien auf meine Lieblingsspeisen, sobald ich sie danach wieder in meine Ernährung aufnahm. Ich bin noch immer dabei, die Lebensmittelallergien zu hacken, die ich bei dieser Ernährung entwickelt habe und mache große Fortschritte. Mir ist klar, dass es eine ausgesprochen schlechte Idee war, über einen längeren Zeitraum in der Ketose zu bleiben. Da ich es selbst erlebt habe, weiß ich das aus erster Hand. Aber ich habe diese Symptome in geringerer Ausprägung – insbesondere Schlaf- und Energieprobleme – bei vielen, wenn auch nicht bei allen Bulletproof-Fans gesehen, die über einen längeren Zeitraum in der Ketose bleiben. Aus diesem Grund plädiere ich dafür, regelmäßig in die Ketose zu gehen und sie wieder zu beenden – und dabei immer gut zu überlegen, wie und wann Kohlenhydrate für zusätzliche Energie gegessen werden sollten. Der großen Mehrheit empfehle ich nicht (!), den Körper auf unbestimmte Zeit in einen ketogenen Zustand zu versetzen.

Ich weiß, dass Sie die Ketose in maßvoller, regelmäßiger Abfolge als Werkzeug nutzen können, um eine erstaunliche Fettverbrennung zu erreichen und Ihr Gehirnpotenzial auf Touren zu bringen. Genau darum geht es bei Bulletproof: Sie sollen durch Biohacking Ihren Weg zu dem Idealpunkt finden, an dem Ihr Körper optimal funktioniert und sich kontinuierlich selbst übertrifft – ohne dabei die Organe zu schädigen oder negativ zu beeinflussen.

Worin unterscheidet sich die Bulletproof-Diät von Atkins und Paläo?

Die Bulletproof-Diät empfiehlt pro Tag sechs bis elf Portionen Gemüse. »Wow!«, werden Sie jetzt vielleicht denken. »Was für eine irre Menge an Gemüse.« Und das stimmt. Einige Leute tun sich schwer damit, ihre Essgewohnheiten auf so viel Gemüse umzustellen – weil die Menge bei Weitem über das hinausgeht, woran wir beim traurigen Zustand unserer nährstoffarmen Ernährung gewöhnt sind. Ich plädiere für mehr Gemüse pro Tag als die meisten anderen Ernährungsprogramme, sogar mehr als einige vegane Ernährungspläne!

Die amerikanische Behörde für Lebensmittel und Arzneimittel FDA empfiehlt pro Tag fünf Portionen von jeweils einer halben Tasse (insgesamt also zweieinhalb Tassen). Beachten Sie jedoch, dass dabei Obst und Gemüse zusammengenommen werden. Dieser Ansatz ist fehlerhaft, weil Obst überwiegend Zucker enthält, Gemüse aber überwiegend Nährstoffe und Ballaststoffe. Ich empfehle 9 Portionen Gemüse pro Tag und, falls möglich, noch mehr. Mein Ernährungsplan empfiehlt also mindestens das Dreifache der FDA. Es ist wichtig, dies zu bedenken, weil Sie in maßvollen Abständen Kohlenhydrate weglassen sollen, während wir gleichzeitig Ihren Körper mit den erstaunlichen Nährstoffen überschwemmen, die uns die Natur liefert. Und weil wir Ihnen sagen, wie Sie stärkereiche, kohlenhydratreiche Gemüse erkennen und einschränken – außer in Zeiten, in denen Sie Ihrem Körper gesunde Kohlenhydrate zuführen möchten. Dies ist der erste Punkt, in dem Bulletproof sich von der Atkins-Ernährung unterscheidet.

Atkins und Paläo gelten beide als kohlenhydratarme und fettreiche (LCHF = Low Carb High Fat) Diäten. Atkins konzentriert sich auf einen protein- und fettreichen Ernährungsplan, um eine Ketose zu provozieren, lässt sich jedoch nicht weiter über die Art des Fettes oder der Proteine aus. Paläo plädiert ebenfalls für eine protein- und fettreiche Ernährung und achtet dabei auch darauf, *welche Art* Fett und Eiweiß aufgenommen werden – was schon eine deutliche Verbesserung darstellt. Die Ernährung ist allerdings so proteinhaltig, dass Entzündungen ausgelöst werden können. Außerdem wird der Einfluss der Garmethoden nicht berücksichtigt, obgleich diese große Auswirkungen auf die Verwertung des Essens haben.

Auch die Bulletproof-Diät ist eine LCHF-Diät wie Paläo oder Atkins, hat jedoch weitere Komponenten, die sie von den beiden völlig abheben. Nämlich den Fokus darauf, Essgelüste durch eine Kontrolle der Lebensmitteltoxine auszuschließen und die richtigen Lebensmittel zur richtigen Zeit zu essen, ganz zu schweigen von signifikanten Unterschieden in den Bulletproof-Garmethoden. Die Leute vergessen gern, dass Kochen eine Form der Lebensmittelverarbeitung ist und Sie die Lebensmittel in Ihrer eigenen Küche so »verarbeiten« können, dass aus etwas Nährstoffreichem unbeabsichtigt etwas wird, was Ihnen heftige Gelüste nach Süßem beschert. Es sollte sich eigentlich von selbst verstehen, aber viele andere Diäten berücksichtigen diesen Aspekt überhaupt nicht.

Lebensmitteltoxine

Die Leute denken immer, der Mensch sei die Hauptquelle für Toxine. Aber auch Mutter Natur ist recht gut darin, Toxine zu bilden – darin besteht nämlich die natürliche Methode, wie sich einige Lebewesen in freier Wildbahn vor dem Gefressenwerden schützen. Tiere und Pflanzen reichern Toxine an, ob diese nun vom Menschen gemacht oder organischen Ursprungs sind. Wenn Sie beispielsweise Butter und Fleisch von Tieren essen, die nur Gras gefressen haben, sind möglicherweise keine Toxine enthalten. Wenn Sie jedoch Fleisch essen, das aus industriellen Mastbetrieben stammt, haben sich im Fett dieser Lebensmittel viele Chemikalien angesammelt, mit denen wir das Futter spritzen, sowie Toxine, die einige Pflanzen und Pilze als natürliches Verteidigungssystem gegen den Fraß durch Tiere bilden. Weitere Informationen darüber, wie Mutter Natur diese Toxine im Boden produziert, finden Sie in der kostenlosen Dokumentation, die ich unter www.moldymovie.com ins Internet gestellt habe.

Andere Ernährungspläne wissen, dass der Körper durch die Einführung der Ketose Fett verbrennen wird und halten ihre Mission damit schon für erfüllt. Wenn Sie jedoch Fett verbrennen, das voller Lebensmittel-toxine steckt, werden Sie müde und bekommen Heißhunger ... das ist überhaupt nicht Bulletproof!

Die Bulletproof-Diät unterscheidet sich von der Atkins- und Paläo-Diät auch darin, dass sie einen Fokus auf Toxine oder Antinähr-stoffe legt. Als ich meine eigene Leistungs-fähigkeit hackte und 45 Kilogramm abnahm, lernte ich sehr viel über Toxine, die natürlicher- oder unnatürlicherweise in unserem Essen vorkommen. Neben allen vom Menschen gemachten Toxinen, die über Pestizide und die Verarbeitungsverfahren Eingang in unsere Nahrungskette gefunden haben, gibt es auch natürlich vorkommende Anti-nährstoffe, die uns zwar nicht umbringen, uns aber schlapp machen oder unsere natürlichen Organfunktionen beeinträchtigen. Nehmen Sie beispielsweise den Grünkohl.

Grünkohl, der derzeit einen »Platz an der Sonne« genießt, ist der Liebling aller gesundheitsbewussten Esser. Er ist der letzte Schrei in Salaten, Säften, Nudelgerichten und was es sonst noch gibt. Jedes hippe Restaurant hat in irgendeiner Form Grünkohl auf der Speisekarte und die meisten Märkte bieten inzwischen eine ganze Palette an alten Sorten an. Aber jetzt kommt es: Grünkohl ist gar nicht immer für jeden gesund. Er ist ein goitrogenes Lebensmittel, das heißt, er beeinflusst roh verzehrt die Jodaufnahme und kann zu einer Schilddrüsenvergrößerung, einem Kropf führen (Kropf heißt in der medizinischen Fachsprache *goiter*, daher die Bezeichnung). Grünkohl kann also die Schilddrüsenfunktion beeinträchtigen, was schlecht ist, weil die Schilddrüse Ihr Energieniveau kontrolliert.

Zum Glück werden die meisten diese Nebenwirkung nie erleben. Sie müssen schon sehr große Mengen an Grünkohl essen, damit diese zutage tritt. Durch den fast zwanghaften Verzehr von Grünkohl in den letzten

Jahren ist es jedoch so, dass sehr viele Leute jeden Tag ein Glas Grünkohlsaft trinken oder ein oder zwei Salate mit Grünkohl essen. Falls ihre Schilddrüsenfunktion bereits geschwächt ist, könnte dies ihre Leistungsfähigkeit durchaus noch weiter reduzieren. Noch besorgniserregender ist der hohe Oxalsäuregehalt in Grünkohl.

Oxalsäure ist eine Verbindung, die die meisten Tiere davon abhält, rohen Grünkohl zu fressen, weil er die Nieren belastet. Übermäßig viel Oxalsäure wird mit Gicht in Verbindung gebracht. Aus diesem Grund empfiehlt der Bulletproof-Ernährungsplan immer eine möglichst große Bandbreite an Lebensmitteln. Ich weise auf einige Lebensmittel hin, die wie Grünkohl potenziell suboptimale Wirkungen haben. Das heißt nicht, dass sie ernsthaften Schaden anrichten, sondern dass der Körper schwerer arbeiten muss, um das, was er als schwaches Gift wahrnimmt, zu verarbeiten. Daher empfehle ich, diese von mir als »suspekt« bezeichneten Lebensmittel wegzulassen – oder besonders zuzubereiten –, da sie eine bedeutsame Menge an Antinährstoffen enthalten.

Ein weiteres Beispiel ist Quinoa. Die Leute flippen aus, wenn ich sage, sie sollten Quinoa meiden! Schließlich wurde sie erst kürzlich als das perfekte natürliche Superfood angepriesen. Genau wie beim Grünkohl ist der Ruhm von kurzer Dauer. Die Forschung zeigt uns, dass die Quinoasamen mit Saponin überzogen sind, eine häufige Ursache für Lebensmittelallergien. Saponin kann in der Membran der Darmzellen zu winzig kleinen Perforationen führen und somit das Immunsystem reizen. Saponin soll das Korn vor einer Pilzinfektion schützen, aber wenn wir das Saponin entfernen (durch Weiterverarbeitung und gründliches Waschen), ist die Quinoa anfällig für Schimmel – und Schimmel produziert eine Menge bekannter Toxine, die den Menschen schwächen. Wie alle Körner ist auch Quinoa leicht verderblich, daher empfehle ich stattdessen Reis zu wählen – bei Reis ist dieses Risiko am geringsten. Näheres zu Reis und seinen Nährwerten finden Sie in Kapitel 2.

Wenn ich also vom Verzehr von Quinoa abrate, dann nicht, weil ich Quinoa für einen Dickmacher halte, sondern weil ich sie als ein Lebensmittel gekennzeichnet habe, das den Organismus an seiner optimalen Funktion hindern kann. Aus diesem Grund ziehe ich Lebensmittel vor, die wir leichter verdauen können und die weniger wahrscheinlich Antinährstoffe enthalten. Im Bulletproof-Sprachgebrauch zählt die Quinoa zu den »suspekten« Lebensmitteln – sie steht nicht auf der Liste der Kryptonit-Lebensmittel, ist jedoch weit davon entfernt, ein Superfood zu sein. Wenn Sie sich blind den Teller damit füllen, werden Sie nicht die erwünschten Ergebnisse erzielen!

Der dritte Grund, warum sich die Bulletproof-Diät von anderen LCHF-Diäten unterscheidet, besteht darin, dass wir auf die Zubereitung der Lebensmittel achten. Denn dadurch kann die Chemie der Inhaltsstoffe verändert werden. Die Art der Zubereitung soll Essen schmackhafter machen, manchmal können die Nährstoffe dadurch besser aufgenommen werden. In anderen Fällen jedoch wird das Essen durch die Garmethode entzündungsfördernd oder sogar krebserregend. Übermäßiges Kochen oder zu starke Hitze können dem Essen nicht nur seinen Nährwert rauben, sondern es tatsächlich schädlich machen. Das ist ein extrem wichtiger Punkt und Sie werden bei meinen Rezepten feststellen, dass ich es sehr genau damit nehme, welche Speisen roh gegessen werden und welche gegart – und wie sie gegart werden. Ich will noch einmal betonen, dass es sich dabei nicht um eine Laune handelt. Sondern diese Aussage stützt sich auf Untersuchungen, die zeigen, dass wir Lebensmittel so entwerten können, dass sie schädlich werden. Sie müssen dabei auch nicht perfekt sein ... ein bisschen roher Grünkohl wird Ihnen nicht schaden, aber eine größere Menge ist keine gute Idee. Wenn Sie dies wissen, können Sie bessere Entscheidungen treffen und eine bessere Köchin bzw. ein besserer Koch werden.

Zu den neuesten kulinarischen Trends der letzten Jahre zählt die Molekularküche. Diese Methode nutzt Biologie und Wissenschaft beim Kochen, es werden Labortechniken angewandt, um die Natur von Lebensmitteln in überraschende Texturen und Aromen zu verwandeln. Genauer gesagt werden die chemischen Verbindungen verändert, um ein Maximum an Aroma und Geschmack zu erreichen – komme, was da wolle. Wie bei allen Spitzenkochkünsten erfolgt das Ganze im Rahmen einer überwältigenden Show, die durch ihren Wow-Faktor viele *Ohs* und *Ahs* hervorruft. Einiges schmeckt auch wirklich

ziemlich verblüffend. Aber das ist der Punkt: Ich lege keinen Wert darauf, dass es verblüffend schmeckt. Essen, das übermäßig verarbeitet und in einer Fabrik oder der eigenen Küche so behandelt wird, als sei es ein Laborstoff, ist durch diese Verarbeitung häufig so geschädigt, dass es zwar gut schmeckt, den Körper aber schwächt. Es verliert seine eigentliche Natur, wirkt entzündungsfördernd (was bedeutet, dass Sie anschließend Heißhunger bekommen) und reichert sich aufgrund der Verarbeitung mit Toxinen an. Die gute Nachricht ist, dass Sie sich nicht entscheiden müssen zwischen Essen, das fantastisch schmeckt, und solchem, das Ihnen unglaubliche Ergebnisse im Sinne einer Energiesteigerung und optimalen Leistungsfähigkeit bietet. Meine Rezepte sind nämlich sowohl geschmackvoll als auch leistungssteigernd.

Bei der Bulletproof-Methode geht es darum, die Lebensmittelchemie genau zu verstehen, um Essen zuzubereiten, das einen maximalen Nährwert mit minimalem Entzündungsrisiko liefert und dabei noch wunderbar schmeckt. Bei der Bulletproof-Methode geht es darum, so zu kochen, dass Sie sich wohlfühlen, um eine bessere Leistungsfähigkeit zu erzielen. Wenn Sie nach meinen Rezepten kochen, sollte das Endergebnis so aussehen, dass Sie sich großartig fühlen, mehr Energie haben und ein entzündungshemmendes Essen genießen, das sensationell schmeckt. Essen Sie fantastische Lebensmittel, die richtig zubereitet sind, und machen Sie sich bereit, sich durch Essen geradezu »high« zu fühlen.

Empfiehlt die Bulletproof-Diät zu fasten?

Ja und nein. Wenn Sie mit Fasten meinen, zu hungern und tagelang nichts zu essen, lautet die Antwort: Nein, das gehört nicht dazu. Indessen hilft Ihnen die Bulletproof-Diät, einige Lebensmitteltypen zu bestimmten Zeiten zu meiden, sodass Sie die Vorteile des Fastens ohne die sonst üblichen Energieeinbrüche erreichen können. Am besten funktioniert die Bulletproof-Diät, wenn Sie die empfohlenen Lebensmittel-Roadmaps übernehmen, nach den Rezepten in diesem Buch kochen – und dann gelegentlich zwei Arten des Fastens praktizieren, um die Gewichtsabnahme in Gang zu bringen, Entzündungen zu reduzieren, Ihre Zellen zu entgiften und Ihre Ergebnisse anzukurbeln. Die beiden Fastenmethoden, die ich empfehlen kann, sind das intermittierende Bulletproof-Fasten und das Bulletproof-Eiweißfasten (auf beide gehe ich gleich noch genauer ein).

Intermittierendes Bulletproof-Fasten

Das intermittierende Bulletproof-Fasten verlangt weit weniger Willenskraft als jede andere Fastenmethode. Es verlangt tatsächlich gar keine. Diese Methode ist in Biohacker-Kreisen beliebt, weil sie nicht nur die Fettabnahme fördert, sondern auch Muskeln aufbaut, Entzündungen bekämpft und die Widerstandskraft des Körpers durch weitere Fettverbrennung aufbaut, wodurch der Körper weniger Insulin produzieren muss.

Der Hauptgedanke beim herkömmlichen intermittierenden Fasten besteht darin, dass die gesamte Essensmenge eines Tages innerhalb von 8 Stunden gegessen wird und man den Rest des Tages fastet. Das intermittierende Bulletproof-Fasten hingegen beruht auf einer grundlegend neuen und anderen Idee, die von mir stammt und die das Problem des regulären Fastens löst. Beim herkömmlichen Fasten werden Sie vielleicht das Frühstück auslassen, um 14 Uhr ein spätes Mittagessen einnehmen und vor 20 Uhr das Abendessen. Den Rest des Tages essen Sie nichts und werden gegen 11 Uhr hungrig und müde, wenn Sie in einem normalen Job arbeiten. Für Leute, die eine beträchtliche Menge abnehmen müssen – also mehr als etwa 13 Kilogramm – kann das Fasten ablenkend wirken und die mentale und körperliche Leistungsfähigkeit beeinträchtigen. Aus diesem Grund ist das intermittierende Bulletproof-Fasten eine so großartige Lösung, bei der Sie von den Vorteilen ohne die negativen Nebenwirkungen profitieren.

Wenn Sie als Unternehmer/Unternehmerin oder Student/Studentin ausgelastet und wirklich darauf angewiesen sind, dass Ihre geistigen Fähigkeiten rund um die Uhr in Topform sind, werden Sie wahrscheinlich feststellen, dass Sie beim üblichen intermittierenden Fasten gegen 11 Uhr Hunger bekommen und müde werden. Das bringt für Ihre Nebennieren die Belastung mit sich, den Blutzuckerspiegel hoch halten zu müssen. Wenn Sie während der »Fastenzeit« einen Bulletproof-Kaffee trinken (ohne jegliches Eiweiß oder irgendwelche Kohlenhydrate), kann dieses Hungergefühl völlig ausbleiben und Sie erleben die volle Energie, während Sie in den Genuss der Vorteile des intermittierenden Fastens kommen. Das Abgefahrene dabei ist, dass ein reines Fettfrühstück (wie der Bulletproof-Kaffee) dem Körper nicht das Gefühl gibt, das Fasten sei unterbrochen worden. So haben Sie die Vorteile des Fastens, ohne das Gefühl, es fehle Ihnen etwas. Das ist einfach fantastisch!

Wir wollen nun darüber sprechen, warum das intermittierende Bulletproof-Fasten besser funktioniert als das herkömmliche intermittierende Fasten. Der Grund ist das sogenannte Mammalian Target of Rapamycin (mTOR, auf Deutsch »Ziel des Rapamycins im Säugetier«) – ein wichtiges Protein, das die Eiweißsynthese in den Muskeln anstößt. Sport und Kaffee steigern beide die Energie, während sie gleichzeitig den Muskelaufbau (eben mTOR) kurzzeitig hemmen, das dann »zurückspringt« (Rebound-Effekt) und sogar noch mehr Muskeln aufbaut, sobald Sie wieder etwas essen.

Um Muskeln aufzubauen, müssen Sie daher mTOR unterdrücken – der Muskelaufbau erfolgt, sobald mTOR anschließend wieder ins Spiel kommt. Alles, was hilft, diesen Mechanismus stark zu unterdrücken, bedeutet, dass er anschließend umso stärker wieder zurückspringt, was wiederum beim Muskelaufbau hilft. Zu den Möglichkeiten, mTOR zu unterdrücken, gehören das intermittierende Fasten, Sport und Kaffee oder – in geringerem Maß – Schokolade, grüner Tee, Kurkuma und Resveratrol. Und wissen Sie was? Das intermittierende Bulletproof-Fasten kann dafür sorgen, dass mTOR zurückspringt. Als ich anfing, mit diesem Konzept herumzuspielen, und herausfand, wie ich die mTOR-Unterdrü-

ckung maximieren konnte, verwandelte ich mich aus einer 135-Kilogramm-Tonne in eine schlanke Gestalt mit Waschbrettbauch, obgleich ich pro Tag 4000 Kalorien zu mir nahm und 18 Monate lang keinen Sport trieb. Das übliche intermittierende Fasten verwendet keinen Kaffee und nutzt damit nur einen oder vielleicht zwei von drei möglichen mTOR-Unterdrückern. Das intermittierende Bulletproof-Fasten funktioniert besser, weil es alle drei Mechanismen nutzt: intermittierendes Fasten, Sport und Kaffee. Der nächste Grund, warum das intermittierende Bulletproof-Fasten dem üblichen intermittierenden Fasten überlegen ist, ist ein Inhaltsstoff im Bulletproof-Kaffee, der das Tempo steigert, in dem Sie in die Ketose kommen. Und der Ihr Gehirn währenddessen speist und dazu beiträgt, Sie in einer Ketose zu halten, selbst wenn Sie ein paar Kohlenhydrate essen. Wir verwenden Bulletproof XCT Oil, die pharmazeutische Klasse des Brain Octane Oil. Es funktioniert, weil es die als Ketonkörper bezeichneten Moleküle am schnellsten und höchsten ansteigen lässt. In Zeiten geringer Nahrungsaufnahme bildet die Leber Ketonkörper aus Fettsäuren. Eine momentane Zunahme dieser Ketone unterdrückt den Hunger. Während Fette wie Kokosöl oder gewöhnliches MCT-Öl nicht für eine ausreichende Zunahme sorgen, um diesen Effekt vollständig spürbar zu machen, gelingt dies mit XCT-Öl, da es C8- und C10-Fettsäuren enthält – eine optimale Kombination. Es produziert Ketonkörper, weil es als Fett metabolisch einmalig ist und einige Teile des Gehirns einen Fetttreibstoff einem Kohlenhydrattreibstoff vorziehen.

DIE ESSENSZEITEN
Die einfache Bulletproof-Diät

Sie ist dazu bestimmt, Körperfett zu reduzieren, die geistige Leistungsfähigkeit zu verbessern, Krankheiten vorzubeugen und Sie dabei zufrieden und voller Energie zu erhalten.

Essen Sie, wenn Sie Hunger haben, und hören Sie auf zu essen, wenn Sie satt sind. Versuchen Sie, ohne Zwischenmahlzeiten auszukommen. Ziel: 50–70 % der Kalorien sollen aus gesunden Fetten stammen, 20 % aus Eiweiß, 20 % aus Gemüse und 5 % aus Obst und Stärke. Um optimale Ergebnisse zu erzielen, folgen Sie dem dunklen Teil der Diät und beschränken Sie den Verzehr von Obst und Stärke auf 1–2 Portionen pro Tag am Abend, um hohe Triglyceridwerte zu vermeiden.

6 Uhr morgens   mittags   abends   20 Uhr

Intermittierendes Bulletproof-Fasten für Fettabbau und bessere Konzentration

Ein Biohack, um Fett zu verlieren und dabei den geistigen Fokus und die Energie zu verbessern, ohne Essgelüste zu haben.

Sie beginnen den Tag morgens mit einer Tasse Bulletproof-Kaffee. Die gesunden Fette sorgen für einen stabilen Energiestrom und die Bulletproof-Kaffeebohnen, die einen ultraniedrigen Gehalt an Schimmelpilzgiften haben, optimieren die Gehirnfunktion und den Fettabbau. Um optimale Ergebnisse zu erzielen, folgen Sie dem oberen Teil der Diät in Verbindung mit diesem Ernährungsplan.

6 Uhr morgens   mittags   abends   20 Uhr

Bulletproof-Eiweißfasten

Ein Biohack, den Sie gelegentlich befolgen, um eine stärkere Reduzierung der Entzündungen zu erreichen.

1–2 Mal pro Woche beschränken Sie Ihre Eiweißaufnahme auf 15–25 g, um Ihre Zellen ohne Muskelschwund zu reinigen. Um gesättigt und voller Energie zu bleiben, trinken Sie morgens eine Tasse Bulletproof-Kaffee und essen tagsüber viel Fett und mäßig Kohlenhydrate. Um optimale Ergebnisse zu erzielen, folgen Sie dem oberen Teil der Diät und schränken nachmittags und abends die Kohlenhydrate ein.

6 Uhr morgens   mittags   abends   20 Uhr

Laden Sie sich eine kostenlose Farbkopie herunter unter http://bulletproof.com/roadmap.

Alle diese Gründe sprechen dafür, Bulletproof-Kaffee mit ins Spiel zu bringen. Das intermittierende Bulletproof-Fasten ist einfacher und sehr viel angenehmer als ein normales Fasten. Ich habe solches Fasten auch gemacht und habe es ehrlich gesagt sogar gern gemacht, aber mit Bulletproof-Kaffee ist es auf jeden Fall genussvoller. Außerdem erhöht Kaffee den Stoffwechsel um bis zu 20 Prozent. Meiner Meinung nach ist das intermittierende Bulletproof-Fasten daher hinsichtlich der Zufriedenheit und der Ergebnisse deutlich überlegen.

Bulletproof-Eiweißfasten

Eiweißfasten bedeutet, dass Sie an einem Tag in der Woche so gut wie kein Eiweiß essen – das heißt nicht mehr als 15 Gramm. Der Grund dafür ist, dass der Körper, sobald er kein Eiweiß bekommt, zur Autophagie übergeht – wörtlich übersetzt zur »Selbstverdauung«. Ja, es ist genau so, wie es klingt. Es bedeutet, dass der Körper die Enzyme, die für die Eiweißverdauung gedacht waren, stattdessen dazu verwendet, um im Körper entstehenden Zellabfall zu verdauen. Unsere Zellen häufen Abfall und toxischen Ramsch an, der uns ausbremst und altern lässt. Wenn wir unseren Weg in die Autophagie biohacken, wehren wir uns dagegen, schaffen diesen körperlichen Abfall aus dem Weg und verlängern das Leben unserer Zellen. Plötzlich fühlt sich unser Körper leichter und unser Gehirn klarer an. Ich empfehle Ihnen, pro Woche einen Eiweißfastentag in den regulären Bulletproof-Ernährungsplan aufzunehmen. Wenn es

Ihnen die Sache erleichtert, nehmen Sie immer denselben Wochentag dafür und gewöhnen Sie sich an, an diesem Tag Eiweiß wegzulassen. Wenn Sie erst einmal den Dreh heraushaben, wird das Bulletproof-Eiweißfasten ein weiterer Teil Ihrer Routine sein – der noch dazu große Vorteile bringt, wenn Sie Ihren Organismus biohacken. Nachfolgend die Gründe dafür: Eiweißfasten verbessert die Zellreparatur. Die Enzyme aus Bauchspeicheldrüse (Pankreas) und Leber eliminieren nicht nur Toxine, sondern auch Zellabfall. Das Eiweißfasten verbessert die Funktion der Mitochondrien, weil Autophagie der einzige bekannte Mechanismus ist, der Mitochondrien ersetzen kann. Und wenn Ihre Zellen besser arbeiten, arbeiten auch Sie besser. Eiweißfasten sorgt für eine verbesserte Abfallbeseitigung im Gehirn durch Aktivierung des sogenannten glymphatischen Systems (abgeleitet von Gliazellen und Lymphe). Dies führt zu einem besseren Schlaf – ein weiterer Schlüssel, um Ihre geistige und körperliche Leistungsfähigkeit zu verbessern.

Wahrscheinlich fragen Sie sich jetzt, woher Sie Energie bekommen und sich gesättigt fühlen sollen, wenn Sie Eiweiß weglassen. Vergessen Sie nicht, dass Sie reichlich Energie und Sättigungsgefühl durch gute Fette erhalten. Beginnen Sie den Tag mit einem Bulletproof-Kaffee als Fett- und Koffeinstoß – und essen Sie dann über den Tag verteilt viel Fett und maßvoll Kohlenhydrate. Im Anhang finden Sie Beispiele für Speisepläne und Rezepte für die Eiweißfastentage. Die besten Ergebnisse erzielen Sie, wenn Sie sich die Kohlenhydrate für später am Tag aufheben, denn dadurch verbessert sich die Schlafqualität. Es klingt sehr einfach und das ist es auch, wenn Sie erst einmal daran gewöhnt sind, aber denken Sie daran: Eiweiß lauert an unerwarteten Stellen. Brokkoli? Enthält Eiweiß. Auch bei den Portionsgrößen müssen Sie vorsichtig sein. Alles, was weniger als ein Gramm Eiweiß enthält, darf laut FDA mit null Gramm ausgezeichnet werden. Achten Sie also auf die Menge aller Lebensmittel, die Protein enthalten können – selbst in kleinen Mengen (Gemüse oder sogar Kokosmilch beispielsweise) –, denn sie können Eiweißspuren enthalten, die nicht auf der Zutatenliste stehen.

Wenn Sie sich darauf einlassen, Bulletproof zu werden, zählt das Eiweißfasten zu den wirksamsten Werkzeugen. Es ist auch deshalb so gut, weil Sie es regelmäßig praktizieren können – beispielsweise einmal pro Woche oder immer dann, wenn Sie geschwächt sind oder das Gefühl haben, Ihr Immunsystem sei beeinträchtigt. Nutzen Sie dieses Mittel, um Ihrer Zellfunktion einen Kick zu verpassen, wenn Sie es am dringendsten braucht. Autophagie wird auch für den Erhalt der Muskelmasse benötigt, da sie bei Erwachsenen den Muskelzusammenbruch verhindert – sie hat also den doppelten Vorteil, den Organismus leistungsfähiger und den Körper ansehnlicher zu machen.

Wie bei jeder Art Diät oder Fastenkur bewirkt die Übertreibung eher das Gegenteil für Körper und Geist. Bei einem chronischen Eiweißmangel leidet der Körper. Mit der Zeit verursacht ein Eiweißmangel eine Verschlechterung des Immunsystems, einen Rückgang von Muskelmasse und Kno-

chendichte sowie eine geringere Ausdauer. Als ich mit dem Eiweißfasten anfing, versuchte ich, an den Fastentagen die Eiweißaufnahme auf 25 Gramm zu beschränken. Als ich sie jedoch noch weiter reduzierte, entdeckte ich, dass bei einem Limit von 15 Gramm pro Tag die Wunderergebnisse eintraten, die ich mir gewünscht hatte – zumindest solange ich dies nur jeweils für eine kurze Zeit einhielt. In null Komma nichts ging die Entzündung im Bauch zurück und ich verlor mein Hüftgold (ja, selbst biogehackte Bulletproof-Anhänger sind hin und wieder anfällig für das gefürchtete Hüftgold!). Eiweißfasten fühlt sich an wie eine Tiefenreinigung, die den ganzen Körper neu belebt, bis hinunter auf die Zellebene. Der Trick dabei ist, die Autophagie nur kurz, für vorübergehende Spitzenzeiten von jeweils 24 Stunden, zu hacken. Auf diese Weise bekommen Sie alle Vorteile ohne die negativen Nebenwirkungen.

Wie praktisch alles, wofür ich plädiere, ist das Bulletproof-Eiweißfasten nicht schwarzweiß. Jeder wird darauf individuell reagieren. Ich empfehle Ihnen daher, es mit verschiedenen Eiweißmengen auszuprobieren, um zu sehen, was bei Ihnen am besten funktioniert. Das ist überhaupt das A und O beim Biohacken – jeder muss herausfinden, was für seinen Körper am besten ist. Ich möchte nur Schwangere davon ausschließen, denn bei ihnen halte ich keine Form des Fastens – weder intermittierendes noch Eiweißfasten – für eine gute Idee. Wenn Sie schwanger sind, müssen alle Nährstoffe kontinuierlich zugeführt werden. Das zusätzliche Gewicht können Sie immer noch nach einer gut verlaufenen Geburt biohacken.

Bulletproof-Eiweißfasten

Das Bulletproof-Eiweißfasten ist ein Biohack, um einen stärkeren Rückgang von Entzündungen zu erzielen und die Gewichtsabnahme anzukurbeln. Für neue Leser und routinemäßige Befolger der Bulletproof-Diät gilt gleichermaßen, dass dies ein Tag pro Woche ist, an dem Sie nahezu kein Eiweiß essen: Begrenzen Sie das Eiweiß an diesem Tag auf höchstens 15 Gramm – nicht weniger. Um für ausreichend Sättigung und Energie zu sorgen, trinken Sie morgens 1 Tasse proteinfreien Bulletproof-Kaffee und essen Sie über den Tag verteilt nahezu null Eiweiß, viel Fett und mäßig Kohlenhydrate. Die besten Ergebnisse erzielen Sie, wenn Sie die Kohlenhydrate auf nachmittags und abends beschränken.

Was also soll ich essen?

Die Bulletproof-Roadmap leitet Sie zu den bestmöglichen Lebensmitteln für eine Hochleistungsdiät. Ich möchte auch den Weblink unter jeder Roadmap-Grafik in Kapitel 2 für all diejenigen erwähnen, die Bulletproof zum ersten Mal entdecken. In den folgenden Kapiteln sprechen wir noch genauer über das Essen und darüber, wie diese Prinzipien anzuwenden sind.

Diese Roadmap ist Ihre Bulletproof-Bibel. Werfen Sie einen Blick auf die Grafiken, beginnend auf Seite 39, um sich mit dem gesamten System des Bulletproof-Essens vertraut zu machen.

Ich habe die Lebensmittel in Kategorien eingeteilt, sodass Sie leicht feststellen können, welche Lebensmittel optimal sind und welche nur durchschnittlich oder eine potenziell schlechte Wahl. Lebensmittel am oberen Ende des Spektrums sind die beste Wahl im Interesse Ihrer Gesundheit und Leistungsfähigkeit, für Ihr Gehirn und für Ihren Körper – daher steht daneben auch

»Bulletproof«. Lebensmittel im mittleren Bereich des Spektrums sind »suspekte« Lebensmittel. Je nach ihrer Herkunft, Frische, Ihrer individuellen Unverträglichkeit und eventueller Lebensmittelallergien sowie der Verarbeitung, die diese Lebensmittel erfahren haben, können sie in einigen Fällen abträglich sein und werden in der Regel am besten gemieden.

Die Lebensmittel im unteren Bereich sind besonders toxisch und entzündungsfördernd und sollten, soweit es geht, nicht gegessen werden – daneben steht deshalb auch »Kryptonit«. (Mit diesem Begriff werden in der *Superman*-Story die wesentlichen Schwachstellen des Superhelden charakterisiert.) Es bedeutet nicht, dass Sie Lebensmittel aus dem unteren Bereich des Spektrums nie mehr essen dürfen. Sondern dass Sie sich darüber klar sein sollten, dass diese Lebensmittel für Ihre Leistungsfähigkeit nicht die beste Wahl sind und wahrscheinlich einige schlechte Effekte haben. Und dass Sie alles tun sollten, um sich selbst zu biohacken, um Ihr

Gehirn und Ihren Körper vor den enthaltenen Lebensmitteltoxinen zu schützen und Ihre Widerstandskraft sowie Abwehrfähigkeit gegenüber solchen schlechten Auswirkungen zu verbessern.

Die beste Garantie dafür, dass Sie Ihren Körper mit guten Nährstoffen füttern und schädliche Toxine und Lebensmittelzusätze meiden, bieten der Verzehr von Produkten und Fleisch hoher Qualität. Weiderind und Weidelamm, Fisch aus Wildfang, Weideschwein und Bio-Obst, Bio-Gemüse und Bio-Getreide sollten Sie möglichst viel essen.

Manche klagen, dass diese Lebensmittel teurer sind als die Produkte aus herkömmlicher industrieller Aufzucht oder Anbau. Dabei ist es deutlich preiswerter, hochwertige, toxinfreie Lebensmittel zu essen und sich eine hohe Leistungsfähigkeit zu erhalten, als nährstoffarme Lebensmittel mit Zusätzen und chemischen Stoffen zu essen und alle Nase lang beim Arzt zu sitzen, weil man ständig krank ist. Falls das noch nicht überzeugend genug ist: Hochwertige Lebensmittel schmecken auch besser und machen Sie beim Essen zufriedener!

Wie viel soll ich essen?

Bei der Bulletproof-Diät werden keine Kalorien gezählt, stattdessen liegt der Fokus darauf, die richtigen Lebensmittel zu essen, um Ihren Körper mit den Nährstoffen und der Energie zu versorgen, die er für ein gutes Funktionieren benötigt. Ihr Körper wird Ihnen signalisieren, wenn

Sie mehr von etwas brauchen – Sie sollten dann essen, wenn Sie Hunger haben, und aufhören, wenn Sie satt sind. Wichtig ist nicht die Menge, sondern das Verhältnis der Lebensmittel, die Sie essen.

Eine einfache Übersicht über den täglichen Verzehr:

1. Sie sollten pro Tag 5–9 Portionen Fett genießen, das sind 50–70 Prozent der gesamten Kalorienaufnahme. Dabei sollten es gesunde Fette sein, wie Weidebutter und Bulletproof Brain Octane Oil (früher unter dem Namen C8MCT-Öl bekannt).

2. Die Mahlzeiten sollten reich an Gemüse sein, das viele Mikronährstoffe, aber wenige Kalorien enthält. Sie sollten 6–13 Portionen Gemüse pro Tag essen oder bis zu 20 Prozent der Gesamtkalorien.

3. Sie sollten 4–6 Portionen Eiweiß pro Tag zu sich nehmen, bis zu 20 Prozent der Gesamtkalorien. Essen Sie so viel Eiweiß, wie es Ihnen angenehm ist. Ein guter Richtwert sind ca. 3,3 Gramm Eiweiß pro Kilogramm Körpergewicht, zusätzlich etwas Stärke und so viel Fett, wie Sie möchten.

4. Ich plädiere dafür, 1–2 Portionen Obst und Stärke pro Tag zu essen, was höchstens 5 Prozent der Gesamtkalorienzahl ausmachen sollte. Etwas Obst und toxinarme stärkehaltige Kohlenhydrate wie weißer Reis und Süßkartoffeln können

die Woche über regelmäßig gegessen werden, idealerweise gegen Abend – jedoch nicht regelmäßig jeden Tag oder über den ganzen Tag verteilt.

5. Zucker, zu guter Letzt – insbesondere raffinierter Zucker, Süßstoff und Säfte – sollten Sie möglichst meiden.

Der Anfang

Die Prinzipien der Bulletproof-Diät sind ganz einfach, viele Leute tun sich jedoch schwer mit der Frage, wo und wie sie beginnen sollen. Nachfolgend finden Sie eine Schritt-für-Schritt-Anleitung, wie Sie Bulletproof werden – dabei sind die wichtigsten Aspekte der Diät nach Prioritäten geordnet und es wird alles genannt, was Ihrer Gesundheit und Leistungsfähigkeit den größten Kick geben wird. Probieren Sie die Schritte in dieser Reihenfolge und beobachten Sie, wie schnell Sie anfangen, Bulletproof zu leben.

1. Eliminieren Sie Zucker. Dazu gehören Süßungsmittel wie Honig und Agavendicksaft, aber auch Fruchtsäfte und Sportdrinks, die fruktosereiche Zutaten wie Maissirup enthalten.

2. Ersetzen Sie Zuckerkalorien durch gesunde Fette. Nehmen Sie mehr Weidebutter, Ghee, Kokosöl und hochwertige MCT-Öle wie Bulletproof Brain Octane Oil und Upgraded-XCT-Öl in Ihre Ernährung auf.

3. Eliminieren Sie Gluten in jeglicher Form – meiden Sie Brot, Getreide und Nudeln. Begehen Sie nicht den Fehler, zu den »glutenfreien« Varianten dieser Lebensmittel zu wechseln, die oft große Mengen anderer Zusatzstoffe enthalten können, die genauso schlecht sind.

4. Streichen Sie Getreide, Öle aus Getreide sowie pflanzliche Öle aus Ihrer Ernährung. Dazu gehören Mais-, Soja- und Rapsöl sowie instabile, mehrfach ungesättigte Öle aus Walnüssen, Leinsamen und Erdnüssen.

5. Eliminieren Sie synthetische Zusatzstoffe, Farbstoffe und Geschmacksstoffe. Dazu gehören künstliche Süßstoffe wie Aspartam, Zusatzstoffe wie Glutamat sowie alle Farbstoffe und künstlichen Aromastoffe.

6. Streichen Sie alle verarbeiteten, homogenisierten und pasteurisierten Milchprodukte. Wenn Sie fettreiche Lebensmittel wählen müssen, die pasteurisiert sind, sollten sie aus Weidefütterung stammen. Die meisten Menschen vertragen Roh- und Vollmilchprodukte in Vollfettstufe von Weidekühen sogar dann, wenn Sie an einer Laktoseintoleranz leiden.

7. Eliminieren Sie Hülsenfrüchte. Dazu gehören Erdnüsse, Bohnen und Linsen. Wenn Sie Bohnen essen, dann nur eingeweicht, gekeimt oder fermentiert und gekocht.

8. Essen Sie signifikante Mengen Meeresfrüchte aus Wildfang und Fleisch von Weidevieh bzw. grasgefütterten Tieren. Ideal sind Rind, Lamm und Bison. Eier aus Freilandhaltung, Schweinefleisch und Geflügel aus Freilandhaltung sind ebenfalls eine gute Wahl.

9. Wechseln Sie auf Bio-Obst und Bio-Gemüse. Bio ist bei manchen Produkten wichtiger als bei anderen. Weitere Infos finden Sie unter www.whatsonmyfood.org.

10. Begrenzen Sie den Obstverzehr auf 1–2 Portionen pro Tag. Beeren, Zitrusfrüchte und anderes Obst mit wenig Fruktose sind besser als fruktosereiche Sorten wie Äpfel und Wassermelone.

11. Verwenden Sie Gewürze und Kräuter. Frische, hochwertige Gewürze und Kräuter vom oberen Ende der Roadmap sind die einfachste Möglichkeit, das Essen köstlich schmecken zu lassen.

12. Garen Sie Ihr Essen sanft. Arbeiten Sie, soweit möglich, mit niedrigen Temperaturen und mit Garmethoden auf Basis von Wasser. Meiden Sie Mikrowellengaren und Braten.

Genießen Sie Ihr Essen. Zufriedenheit und Dankbarkeit sind genauso wichtig wie die richtige Ernährung!

Ein paar Tipps

1. Wenn Sie unbedingt einmal mogeln oder Junkfood essen möchten, tun Sie das ohne Schuldgefühle. Je stärker Sie von der Bulletproof-Diät abweichen, desto weniger Vorteile werden Sie davon haben. Je genauer Sie sich daran halten, desto mehr werden Sie Bulletproof sein. Kleine Abweichungen sind dabei in Ordnung und gelten nicht als Scheitern.

2. Falls Sie nach dem Verzehr von Milchprodukten Allergien, Akne oder sonstige negative Effekte spüren, wechseln Sie auf Ghee (als einziges Milchprodukt) und verwenden Sie Kokosöl und tierische Fette.

3. Essen Sie möglichst wenig mehrfach ungesättigte Fettsäuren und ergänzen Sie die Fettzufuhr durch Fischöl oder Krillöl, wenn Sie nicht jede Woche fetten Kaltwasserfisch wie Lachs essen.

4. Versuchen Sie, ohne Zwischenmahlzeiten auszukommen. Ich bin zuversichtlich, dass Sie keine Gelüste nach Zwischenmahlzeiten mehr haben, wenn Sie sich erst einmal an diese Art des Essens gewöhnt haben und sich Ihr Körperfett angepasst hat. Wenn Sie das Bulletproof-Kaffee-Rezept mit Bulletproof Brain Octane Oil zubereiten, können Sie tatsächlich damit rechnen, dass Ihr Heißhunger

bereits am ersten Tag verschwindet. Falls Sie doch Essgelüste bekommen, entscheiden Sie sich für einen meiner Lieblings-Snacks: kalt geräucherter Lachs und eine Scheibe Avocado. Das ist wie das frischeste, leckerste Sushi und sollte Sie sofort satt machen sowie Ihnen einen Energieschub verschaffen, damit Sie bis zur nächsten Mahlzeit durchhalten.

Wenn Sie das meiste richtig machen, sichern Sie sich eine geringe Entzündungsneigung und einen Lebensstil voller Hochleistung und Energie. Wenn Sie sich jetzt nicht die Zeit nehmen, für sich selbst zu sorgen, werden Sie sich später die Zeit nehmen müssen, krank zu sein. Erlauben Sie es sich, Ihr volles Potenzial zu erreichen und in Ihrer persönlichen Bestform zu sein. Essen Sie Bulletproof! Seien Sie Bulletproof!

KAPITEL 2

Machen Sie Ihr Essen Bulletproof

E s ist relativ einfach, Essen zuzubereiten, das gut schmeckt. Es ist ausgesprochen einfach, Essen zuzubereiten, das vermutlich gesund ist, aber nicht gut schmeckt. Bei Bulletproof geht es darum, Essen zuzubereiten, das Ihnen ein Energiehoch verschafft und dabei auch noch großartig schmeckt. Grundsätzlich also Essen, bei dem Sie sich gut fühlen, das Sie genießen und das gut schmeckt. Das Gehirn mag das, deshalb sehnen Sie sich danach. Sie können auch einen Essensrausch mit Zutaten und Zubereitungsarten erzielen, die kurzfristig befriedigen, die Sie jedoch belasten und Ihre Energie aufzehren. Bulletproof zu essen bedeutet, die richtigen Speisen zu finden und sie so zuzubereiten, dass Sie einen Energiekick bekommen. Ich empfehle eine Mischung aus viel Fett, mäßig Eiweiß und reichlich Gemüse mit Zutaten, die keinen Heißhunger hervorrufen.

Das Beste ist, dass Bulletproof-Essen lecker und sättigend ist. Mein ewiges Lieblingsessen ist Rib-Eye-Steak vom Weiderind. Außerdem glaube ich, dass jedes Essen noch besser schmeckt mit einem Klecks Guacamole obendrauf, aus vielen schmackhaften, fettreichen Avocados zubereitet. Wenn ich Gemüse zubereite – egal welches –, dämpfe oder blanchiere ich es, püriere ein Drittel davon mit Butter und Bulletproof Brain Octane Oil und mische dieses Püree wieder unter das restliche Gemüse. So habe ich dann das Gefühl, Rahmspinat zu essen – aber ehrlich, es ist sogar noch besser, weil Sie dadurch in den Vorzug sehr vieler Nährstoffe kommen. Sie sehen also, mein Lieblingsstil beim Essen ist alles andere als langweilig oder fade. Durch die Bulletproof-Ernährung sollte auch Ihr Verlangen nach Snacks, Zwischenmahlzeiten oder Knabbereien eingedämmt werden. Wenn Sie in dieser Form essen, bleibt Ihr Körper bis zur nächsten Mahlzeit satt und zufrieden. Falls Sie doch Gelüste auf eine Zwischenmahlzeit bekommen, empfehle ich Lachs und Avocado oder ein kleines Stück sehr dunkle Schokolade mit hohem Kakaoanteil.

Die gesamte Bulletproof-Roadmap finden Sie unter www.bulletproof.com/diet-roadmap-poster. Dort sehen Sie die für den Energieaufbau besten und schlechtesten Lebensmittel auf einen Blick. Aber wir wollen uns die Lebensmittelkategorien einmal so ansehen wie im Lebensmittelgeschäft. Ich möchte Ihnen gern einige Regeln für die Auswahl der Lebensmittel mit auf den Weg geben, die Sie an der Metzgertheke oder am Gemüsestand berücksichtigen sollten.

FETTE

Es gibt eine Menge Fehlinformationen über Fette – welche man essen soll und in welchen Mengen. Dieser Abschnitt gibt Ihnen genauere Informationen über die Wahl der besten Fette, um Bulletproof zu werden.

Gesunde Fette

Die Fetthysterie, die in den 1970er-Jahren begann, überzeugte die Leute davon, dass gesättigte Fettsäuren gesundheitsschädlich seien und um jeden Preis gemieden werden müssten. Diese Information basierte auf miserablen wissenschaftlichen Arbeiten – der Gedanke, gesättigte Fettsäuren stünden in Verbindung mit Herzkrankheiten, wurde inzwischen als falsch entlarvt. Gesättigte Fettsäuren stehen in keinem Zusammenhang mit kardiovaskulären Erkrankungen – wohl aber Transfettsäuren und mehrfach ungesättigte Omega-6-Fettsäuren. Wir benötigen Fette für die richtige Funktion der Zellen und auch für den Stoffwechsel, sie sind Bausteine für Zellmembranen und Hormone. Es ist sehr wichtig, dass Sie genügend gesunde Fette mit Ihrer Ernährung aufnehmen, um körperlich und mental leistungsfähig zu sein. Es ist jedoch genauso wichtig zu wissen, dass nicht alle Fette auf gleiche Weise erzeugt werden. Rapsöl aus genmanipuliertem Raps und Butter von kranken, mit Getreide gefütterten Kühen sind nicht dasselbe wie kalt gepresstes, natives Bio-Olivenöl extra, MCT-Öl aus Bio-Kokos und Bio-Palmöl oder Butter von Kühen, die sich ihr Leben lang natürlich von Gras ernährt haben!

Wenn ich von Fett spreche, beziehe ich mich auf tierische Fette in Fleisch, Fisch und Milchprodukten. Wenn Sie sich Bulletproof ernähren, gehört es mit zum Wichtigsten, dass Sie Ihrem Körper unraffinierte oder unbeschädigte Fette zuführen. Fette sind nämlich sehr empfindlich. Sie können durch Hitze, Licht oder Sauerstoff leicht zerstört werden und verlieren dann ihren Nährwert.

Sie können den benötigten Anteil an guten Fetten aus Kokosöl oder Ghee beziehen, die beste Quelle überhaupt ist jedoch Fett von grasgefütterten Tieren aus der Region. Dieses Fett hat eine hohe Nährstoffdichte – es sei denn, Sie kochen es bei zu hohen Temperaturen von über 260 °C und zerstören es dadurch. Bei der Zubereitung von Fleisch (vor allem Rind und Lamm) ist die Versuchung groß – und wird von vielen Köchen empfohlen –, das Fleisch vor dem Durchgaren scharf anzubraten. Das Braten schädigt die Fette jedoch durch Oxidation und dann wird es für Ihren Körper schwer, sie zu verstoffwechseln und zu verwerten.

Beim scharfen Anbraten von Fleisch läuft die sogenannte Maillard-Reaktion ab. So wird der Prozess des Bräunens von Fleisch bezeichnet, bei dem sich nicht nur die Farbe verändert und eine Kruste bildet, sondern sich tatsächlich auch die biochemischen Verbindungen des Fleisches verändern und der Geschmack beeinflusst wird. Dabei entsteht dieser volle Umami-Geschmack, der zutiefst befriedigend ist. Da Umami aber durch Glutamat oder Mononatriumglutamat (MNG) entsteht – was einen Abfall des Blutzuckerspiegels bewirkt und nachfolgenden Heißhunger –, können Lebensmittel mit Umami-Geschmack nach dem Essen gleich wieder Hunger auslösen. Die Maillard-Reaktion erhält zwar tatsächlich das Fleisch saftig und erzeugt den Umami-Geschmack, das scharfe Anbraten zerstört aber auch die wertvollen Fette, indem es ihre Molekularstruktur verändert. Sie müssen mit Temperatur, Garzeit, Luft und Licht achtsam sein und diese Fette vorsichtig behandeln. Ich empfehle, diese dunkle Röst-Patina erst am Ende der Garzeit hinzuzufügen, anstatt die Fette gleich zu Beginn durch eine Schockbehandlung zu schädigen.

Am besten Rind- und Lammfleisch bei schwacher Hitze oder mit Flüssigkeit garen, beispielsweise durch Vakuumgaren. Ich empfehle längere Garzeiten bei niedrigeren Temperaturen, damit die Fette vorsichtig garen. Dann können Sie das Fleisch am Ende auch noch kurz bräunen lassen.

Dasselbe gilt für Lachs, der wertvolle Omega-3-Fettsäuren enthält und eine meiner liebsten Fettquellen darstellt. Vielen ist klar, dass Lachs und andere Fische rappelvoll mit diesen »guten Fetten« sind – die Art der Zubereitung oder des Räucherns hat jedoch große Auswirkungen darauf, ob Sie in den Genuss ihrer Vorteile kommen oder nicht. Omega-3-Fettsäuren sind sehr empfindlich und wirken, wenn sie beschädigt werden, im Körper höchst entzündungsfördernd. Dies gilt insbesondere für heiß geräucherten Lachs, bei dem ein Verfahren angewendet wird, das mit krebsauslösenden Substanzen in Verbindung gebracht wird. Heiß geräucherter Lachs wird mit – Sie werden es erraten – heißem Rauch geräuchert, der zu sehr viel mehr oxidierten Fetten und zur Bildung problematischer Verbindungen führt. Kalt geräucherter Lachs hingegen ist supergesund, weil er mit Salz gepökelt und mit flüssigem Rauch gekühlt wird, sodass die Fette intakt bleiben und nicht durch das Räuchern beschädigt werden. Wenn Sie frischen Lachs zubereiten möchten, pochieren oder dämpfen Sie ihn am besten oder backen Sie ihn vorsichtig. Ziel ist es, die fantastischen Fette in perfektem Zustand zu belassen.

Weidebutter

Milchkühe aus Massentierhaltung werden mit Kraftfutter (und allen möglichen weiteren unvorstellbaren Sachen) gefüttert, weil Getreide billiger ist und einen höheren Kaloriengehalt aufweist als Gras oder Heu. Dadurch können mehr Kühe auf kleinerem Raum gehalten werden – eine tolle Sache, um mehr Lebensmittel zu produzieren, aber schrecklich für die Gesundheit der Kühe. Diese Lebensbedingungen verlangen den Einsatz von Antibiotika, damit die Kühe nicht krank werden. Um die Sache aber noch schlimmer zu machen, ist das Kraftfutter in der Regel schlecht gelagert und dadurch sehr oft von Schimmel befallen. Der Schimmel im Getreide produziert Toxine, die von den Kühen aufgenommen, in ihrem Fett gespeichert und dann über die Fleisch- und Milchprodukte an den Menschen weitergegeben werden. Das Fett der Kühe enthält auch höhere Mengen an entzündungsfördernden Omega-6-Fettsäuren, weil

das Getreide, das diese Kühe fressen, sehr viele solcher Omega-6-Fettsäuren enthält. Weidekühe sind viel gesünder, weil sie das Futter fressen, das die Natur für sie vorgesehen hat, und damit auch die Toxine und den Schimmel umgehen, die in kommerziellem Futter vorkommen. Fleisch und Milchprodukte von Weidekühen sind viel hochwertiger und enthalten ein anderes Fett- und Nährstoffprofil – mit höheren Mengen an Omega-3-Fettsäuren und günstigen Verbindungen wie konjugierter Linolsäure (CLA) und Buttersäure (Butyrat). CLA hemmt Krebs und fördert die Gewichtsabnahme, während Butyrat zur Darmgesundheit beiträgt und entzündliche Prozesse im Gehirn ausschaltet. Sie können auch Ghee verwenden, eine Art geklärter oder konzentrierter Butter, ähnlich Butterschmalz. Ghee weist Butter gegenüber insofern einige Vorteile auf, als das Milcheiweiß Kasein bei der Herstellung von Ghee entfernt wird. Ghee hat auch einen höheren Rauchpunkt, sodass es zum Braten vorzuziehen ist, da es nicht so schnell verbrennt.

Krillöl

Ähnlich wie Fischöl stammt Krillöl aus winzigen Garnelen und ist eine gute Quelle für mehrfach ungesättigte Omega-3-Fettsäuren, wie EPA (Eicosapentaensäure) und DHA (Docosahexaensäure). EPA und DHA gelten als essenzielle Nährstoffe, da der Körper (und vor allem das Gehirn) sie brauchen, um gut arbeiten zu können. Wir können sie aber nicht selbst produzieren und müssen sie daher aus der Nahrung beziehen. DHA spielt eine zentrale Rolle bei der Funktion der synaptischen Verbindungen im Gehirn. Nervensystem sowie Gehirn sind von dieser Verbindung so abhängig, dass Mangelerscheinungen zu degenerativen Störungen wie Alzheimer, multipler Sklerose, Schizophrenie, Demenz und Depression führen können. Omega-3-Fettsäuren liefern aber noch weitere Vorteile wie eine Reduzierung von Entzündungen, eine mögliche Verbesserung von Muskelaufbau und – einigen Studien zufolge – in der PMS-Behandlung.

Krillöl ist die bevorzugte Quelle für EPA und DHA, weil die mehrfach ungesättigten Fette hier in Form von Phospholipiden verpackt sind, die vom Körper leicht aufgenommen werden. Die EPA und DHA in Fischöl sind dagegen in der Regel in Form von Triglyzeriden verpackt und müssen zusätzlich verarbeitet werden, um entsprechend nutzbar zu sein. Auch Leinöl enthält Omega-3-Fettsäuren, jedoch fast ausschließlich in Form von Alpha-Linolensäure (ALA). Unser Körper kann ALA in DHA umwandeln, allerdings nur zu 1 bis 4 Prozent – eine traurige Umwandlungsrate. Krillöl enthält außerdem das wirksame Antioxidans Astaxanthin, das dazu beiträgt, die empfindlichen und instabilen Omega-3-Fettsäuren vor einer Zersetzung zu schützen. Es ergänzt jeden Bulletproof-Ernährungsplan ganz wunderbar.

Öle & Fette

BULLETPROOF

Bulletproof Brain Octane Oil, Bulletproof-MCT-Öl, Bulletproof-Ghee, Bulletproof-Schokolade, Bulletproof-Kakaobutter, Freilandeigelb[†], Krillöl, Fett und Mark aus rotem Fleisch vom Weidevieh, Avocadoöl, Kokosöl, Sonnenblumen-Lecithin

Fischöl, Weidebutter und Ghee

Palmöl, Palmkernöl, Baconfett vom Weidevieh, rohe Macadamianüsse, natives Olivenöl extra

Rohe Mandeln, Haselnüsse, Walnüsse, Cashew-Butter, Soja-Lecithin GVO-frei

Enten- und Gänsefett, Butter und Ghee aus Milch von Kraftfuttervieh

Fabrikhähnchenfett, Distel-, Sonnenblumen-, Raps-, Erdnuss-, Soja-, Baumwollsaat-, Mais- und Pflanzenöle, erhitzte Nüsse und Öle, Leinsamenöl

Margarine und sonstige künstliche Transfette, Öle aus GVO-Getreide, handelsübliches Schmalz

KRYPTONIT

† Überprüfen Sie, dass Sie nicht allergisch gegen Eier sind.

Laden Sie sich eine kostenlose Farbkopie herunter unter http://bulletproof.com/roadmap.

Warum sollten Sie für meine Rezepte Bulletproof Brain Octane Oil verwenden anstelle von normalem MCT- oder Kokosöl?

Das ist ganz einfach erklärt: Bulletproof Brain Octane Oil besteht zu 100 Prozent aus mittelkettigen Fettsäuren (MCT, Medium-chain Triglycerides). Die Kokosölindustrie möchte Sie glauben machen, dass Kokosöl vier Arten von MCT-Fettsäuren enthält: C6, C8, C10 und C12 (Laurinsäure; die Ziffern bezeichnen jeweils die Länge der Kohlenstoffketten). Dabei ist wirklich nur eine kleine Menge des Kokosöls tatsächlich MCT. Es stimmt zwar, dass sie MCT genannt werden, inzwischen wissen wir aber, dass C12 oder Laurinsäure eher ein Pseudo-MCT ist.

Laurinsäure ist in der Tat eine gute Quelle, aber sie wirkt eher wie ein LCT (langkettiges Triglyzerid) als ein MCT, wenn Sie sie essen. So beziehen Sie nicht die schnelle Ketonkörper-Energie daraus wie aus C8 oder C10. Laurinsäure wird zudem nicht auf dieselbe Weise im Körper verstoffwechselt wie echte MCT. Sie muss in der Leber aufgeschlüsselt werden, was länger dauert und mehr Körperressourcen benötigt. Kokosöl ist daher zwar ein Lebensmittel, das wir mögen, aber es ist nicht Ihre beste Bulletproof-Option. Meine Rezepte sind aber so zusammengestellt, dass Sie Ihnen zu Ihrer Höchstleistung verhelfen.

Wenn Sie auf schnelle Energie aus sind und diese Fette in Ketonkörper umwandeln möchten, warum sollten Sie dann auf die verdünnte Version zurückgreifen, wenn Sie auch den richtigen Glückstreffer landen können? Wenn Sie Brain Octane Oil verwenden, wird die gesamte Menge rasch in Energie umgewandelt, während im Kokosöl nur ein kleiner Teil diesen Vorteil liefern kann.

Kokosöl und MCT-Öl

Die Kokosnuss wurde quer durch die Geschichte von vielen verschiedenen Kulturen als Grundnahrungsmittel und Arznei verwendet. Kokosöl ist eine Quelle für zahlreiche gesunde Fette und reich an Ballaststoffen, zudem wirkt es als natürliches Antibiotikum, Viruzid, Fungizid und Parasitizid. Kokosöl vernichtet Viren, Bakterien, Parasiten und Mikroorganismen, die Störungen hervorrufen wie Geschwüre, Nebenhöhleninfektionen, Harnwegsinfekte und mehr – es schädigt jedoch nicht die mikrobiotische Flora, die den Magen-Darm-Trakt besiedelt.

MCT-Öl ist ein gesättigtes Fett, das in tropischen Pflanzen wie der Kokosnuss oder der Palme vorkommt und für viele gesundheitliche Vorteile dieser Lebensmittel verantwortlich ist. Wie oben erwähnt, handelt es sich dabei um Medium Chain Triglycerides – mittelkettige Triglyzeride. Es gibt zwei Arten MCT: Caprylsäure und Caprinsäure, die beide im Gegensatz zu den in der Nahrung überwiegend vorkommenden LCT (Long Chain Triglycerides) sofort vom Körper in Energie umgewandelt werden, ohne in der Leber verarbeitet werden zu müssen. Diese Fette werden in Ketonkörper umgewandelt, einen anderen Energielieferanten, der vom Gehirn genutzt wird. MCT-Öl liefert nicht nur einen schnellen Energieschub, sondern fördert auch gesunde Cholesterinspiegel. Es ist geschmacksneutral und geruchlos, sodass es völlig problemlos in die Ernährung integriert werden kann: Einfach über Ihr Essen träufeln, als Salatdressing oder in Smoothies verwenden. Außerdem können Sie es auf bis zu 160°C erhitzen und dennoch seine gesundheitlichen Vorteile genießen.

Natives Olivenöl extra

Oliven sind eine großartige Quelle für einfach ungesättigte Fettsäuren, die dazu beitragen, den Cholesterinspiegel zu optimieren – insbesondere das gute HDL-Cholesterin. Zudem werden sie mit einer Senkung des Risikos für Herzkrankheiten in Zusammenhang gebracht. Olivenöl hat noch eine Menge weiterer Vorteile, so unterstützt es die Blutgerinnung, reguliert den Blutzuckerspiegel und fördert die Insulinempfindlichkeit. Daneben enthält es wirksame Polyphenole, die antioxidativ und entzündungshemmend wirken. Einige Studien haben sogar gezeigt, dass Olivenöl das Risiko für mehrere Krebsarten senken und die Verschlechterung der kognitiven Fähigkeiten verlangsamen kann. Wichtig: Verwenden Sie am besten natives Olivenöl extra, da raffinierte Olivenöle weit weniger Polyphenole enthalten. Sie sollten zudem das Etikett genau lesen, um sicherzugehen, dass es sich um

100 Prozent reines Olivenöl handelt und keine Zusätze oder Fremdöle beigemischt sind. Da die Fettsäuren im Olivenöl nicht gesättigt sind, ist es ziemlich instabil und oxidiert leicht – Sie sollten es daher nie zum Kochen verwenden. Jegliche Hitze lässt das Öl oxidieren, wodurch freie Radikale entstehen können, die Entzündungen fördern. Halten Sie sich daran, das Öl für die kalte Küche wie Salate oder kalte Saucen zu verwenden. Kaufen Sie das Öl in dunklen Glasflaschen, damit es möglichst wenig Licht ausgesetzt ist, und brauchen Sie es innerhalb eines Jahres auf, damit es nicht ranzig wird.

Diese Fette sollten Sie meiden

Nicht alle Fette werden auf die gleiche Weise produziert – es gibt viele Fette, die Ihrer Gesundheit abträglich sind und die Sie so weit wie möglich meiden sollten.

Kern-, Soja- und Pflanzenöle

Diese Öle enthalten alle äußerst viele entzündungsfördernde Omega-6-Fettsäuren. Wir brauchen etwas Omega-6-Fettsäuren, damit unser Körper gut funktioniert, aber die durchschnittliche amerikanische Ernährung enthält bei Weitem zu viele dieser Öle und das Verhältnis von Omega-6- zu Omega-3-Fettsäuren ist viel zu hoch, was zunehmend zu Entzündungen führt. Obendrein oxidieren Omega-6-Fettsäuren viel zu leicht und werden beim Kochen ranzig, wodurch entzündungsfördernde freie Radikale entstehen. Daher werden viele dieser Öle industriell hydriert bzw. gehärtet und in Transfette umgewandelt, um sie stabiler zu machen. Diese »Frankenstein«-Fette erhöhen nachweislich den LDL-Cholesterinspiegel drastisch und damit auch das Risiko für Herzkrankheiten. Bedenken Sie zudem, dass viele dieser Öle aus gentechnisch veränderten Feldfrüchten und Lebensmitteln stammen, die oft mit Schimmelpilzgiften kontaminiert sind – damit haben Sie ausreichend Gründe, die gegen ihre Verwendung sprechen.

Die pflanzlichen Omega-3-Fettsäuren in Ölen wie Lein- und Hanföl werden vom Körper nur in einer sehr geringen Rate in günstige DHA umgewandelt, sodass es besser ist, sich an andere Quellen zu halten und diesen hohen Omega-6-Gehalt zu meiden.

Handelsübliches Schmalz

Ähnlich wie beim Unterschied zwischen Milchprodukten aus Massentierhaltung und vom Weidevieh, enthält das Schmalz aus Massentierhaltung in der Regel Hormone und Antibiotika und weist ein Fettprofil mit vielen Omega-6-Fettsäuren und wenigen günstigen Omega-3-Fettsäuren, CLA und Buttersäure auf. Verwenden Sie daher lieber gesunde gesättigte Fette wie Kokosöl und Weidebutter. Falls Sie allerdings regionales, nichtgehärtetes Bio-Schmalz bekommen, ist das ebenfalls eine gute Wahl.

Bio-Gemüse

BULLETPROOF

Avocado, Blumenkohl, Brokkoli*, Fenchel, Gurke, Oliven, Pak Choi*, Rosenkohl*, Sellerie, Spargel

Blattkohl*, Grünkohl*, Kohl*, Kopfsalat, Radieschen, Sommerkürbis, Spinat*, Zucchini

Artischocken, Butternut- und Winterkürbis, Frühlingszwiebeln, grüne Bohnen*, Karotten, Lauch, Petersilie

Aubergine, Erbsen, Paprika, Schalotten, Tomaten, Zwiebel

Kürbis, Pilze, roher Grünkohl, roher Mangold, roher Kohl, roher Spinat, Rote Bete

Mais (frische Kolben)

KRYPTONIT

Jeder Mais außer frischem, Dosengemüse, Soja

* Diese Sorten sollten gekocht werden. Beziehen Sie sich dabei auf die Kochanweisung für die Zubereitung dieser Gemüsesorten, sodass sie möglichst Bulletproof bleiben.

Laden Sie sich eine kostenlose Farbkopie herunter unter http://bulletproof.com/roadmap.

GEMÜSE

Auf der Bulletproof-Roadmap sehen Sie, dass ich viel Gemüse für die tägliche Ernährung empfehle. Beim Gemüsekauf lautet meine Faustregel, vorzugsweise Bio-Gemüse zu wählen, gefolgt von wirklich frischem Gemüse (was im Prinzip regionales Gemüse bedeutet, damit die Transportzeit von der Ernte bis auf den Tisch möglichst kurz ist). Bio-Ware bekommen Sie so, wie die Natur sie vorgesehen hat: mit allen Nährstoffen, nach denen Ihr Körper verlangt. Ideal ist Bio-Ware + frisch. Bio-Ware + weniger frisch ist OK, aber vielleicht etwas weniger nährstoffreich. Wenn Sie kein Bio-Gemüse bekommen, lautet eine gute Option regional, frisch und ungespritzt. Bitte überzeugen Sie sich davon, dass sogenanntes frisches Gemüse wirklich frisch ist, denn Gemüse aus herkömmlichem Anbau kann behandelt oder gefärbt sein, um Frische vorzutäuschen. Es kann auch vollgepumpt sein mit Chemikalien und Pestiziden. Hier gilt: Nein, danke! Lieber nehme ich etwas verdrecktes Bio-Gemüse als auf Hochglanz poliertes Gemüse aus konventionellem Anbau.

FLEISCH

Zu einer optimalen Bulletproof-Ernährung gehört eine mäßige Menge an Eiweiß bester Qualität. Hochwertige Produkte und hochwertiges Fleisch sind entscheidend, um sicherzustellen, dass Sie Ihrem Körper gute Nährstoffe zuführen und schädliche Toxine und Zusätze meiden. Fleisch vom

Weiderind und Weidelamm, Fisch aus Wildfang und Fleisch vom Weideschwein sollten Sie möglichst häufig essen. Manche Leute klagen, hochwertige Lebensmittel seien zu teuer. Aber wenn Sie einmal an die Arzt- und Krankheitskosten denken, die auf Sie zukommen, wenn Sie sich über längere Zeit nährstoffarm ernähren, ist eine gesunde Ernährung auf jeden Fall der kostengünstigere Ansatz.

Geflügel: Nicht die beste Bulletproof-Wahl

Eine der größten Fehlaussagen, die ich kenne, ist, dass Hähnchenfleisch »der beste Freund« bei einer Diät sei. Die Sache sieht nämlich so aus, dass magere Hähnchenbrust den Insulinspiegel ebenso steigen lassen kann wie Zucker und dass Hähnchenbrust mit Haut mehrfach ungesättigtes Fett enthält. Es gibt also weitaus bessere Quellen für Eiweiß und Fett als Hühnerfleisch. Weidelamm oder Weiderind bieten ein deutlich günstigeres Fettsäuremuster und das ohne Insulinanstieg. Wenn Sie außerdem auf Fleisch von Tieren Wert legen, die artgerecht gehalten wurden, passt Weiderind auch von daher besser ins ökologische Bild. Glauben Sie mir, ich habe versucht, Hühnerfleisch zu bekommen, hinter dem ich hätte stehen können. Ich suchte nach den besten traditionellen Hühnerrassen. Aber selbst wenn Sie Hühner mit Kokosnüssen füttern, bleibt ihr Fett mehrfach ungesättigt, was für Bulletproof-Ergebnisse nicht ideal ist. Was ebenfalls die wenigsten wissen ist, dass Hühner Fleischfresser sind.

Sie fressen gern kleines Getier, die meisten Bauernhofhühner werden jedoch vegetarisch ernährt, sodass sie eigentlich mangelernährt sind. Jeder Hühnerzüchter kann Ihnen dies versichern und meine eigene Erfahrung bei der Aufzucht eines Gockels namens Hannibal bestätigte dies ebenfalls. Also wirklich, wenn ein Tier nicht artgerecht ernährt wird, wie kann sein Fleisch dann eine Nährstoffquelle sein, mit der Sie sich bestens fühlen? Wenn Sie Geflügel essen möchten, dann kaufen Sie ein regionales Freilandhuhn und stellen Sie sich darauf ein, für die gute Qualität etwas mehr bezahlen zu müssen.

Fleisch aus reiner Grasfütterung

Wenn Sie Rind- oder Lammfleisch hoher Qualität wählen möchten, stellen Sie sicher, dass die Tiere nicht nur bis kurz vor der Schlachtung, sondern ausschließlich mit Gras oder Heu gefüttert wurden. Den meisten Leuten ist nicht klar, dass das Etikett »aus Grasfütterung« nicht bedeutet, dass das Tier zu 100 Prozent mit Gras gefüttert wurde. Einige Züchter füttern ihre Tiere gegen Ende des Lebens mit Getreide, was wichtig ist, weil es die Zusammensetzung des Nährstoffanteils verändert. Achten Sie daher auf Rind- oder Lammfleisch, das wirklich aus reiner Grasfütterung stammt. Falls Sie kein Fleisch aus überwiegender oder reiner Grasfütterung finden, wählen Sie die magersten Stücke von Tieren aus Getreidefütterung. Falls Sie Fleisch aus Grasfütterung bekommen, wählen Sie ruhig die fettesten Stücke.

Auf frischen Geschmack achten

Das Nächste, worauf Sie bei der Fleischwahl achten sollten, ist: ob es frisch ist und aus regionaler Produktion stammt. Heutzutage stehen Feinschmecker auf trocken gereiftes Rindfleisch, das Dry Aged Beef, weil es diesen intensiven Umami-Geschmack hat. Bei diesem Verfahren hängt das Fleisch längere Zeit am Knochen ab und es wächst ein feiner Flaum aus Schimmel außen auf dem Fleisch, der später weggeschnitten wird. Ich gebe gern zu, dass bei diesem Verfahren ein guter Geschmack und eine zarte Textur entstehen, die Pilze produzieren, aber auch Schimmelgifte, die Essgelüste hervorrufen. Daher sage ich: »Nein, danke!« Wenn Sie Bulletproof essen und sich voller Energie fühlen möchten, können Sie kein Fleisch brauchen, das lange abhängt und altert oder weite Transportwege hinter sich hat, Sie wollen frisches Fleisch aus der Region.

Ein weiterer Grund für den regionalen Einkauf besteht darin, dass immer mehr Züchter heutzutage gentechnisch verändertes (GVO) Gras verfüttern, das irgendwo gewachsen ist und gemäht wurde und dann herantransportiert wird. GVO-Gras ist nicht nur schlecht für Sie, es ist schlichtweg weniger nährstoffreich. Achten Sie also auf Fleisch aus reiner Grasfütterung, das aus der Region stammt und frisch verkauft wird – das ist das Beste, was Sie bei Fleisch tun können. Und wenn Sie zwischen Fleisch aus Grasfütterung und Bio-Fleisch wählen müssen, nehmen Sie Fleisch aus Grasfütterung. Bio-Fleisch, das nicht aus Grasfütterung stammt, kann nämlich von

Tieren kommen, die mit schimmligem Mais und Soja gefüttert wurden, auch wenn diese aus Bio-Anbau stammen. Sie wollen aber kein Fleisch aus Getreidefütterung, auch nicht, wenn es Bio-Getreide sind!

Schweinefleisch

Ich weiß, dass man uns erzählt, Schweinefleisch sei »das andere weiße Fleisch« und zwar mit dem Unterton, es sei gesund für uns. Wenn Sie jedoch Bulletproof essen möchten, ist rotes Fleisch aus Grasfütterung die deutlich bessere Wahl. Schweine stöbern überall nach Futter und fressen daher auch Abfälle, sodass ihr Fleisch von Parasiten nur so wimmelt. Schweinezüchter füttern ihre Schweine zudem häufig mit allem Möglichem, um sie zu mästen. Im schlimmsten Fall können das tatsächlich Abfall oder sogar Tierkadaver sein. Wenn Sie Weideschwein bekommen, kann dies eine Menge Probleme lösen – insofern ist Schweinefleisch aus Grasfütterung die Lösung, wenn Sie gern Schweinefleisch essen. Auch wenn Sie planen, Bacon zu essen, sollten Sie nach einer Sorte ohne Nitratzusatz suchen. Es gibt tatsächlich Methoden, bei denen Bacon mit natürlichen Zutaten wie zum Beispiel Sellerie gepökelt werden kann, dabei entstehen auf natürlichem Weg Nitrate. Dies ist die bessere Option im Vergleich zu den chemischen Zusatzstoffen, die dem Bacon in der Fabrik zugesetzt werden.

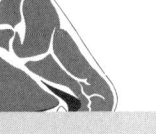 Eiweiß

BULLETPROOF ↑

Bulletproof-Molke, Bulletproof-Kollageneiweiß, Bulletproof-CollaGelatin, Weiderind und Weidelamm, Freilandeier[†] und Gelatine, Kolostrum

Wildfisch mit geringer Quecksilberbelastung wie Sardelle, Schellfisch, Kalifornische Scholle, Sardine, Wildlachs, Blaurückenlachs, Sommerflunder, Forelle

Weideschwein, reines Molkenisolat,[*] Freilandente und Freilandgans

Eier aus Massentierhaltung,[†] Freilandhuhn und Freilandtruthahn

Erhitzte Molke, Hanfeiweiß, Fleisch aus Massentierhaltung

Fisch und Meeresfrüchte, die stark mit Quecksilber belastet sind oder aus Aquakultur stammen, Reis- und Erbseneiweiß

Sojaeiweiß, Weizeneiweiß, Bohnen, Käse und andere pasteurisierte oder gekochte Milchprodukte (außer Butter)

KRYPTONIT ↓

* Molkeneiweiß sollte kalt verarbeitet und nach dem Verfahren der Cross-Flow Microfiltration (CFM) hergestellt sein. Wer auf Milchprodukte empfindlich reagiert, sollte eher ein Isolat als ein Konzentrat verwenden.

† Überprüfen Sie, ob Sie allergisch gegen Eier sind.

Laden Sie sich eine kostenlose Farbkopie herunter unter http://bulletproof.com/roadmap.

MILCHPRODUKTE

Lassen Sie es mich klar und deutlich sagen: Sie sollten Eiweiß aus Milchprodukten meiden. Milchprodukte enthalten viel Kasein wie Phosphorproteine, die gewöhnlich in der Milch von Säugetieren vorkommen. Kasein löst Entzündungen aus, verursacht bei vielen Menschen Allergien und beschert Ihnen auch mehr Essgelüste. (Haben Sie schon einmal gemerkt, wie schwer es ist, bei Käse mit dem Essen aufzuhören? Bedanken Sie sich dafür beim Kasein!)

Auch wenn Kasein nicht toll für Sie ist, bietet Milch andererseits eine ausgezeichnete Fettquelle. Wäre die Welt perfekt, hätten wir alle rohe Vollmilch aus regionaler Produktion von Weidekühen zur Verfügung, um daraus Butter zu machen. Diese Art Milch – und die daraus hergestellte Butter – sind jedoch sehr teuer. Das sind Luxuslebensmittel. Daher suche ich mir zur Deckung meines Eiweiß- und Fettbedarfs Fleisch aus Grasfütterung sowie Weidebutter (nicht notwendigerweise aus Rohmilch). Und ich empfehle ein hochwertiges Molkeeiweißpulver aus Grasfütterung (z. B. Bulletproof).

Falls Sie an Milchersatzprodukten interessiert sind, sollten Sie Mandelmilch in Betracht ziehen – im Idealfall hausgemacht. Die meisten industriell hergestellten Sorten sind stark mit minderwertigen Zutaten verarbeitet und nährstoffarm. Dabei ist es ganz einfach, die Mandelmilch mit rohen Mandeln guter Qualität, heißem Wasser, einem Mixer und einem Seihtuch selbst herzustellen. Sie schmeckt fantastisch und das Fett wird bei diesem einfachen Verfahren nicht beschädigt.

Milchprodukte

BULLETPROOF ↑

- Bulletproof-Ghee, Bio-Weidebutter, Kolostrum

- Nicht biologisches Weidebutter-Ghee oder Weidebutter, biologische Weidesahne

- Bio-Weiderohmilch oder -joghurt, Vollfettstufe

- Nicht biologische Weiderohmilch oder -joghurt, Vollfettstufe, Ghee von Kühen, die Kraftfutter bekommen

- Butter von Kühen, die Kraftfutter bekommen

- Halbfett- oder Magermilch, Butterimitat, pasteurisierte nicht biologische Milch oder Joghurt

- Jeglicher Käse, Milchpulver, Industriemilch, Milchersatz, Kondens- oder Dosenmilch, konventionelle Eiscreme

KRYPTONIT ↓

Milcheiweiß ist eine bedeutende Quelle für Allergien und Entzündungen. Testen Sie, was bei Ihnen gut geht. Ghee ist praktisch für jeden eine sichere Wahl, und dies gilt in der Regel auch für Butter, weil sie wenig Eiweiß enthält.

Laden Sie sich eine kostenlose Farbkopie herunter unter http://bulletproof.com/roadmap.

Cashewmilch ist in Ordnung, enthält aber eher mehr Zucker – weswegen ich Mandeln empfehle, wenn Sie sich für Nussmilch entscheiden. Von Sojamilch sollten Sie ganz die Finger lassen. Sojamilch ist eine schlechte Alternativen, weil Soja die Schilddrüsenfunktion hemmt, entzündungsfördernde Omega-6-Fettsäuren und übermäßig viel Östrogen enthält. Außerdem stammt Soja meist aus GVO, enthält also Glyphosatrückstände. Sagen sie Nein zu Soja!

Obst

Viele Leute, die sich um gesundes Essen bemühen, werfen Obst und Gemüse in einen Topf – dabei ist Obst unter dem Bulletproof-Standpunkt nicht annähernd so empfehlenswert wie Gemüse. Obst enthält hohe Konzentrationen an Zucker. Allerdings werden nicht alle Obstsorten auf gleiche Weise erzeugt. Ich bevorzuge Beeren, weil sie wenig Zucker und viele Antioxidantien enthalten. Wenn es jedoch eine Frucht gibt, auf die ich wirklich schwöre, so ist es die meist nicht zum Obst gezählte Avocado – botanisch eine Beerenfrucht. Sie ist eine perfekte Quelle für Fette und schmeckt zu allem auch noch sehr köstlich. Habe ich bereits erwähnt, dass ich Guacamole so gut wie auf alle Speisen gebe? Sie ist definitiv eine meiner Lieblinge im Hinblick auf Nährwert und Geschmack.

Obst

BULLETPROOF

Avocados, Brombeeren, Kokosnüsse, Cranberrys, Zitronen, Limetten, Himbeeren

Blaubeeren, Ananas, Erdbeeren, Mandarinen

Grapefruit, Granatäpfel

Äpfel, Aprikosen, Kirschen, Feigen, Honigmelonen, Kiwis, Litschis, Nektarinen, Orangen, Pfirsiche, Birnen, Pflaumen

Bananen, Datteln, Trauben, Guaven, Mangos, Melonen, Papayas, Passionsfrüchte, Kakis, Kochbananen, Wassermelonen

Cantaloupe-Melonen

KRYPTONIT

Rosinen, Trockenfrüchte, Fruchtleder, Konfitüre, Gelee, Dosenobst

Laden Sie sich eine kostenlose Farbkopie herunter unter http://bulletproof.com/roadmap.

Getreide

Lassen Sie uns über Getreide sprechen. Entgegen der allgemeinen Meinung bin ich nicht aus irgendeinem trendigen Argument wie »Kohlenhydrate sind böse« gegen Getreide. Ich bin gegen Getreide, weil es natürliche Abwehrstoffe bildet, die für uns nicht gesund sind. Stellen Sie sich das folgendermaßen vor: Die Hauptaufgabe von Getreide – seine *Raison d'être* – besteht darin, zu keimen. Daher hat Getreide im Verlauf der Evolution eine natürliche Abwehr entwickelt, um Räuber davon abzuhalten, es zu fressen. Und wissen Sie was? Zu diesen Räubern gehört auch der Mensch. Das volle Korn enthält Antinährstoffe, die es vor dem Fraß schützen sollen.

Das andere Problem beim Getreide hängt mit der Lagerung zusammen. Die Getreidelagerung führt leicht zu Schimmelbildung – ein Problem, das wir meist nur mit Entwicklungsländern in Verbindung bringen, aber es tritt auch bei uns auf. Meine Untersuchungen zeigen, dass bereits kleine Schimmelpilzmengen uns müde und reizbar machen und laut Aussage vieler Studien sogar unsere DNA schädigen können. Das Problem ist so groß, dass die Regierungen für einige Mykotoxine – aber nicht für alle – Grenzwerte festsetzen. Die Sicherheitsgrenzwerte unterscheiden sich zwischen den verschiedenen Ländern, aber selbst die sogenannten »sicheren« Grenzwerte sind nicht nutzbringend. Es ist interessant festzustellen, dass 85 Prozent der Menschen mit Morbus Crohn positiv auf das Schimmelpilzgift Aflatoxin getestet wurden. Chronische Darmprobleme haben oft mit Mykotoxinen im Essen zu tun, was nur wenig bekannt ist. Dies ist ein weiterer Grund, warum ich kein Fan von Essen bin, das solche Schimmelpilzgifte enthält.

Bevor Sie Getreide essen, sollten Sie wissen, dass weißer Reis am wenigsten problematisch ist, gefolgt von Quinoa. Viele Menschen glauben, brauner Vollkornreis sei dem weißen überlegen. Aber der braune Reis reizt den Darm und enthält etwa 80-mal mehr Arsen als weißer Reis. Aus diesem Grund ist weißer Reis das einzige Getreide, das ich empfehlen kann. Es gibt noch viele andere gute Nahrungsmittelquellen, die Ihnen wertvolle Nährstoffe ohne diese ungesunden Nebeneffekte liefern. Für alle, die Getreide essen möchten, habe ich sie in der Roadmap vom günstigsten bis zum ungünstigsten aufgelistet.

Nahrungsergänzungsmittel, die das Gehirn auf Trab bringen

Gesunde Fette sind nicht das Einzige, was Sie als Intelligenz-Booster in Ihre Ernährung aufnehmen können. Es gibt noch weitere Nahrungsergänzungsmittel, die Sie in Ihren Lebensstil integrieren können, um die Gesundheit Ihres Gehirns zu schützen und Ihre geistige Leistungsfähigkeit zu optimieren:

Acetyl-L-Carnitin (ALC)

ALC ist eine Aminosäure, die im Gehirn als Antioxidans wirkt. Es hat sich gezeigt, dass ALC die Wirkungen von Acetylcholin verstärkt – einem stimulierenden Botenstoff (Neurotransmitter), der das Gehirn besser arbeiten lässt. ALC verbessert auch die Funktion von Dopamin, dem Botenstoff, der im Gehirn für Belohnungs- und Lustgefühle verantwortlich ist und als wirksamer Verbesserer der kognitiven Funktion agiert. Neuere Forschungen haben zudem nachgewiesen, dass ALC dazu beitragen kann, die Fettoxidation in den Mitochondrien zu steigern, dem Energiekraftwerk in den Zellen. ALC ist in Form von Kapseln und Pulver im Onlinehandel erhältlich, Dosierung nach Packungsanweisung.

Oxalacetat oder Oxaloacetate

Oxalacetat ist ein Ergänzungsmittel, das in jeder Körperzelle vorkommt. Es hat viele Vorteile – darunter alle, die laut Forschung mit einer Kalorieneinschränkung sowie einer Verlangsamung des Alterungsprozesses einhergehen. Der wichtigste Vorteil besteht jedoch darin, dass es das Gehirn vor einer Schädigung schützt, indem es schädliche Glutamatspiegel senkt. Glutamat ist der häufigste Botenstoff im Körper, eine übermäßige Konzentration kann toxisch wirken und alle möglichen Probleme verursachen – wie eine kognitive Verschlechterung, Schlafprobleme, Stress und sogar Zelltod. Oxalacetat schützt das Gehirn und die Mitochondrien, sodass Sie nicht durch Brain-Fog (Benebeltsein) und mentale Ermüdung eingeschränkt werden. Mein eigenes Produkt, das reich an Oxalacetat ist, heißt Bulletproof Upgraded Aging Formula.

Kreatin

Kreatin, das normalerweise als Supplement zur Leistungssteigerung bei bestimmten Sportarten eingesetzt wird, kurbelt nachweislich auch die Gehirnleistung wirksam an! Studien haben gezeigt, dass Kreatin die kognitive Leistung steigern und bei Personen in den Dreißigern bei täglicher Einnahme sogar den IQ leicht ansteigen lassen kann. Auch für Menschen unter dreißig sowie alle Älteren ist Kreatin eine gute Sache.

BULLETPROOF ▲

🍓 Stärke

Kürbis, Butternut-Kürbis, Süßkartoffel, Jamswurzel, Karotte

Weißer Reis, Maniok, Taro, Kochbanane

Resistentes Stärkepulver (Kartoffelstärke, Koch-bananenmehl, Hi-Maize-Stärke)

Schwarzer Reis, Wildreis, brauner Reis, Banane, frischer oder TK-Bio-Maiskolben

Kartoffeln (weiße, lila, neue)

Buchweizen, Hafer, Quinoa

Weizen, Mais, Hirse, sonstiges Getreide, Kartoffel-stärke, Maisstärke, gluten-freies Stärkepulver

KRYPTONIT ▼

Essen Sie sehr wenig stärkehaltige Lebensmittel – und am besten abends. Alle 3–7 Tage essen Sie an einem Tag mehr Stärke. Siehe die Diagramme zu Verzehrmengen und Essenszeiten auf S. 26.

Laden Sie sich eine kostenlose Farbkopie herunter unter http://bulletproof.com/roadmap.

STÄRKE

Stärke ist wegen ihres Glukosegehalts ziemlich umstritten – sie enthält aber auch Supernährstoffe, Ihr Körper kann von einigen Stärkesorten profitieren. In Maßen ist Stärke gut, es sei denn, Sie versuchen in eine Ketose zu kommen. Sie sollten jedoch Stärkesorten wählen, die Ihren Blutzuckerspiegel nicht zu sehr in die Höhe treiben und Ihre Darmbakterien nähren – wie die Sorten, die ich in der Roadmap als günstig aufgeführt habe.

NÜSSE

Nüsse sind aufgrund ihrer Herkunft und ihrer Lagerung anfällig für Verderb und daher vielen Toxinen ausgesetzt. Hier bin ich sehr wählerisch und esse Nüsse nur in Maßen. Wählen Sie am besten rohe Bio-Nüsse aus der Liste auf Seite 51 und bewahren Sie sie luftdicht verschlossen im Kühlschrank auf, einige Sorten lassen sich auch einfrieren. Die Roadmap enthält Nüsse in der Reihenfolge meiner Präferenz.

ESSIG UND ESSIGKONSERVEN

Wenn Sie kräftig-würzige Aromen mögen, sollten Sie diese sorgfältig auswählen. Apfelessig ist zu Gesundheitszwecken eine gute Wahl, weil er im Gegensatz zu anderen Essigsorten wenig Hefe oder Getreidetoxine aufweist. Exotische Essigsorten wie Balsamessig, Rotweinessig oder Champagneressig enthalten praktisch immer entzündungsauslösende Hefetoxine, versteckte Zucker und Schwermetalle.

Ähnlich liefern auch Essigkonserven wie Pickles das gesamte Spektrum. Pickles können natürlich fermentiert und voller Milchsäurebakterien sein – oder sie sind mit Zucker vollgepackt. Sie können mit einer kontrollierten, gesunden Milchsäurekultur natürlich vergoren werden oder durch natürliche Gärung, wobei sich »wilde« Bakterien vermehren. Wie immer lautet auch hier das Mantra: Reinheit. Normalerweise erreichen Sie das mit frischen regionalen Produkten. Bei der Milchsäuregärung besteht der Kniff jedoch darin, mit jemandem zusammenzuarbeiten – idealerweise jemandem vor Ort –, der fermentierte Lebensmittel mit kontrollierten Kulturen herstellt, also mit bekannten gesunden Milchsäurebakterien, nicht mit wilder Hefe. Sie sollten wissen, wer Ihre Essigkonserven herstellt, oder machen es am besten selbst. Meiden Sie Produkte mit einer langen Liste an Konservierungsmitteln sowie Zutaten, die Sie nicht einmal aussprechen können.

BULLETPROOF

Nüsse, Samen & Hülsenfrüchte

Kokosnuss

Mandeln, Cashewnüsse, Esskastanien, Haselnüsse, Macadamianüsse, Pekannüsse, Walnüsse

Pistazien, Pinienkerne, Hülsenfruchtkeimlinge, Paranüsse, Kichererbsen, Hummus, getrocknete Erbsen, die meisten Hülsenfrüchte (getrocknete Bohnen und Linsen), Erdnüsse, Leinsamen, Chia-Samen

Soja, Sojanüsse, Maiskerne

KRYPTONIT

Am besten sind ungeröstete Bio-Nüsse, denn das Rösten zerstört die Omega-6-Fettsäuren. Nüsse schimmeln auch sehr leicht, meiden Sie daher beschädigte Nüsse und abgepackte gehackte Nüsse oder Blättchen.

Laden Sie sich eine kostenlose Farbkopie herunter unter http://bulletproof.com/roadmap.

KRÄUTER UND GEWÜRZE

Vielfalt ist die Würze des Lebens. Oder muss es eher heißen, Würze ist die Vielfalt des Lebens? Beim Bulletproof-Essen sind Gewürze wichtig – und zwar sowohl aus gesundheitlichen Gründen als auch für einen großartigen Geschmack. Die meisten Kräuter und Gewürze sind bis zu einem gewissen Grad gut. Viele haben antioxidative Eigenschaften, andere weisen spezifische Vorteile auf, fördern beispielsweise die Verdauung. Aber einige schießen hinsichtlich Nährwert und Wohlbefinden wirklich den Vogel ab.

Ich verwende Gewürze, Kräuter und weitere Aromastoffe, um sowohl den Geschmack als auch die Leistung zu maximieren. Ihnen ist möglicherweise gar nicht klar, wie wirksam einige Gewürze Ihren Körper optimieren, indem sie das Immunsystem stärken oder antiseptisch wirken. Ich werde diejenigen mit den größten Vorteilen nennen, die zugleich die Belastung durch Antinährstoffe minimieren und Sie beim Biohacken Ihres Körpers auf Kurs halten.

Ein Ausgangspunkt für Ihren Weg zum Bulletproof-Werden liegt in Ihrem Darm. Dort beginnt Ihre Gesundheit, der Darm kann alle anderen Organsysteme beeinflussen. Um also Ihren Darm zu sanieren und eine gesunde Darmflora zu entwickeln, lautet der Plan, Lebensmittel zu essen, die aktiv Entzündungen entgegenwirken, da eine Entzündung die Ursache vieler chronischer Krankheiten ist. Eine Entzündung kann auf Zellebene in einem oder mehreren Organsystemen auftreten. Der erste Schritt zum Biohacking Ihres Körpers besteht darin, solche Entzündungen zu reduzieren. Bevor dies nicht erreicht ist, wird Ihre Leistungsfähigkeit nicht optimal sein und Sie werden sich körperlich wie mental nicht in Bestform fühlen.

Daran, dass Sie sich leichter, aufgeweckter und dynamischer fühlen, werden Sie merken, wann Ihr Körper nicht mehr entzündet ist – dann wird auch nicht mehr dieses Hüftgold über den Rock- oder Hosenbund hängen. Manchmal beruht dieser überflüssige Speck auf Übergewicht, häufig aber auch auf einer Entzündung (buchstäblich einem Anschwellen) im Bauch.

Gewürze sind nicht die einzige Lebensmittelgruppe, die bei der Behandlung einer Entzündung hilft. Dunkles Blattgemüse und Gemüse aus der Familie der Kreuzblütler wie Brokkoli und Kohl sind wunderbare Antioxidantien, ebenso Fisch, der reich an Omega-3-Fettsäuren ist, sowie Eigelb und Fleisch von Tieren aus Grasfütterung. Ich werde mich hier jedoch auf die Gewürze konzentrieren, weil Kräuter und Gewürze verglichen mit anderen entzündungshemmenden Lebensmitteln ein wahres Powerpaket bilden. Sie werden staunen, wie ein paar sorgfältig aufbewahrte und behandelte Kräuter und Gemüse Energiegewinn und Geschmack so gut wie jeder Mahlzeit verstärken können.

Wie bei allem, was ich esse, belasse ich Gewürze – so weit es geht – in ihrer natürlichen Form. Ich empfehle, Gewürze im Ganzen zu kaufen und nach Möglichkeit selbst zu mahlen. Für einige Gewürze gibt es spezielle Geräte wie eine Muskatnussreibe, Sie können Gewürze aber ebenso gut im Mörser oder einer Gewürzmühle zerkleinern. Kräuter sind häufig roh am besten – einfach frisch gehackt über das Essen streuen oder nur kurz mitgaren. Lassen Sie am besten das natürliche Aroma wirken und belassen Sie die Nährstoffe in ihrer natürlichen Form.

Angefangen hat alles mit Ayurveda

In der traditionellen chinesischen Medizin (TCM) und der indischen Tradition des Ayurveda, beides alte Methoden der östlichen Medizin, sind die heilenden Eigenschaften von Kräutern und Gewürzen seit Jahrhunderten bekannt. Dort werden sie auch heute noch zur Behandlung aller möglichen Leiden eingesetzt – von Verdauungsstörungen über Migräne bis zu Beschwerden in der Menopause. Da Kräuter und Gewürze reich an Antioxidantien sind, tragen sie dazu bei, freie Radikale abzuwehren, die die Zellen schädigen und zu Entzündung führen. Diese Nährstoffe können auch Gene stoppen, die entzündlich wirkende Proteine erzeugen oder solche Prozesse auslösen. Es reicht zu sagen, dass Gewürze Ihre Freunde sind. Damit Sie eine Vorstellung davon bekommen, wie wirksam sie sind, bedenken Sie einmal Folgendes: ½ Teelöffel gemahlener Zimt enthält ebenso viele Antioxidantien wie ½ Tasse Blaubeeren. Oder: ½ Teelöffel getrockneter Oregano hat die antioxidative Wirksamkeit von 3 Tassen rohem Spinat.

In der Roadmap auf Seite 54 finden Sie die besten Bulletproof-Kräuter und -Gewürze in absteigender Reihenfolge.

Kurkuma

Kurkuma – auch Gelbwurz genannt – ist die Königin aller Gewürze. Jedes Milligramm hat im gesamten Gewürzstrauß die wirksamsten entzündungshemmenden, antiviralen, antibakteriellen, krebsbekämpfenden und antimykotischen Eigenschaften. Daher sollten Sie möglichst viel davon essen, wenn Sie Bulletproof werden möchten. Im Ayurveda und in der TCM wird die Kurkuma zur Behandlung von Diabetes und Allergien bis zu Alzheimer und Arthritis eingesetzt.

Der wirksame Bestandteil in Kurkuma ist das Curcumin, ein Antioxidans, das Entzündungen reduziert und auch für die kräftige gelbe Farbe sorgt. (Vorsicht: Hüten Sie sich davon, Kurkuma auf etwas Weißes zu bringen, es färbt!) Tatsächlich hat sich gezeigt, dass Curcumin das Wachstum in Krebszellen reduziert –, wenn es einen guten Grund gibt, ein Gewürz zu essen, dann ist das meiner Meinung nach dieser.

Kurkuma enthält noch weitere entzündungshemmende Verbindungen, die Schwellungen und Schmerzen sowie auch die Plaquebildung bei Alzheimer reduzieren. Die Schlussfolgerung? Essen Sie mehr Kurkuma! Geben Sie sie in Salatdressings, in Marinaden für Fleisch und Fisch oder trinken Sie sie im Tee, in einer Latte oder Limonade. Kurkuma ist überraschend schmackhaft.

BULLETPROOF ▲

Gewürze & Aromastoffe

Bulletproof-Schokoladenpulver, Bulletproof Vanillamax, Apfelessig, Koriander, Kaffee*, Ingwer*, Petersilie, Meersalz

Lavendel, Oregano, Rosmarin, Thymian, Kurkuma

Piment, Zimt, Gewürznelken*, biologisch zubereiteter Senf ohne Zusatzstoffe

Senfkörner, Zwiebel, Speisesalz

Schwarzer Pfeffer*, konventionelle Schokolade, Knoblauch*, Muskatnuss*, Paprika*

Miso, Tamari, Tofu

KRYPTONIT ▼

Fertigdressings, Gewürzmischungen und -extrakte, MNG (Glutamat), Hefe, Kaseinat, texturiertes Eiweiß, Bouillon und Brühe, hydrolysiertes Gluten, alles mit der Kennzeichnung »enzymmodifizierter Aroma- oder Würzstoff«

* Achtung: Diese Produkte verbergen oft toxische Schimmelpilzspezies. Am besten ist es, auf frische, hochwertige Optionen zurückzugreifen, wann immer es geht.

Laden Sie sich eine kostenlose Farbkopie herunter unter http://bulletproof.com/roadmap.

Chili und Cayennepfeffer

Der Wirkstoff in Cayennepfeffer ist das Capsaicin, das sowohl für die medizinischen Wirkungen als auch für seine würzige Schärfe verantwortlich ist. Je schärfer ein Paprikapulver ist, desto mehr Capsaicin enthält es. Nicht nur in Indien und China wird es seit Langem für medizinische Zwecke eingesetzt, auch die Medizinmänner der Indianer setzten bevorzugt Cayennepfeffer bei Verdauungs- und Kreislaufproblemen ein. Bei allen Vorteilen hat Capsaicin jedoch auch einige negative Aspekte. Wie schwarzer Pfeffer enthält auch Cayennepfeffer mit hoher Wahrscheinlichkeit große Mengen an Schimmelpilzgiften – daher sind eine einwandfreie Herkunft und Lagerung entscheidend. In meinen Rezepten gebe ich an, wo und wie er zu verwenden ist, behalten Sie diesen Warnhinweis dabei immer im Gedächtnis. Bei einwandfreier Herkunft und Lagerung ist Cayennepfeffer eine fantastische Antioxidantienquelle gegen das vorzeitige Altern. Derzeit laufen vielversprechende Studien, die beobachten, ob Cayennepfeffer das Wachstum von Krebszellen hemmt – diese Wissenschaft ist aber noch jung.

Ingwer

Ingwer wird im Ayurveda und in der TCM seit Langem im Kampf gegen Entzündungen und Schmerzen, zur Linderung von Muskelbeschwerden und zur Behandlung von Erschöpfung eingesetzt. Ingwer ist auch ein verbreitetes Mittel gegen Verdauungsbeschwerden, da er ein übermäßiges

Wachstum ungünstiger Darmbakterien bekämpft. Die Verbindungen in Ingwer wirken tatsächlich ähnlich wie einige Antiphlogistika (wie Ibuprofen), die zur Behandlung bei Arthritis verordnet werden. Wüssten mehr Menschen davon, könnten sie Linderung durch Ingwertee oder asiatische Speisen erfahren. Ingwer wirkt gut gegen Halsschmerzen und Erkältungen und – ob Sie es glauben oder nicht – Sie können ihn als Kompresse auch direkt auf einem schmerzenden Gelenk anwenden und durch Hautkontakt für Linderung sorgen (siehe Kasten).

Wie bei allen Gewürzen und Kräutern ist auch bei Ingwer die Art der Aufbewahrung wichtig. Ingwerpulver, das nicht sachgemäß gelagert wird, kann von Mykotoxinen befallen sein, frischer Ingwer kann im Kühlschrank schimmeln. Sie sollten Ingwer regelmäßig essen – kaufen Sie ihn aber immer frisch, brauchen ihn schnell auf und werfen älteres Zeug weg. Falls Sie sich für Ingwerpulver entscheiden (das weniger wirksam ist), achten Sie darauf, es vor Wärme, Licht und Feuchtigkeit geschützt aufzubewahren. Falls Sie mit Ingwer kochen wollen und Öl verwenden, geben Sie den Ingwer erst am Ende dazu, weil er in Verbindung mit Fett bitter schmecken kann. Wenn Sie eingelegten Ingwer für Sushi verwenden möchten, wählen Sie die gelbe Sorte. Das rosa Zeug, das man in manchen Restaurants sieht, wurde künstlich eingefärbt. Zucker ist in beiden Sorten enthalten, aber der gelbe Ingwer ist vorzuziehen.

Zimt

Zimt wird vor allem für seine Eigenschaft gepriesen, bei Diabetikern den Blutzuckerspiegel zu senken. Er enthält Verbindungen mit antioxidativen und entzündungshemmenden Eigenschaften, die die Wahrscheinlichkeit einer Zellschädigung und einer chronischen Krankheit reduzieren. Es hat sich gezeigt, dass er vor Herzerkrankungen schützt, indem er ein Verklumpen der Blutplättchen (Thrombozyten) verhindert, und dass er ein abnormes Zellwachstum verhindern kann, wodurch Zimt eine wirksame Option zur Krebsbekämpfung darstellt.

Ingwerkompresse

Eine Ingwerkompresse eignet sich zur Behandlung von Arthritis oder gewöhnlichen Erkältungen. Für eine einfache Kompresse zuerst Wasser aufkochen, dann die Hitze reduzieren, sodass das Wasser nur noch siedet. Danach einen Einmalteebeutel mit fein gehacktem Ingwer ins Wasser legen und 5 Minuten ziehen lassen. Anschließend ein kleines Handtuch in das Ingwerwasser tauchen und auf ein schmerzendes Gelenk oder bei einer Erkältung auf die Brust legen. Am besten mit einem trockenen Handtuch abdecken, um die Wärme zu halten. Das Handtuch 15 bis 20 Minuten immer wieder auswringen, eintauchen und auflegen.

Gewürze richtig aufbewahren und Schimmel vermeiden

Schimmel kann überall wachsen – egal ob auf der Ladentheke oder im Kühlschrank. Sie haben wahrscheinlich schon einmal einen verschimmelten Kräuterstängel im Gemüsefach entdeckt, aber vielleicht noch nie bedacht, dass auch Gewürze leicht schimmeln können. Gewürze werden zum Schutz davor häufig bestrahlt, das heißt, sie werden durch Bestrahlung sterilisiert. Das mag die Wahrscheinlichkeit für Schimmel reduzieren, tötet aber gleichzeitig auch einen Teil der Nährstoffe und der antioxidativen Wirksamkeit ab – so wie in der Mikrowelle die Nährstoffe in Lebensmitteln zerstört werden können.

Das Bestrahlen der Gewürze mag zwar die Schimmelbildung bis zu einem gewissen Grad verhindern, ist jedoch keine absolut zuverlässige Methode. Es gibt außerdem noch einen weiteren Faktor zu berücksichtigen. Stellen Sie sich Folgendes vor: Sie holen Paprikapulver aus dem Gewürzfach und streuen es über »Hühnerfleisch ungarische Art« im dampfenden Topf. Wenn Sie das Gewürzdöschen öffnen und etwas Gewürz herausschütteln, steigt warmer, feuchter Dampf in das Döschen, das Sie dann verschließen und wieder in das warme Fach über dem Herd stellen. Seid willkommen, ihr Schimmelsporen, wir haben das perfekte Heim für euch gefunden! Das Beste, was Sie tun können, um Ihre Leistungsfähigkeit zu steigern und sich nicht selbst diesen minderwertigen und potenziell mit Schimmel belasteten Gewürzen auszusetzen, besteht darin, geöffnete Gewürze, die bereits ein paar Monate alt sind, wegzuwerfen. (Ich wette, einige von Ihnen kämen in Verlegenheit, wenn sie zugeben müssten, wie viele Jahre alt einige Gewürze in ihrem Schrank sind.) Fangen Sie ab sofort an, nur hochwertige, kürzlich geöffnete frische oder getrocknete Gewürze zu verwenden oder – wenn Ihnen das nicht gelingt – besser gar keine mehr zu verwenden.

Gewürznelken

Gewürznelken enthalten viele Antioxidantien, die freie Radikale vernichten und damit Zellen schützen helfen. Sie bekämpfen außerdem Pilze im Körper – sowohl beim Verzehr als auch bei äußerlicher Anwendung. Aber Vorsicht, Gewürznelkenöl wirkt äußerst stark und kann bei Überdosierung toxisch sein! Ich empfehle daher, nach Möglichkeit immer ganze Gewürznelken zu verwenden.

Salbei

Es wird Sie nicht überraschen, dass auch Salbei entzündungshemmende Moleküle enthält, die für sein Aroma sorgen. Salbei soll speziell vor neurologischen Erkrankungen schützen, die auf einer Entzündung beruhen wie Alzheimer. Gleichzeitig gibt es vielversprechende Anzeichen für eine Verbesserung des Gedächtnisses und der Konzentration. Salbei wirkt zudem antioxidativ und gegen Krebs. Da er vollgepackt ist mit

Kampfer, können Extrakte zum Abtöten von Bakterien und Pilzen verwendet werden. Salbei ist daher ein wirksames Gewürz und kann sogar als Putzmittel verwendet werden.

Rosmarin

Rosmarin enthält wie Salbei Antioxidantien und entzündungshemmende Stoffe. Er steigert die Aktivität eines Enzyms, das freie Radikale eliminiert, die mit chronischen Entzündungen verbunden sind. Dies gilt besonders, wenn Rosmarin gekocht wird – fügen Sie ihn daher Gemüse, Fleisch und anderen herzhaften gekochten Gerichten großzügig hinzu. Rosmarin kann auch roh verwendet werden, denn es hat sich gezeigt, dass die darin enthaltenen Flavonoide das Krebszellwachstum in der Bauchspeicheldrüse hemmen und Hämorrhoiden vorbeugen. Tipp: Wenn Sie etwas mit Öl kochen, fügen Sie etwas Rosmarin hinzu. Dies hilft, die schädliche Oxidation des Öls zu verhindern, da Rosmarinsäure ein Antioxidans ist.

Was ist mit schwarzem Pfeffer?

Oft wird gefragt, warum schwarzer Pfeffer nicht auf der Liste steht – und nein, das ist kein Versehen. Schwarzer Pfeffer kann zwar die Aufnahme von Kurkuma erhöhen, es ist jedoch sehr schwer, schwarzen Pfeffer ohne Aflatoxine zu finden, dem stärksten Schimmelpilzgift überhaupt. Ich würde lieber das Mykotoxin in schwarzem Pfeffer meiden, als auf einen Vorteil aus einer möglicherweise doch verdorbenen Quelle zu hoffen.

ZUCKER UND SÜSSUNGSMITTEL

Bei Süßungsmitteln sind Zuckeralkohole wie Xylit (bzw. Xylitol, auf Deutsch Birkenzucker) und Erythrit die Option, die am meisten Bulletproof ist. Achten Sie aber darauf, dass Ihr Xylitol wirklich aus Birkenholz stammt. Ist dies nicht auf dem Etikett angegeben, besteht eine hohe Wahrscheinlichkeit, dass es aus GVO-Mais aus China hergestellt wurde. Erythrit kommt von Natur aus in manchen Obstsorten, Käse oder Pistazien vor – wird für das Pulver jedoch künstlich hergestellt.

Diese beiden Optionen – Birkenzucker bzw. Xylitol und Erythrit – sind genauso wie Stevia am saubersten und stehen auf dem Bulletproof-Spektrum ganz oben. Weitere Produkte im oberen Bereich sind Zuckeralkohole wie Sorbit und roher bzw. unerhitzter Honig. Ebenfalls okay ist nicht gentechnisch veränderte Dextrose. Unerhitzten Honig mag ich auch als Schlaf-Hack. Es gibt Anhaltspunkte dafür, dass man nach einem Teelöffel oder Esslöffel Honig besser schlafen kann. Der Grund dafür dürfte sein, dass Honig voller Nährstoffe ist, die dem Gehirn bei seiner nächtlichen Aufgabe helfen. Auf erhitzten oder pasteurisierten Honig wird dies allerdings nicht zutreffen. Meiden Sie alles, was in einer kleinen Plastikflasche in Bärenform daherkommt.

Optionen wie Ahornsirup und Agavensirup liegen im mittleren Bereich. Sie sind weder schlecht noch gut. Unter keinen Umständen sollten Sie Optionen aus dem unteren Bereich wählen wie Aspartam oder andere chemische Süßstoffe. Und Sie sollten selbstverständlich zu weißem Haushaltszucker und fruktosereichem Maissirup Nein sagen.

Süßungsmittel

BULLETPROOF

Birkenzucker (Xylitol), Erythrit, Stevia

Sorbit, Maltit und andere Zuckeralkohole

Nicht gentechnisch veränderte Dextrose (Traubenzucker), Glukose, unerhitzter Honig

Ahornsirup, Kokosnusszucker

Weißer Zucker, brauner Zucker, Agavensirup, gekochter Honig

Fruktose, Fruchtsaftkonzentrat, fruktosereicher Maissirup

Aspartam (NutraSweet), Sucralose (Splenda), Acesulfam-Kalium

KRYPTONIT

Laden Sie sich eine kostenlose Farbkopie herunter unter http://bulletproof.com/roadmap.

KAPITEL 3

Bulletproof-Tipps und -Techniken

Nun kann es losgehen. Ausgerüstet mit den Hintergrundinformationen aus den vorherigen Kapiteln können Sie das Gelernte jetzt anwenden und sich Ihren Weg zu einem optimalen Gesundheitszustand und Leistungsniveau bahnen. Bei der Bulletproof-Diät geht es zwar in erster Linie um die Lebensmittel selbst, aber im nächsten Schritt ebenso darum, wie man sie am besten zubereitet.

Dieses Kochbuch wird Ihnen zeigen, wie Sie sichere und leckere Garmethoden anwenden können, um erstaunlich schmackhafte Gerichte zuzubereiten, die aber zugleich Ihren Körper und Ihren Geist auf ungeahnte Leistungsniveaus treiben. Wir konzentrieren uns auf drei Hauptmethoden des Garens – sanftes Garen im Ofen, Blanchieren und Dämpfen sowie Sousvide (Dampfgaren) –, weil diese die vielseitigsten, schmackhaftesten und einfachsten Zubereitungsarten für Bulletproof-Essen sind. Beim Bulletproof-Essen sollen Toxine vermieden werden, die beim Kochen entstehen können. Diese kleinen Details können in Bezug auf Ihre Gesundheit den entscheidenden Unterschied ausmachen. Bei mir war es so.

Der schlimmste Fall beim Kochen unter Bulletproof-Gesichtspunkt ist, das Essen zu verbrennen. Denn beim Verbrennen oder Verkohlen von Lebensmitteln entstehen krebserregende Verbindungen. Essen Sie daher niemals etwas mit einer verkohlten Schicht!

Abgesehen davon, dass Sie angebranntes Essen meiden sollten, sollten Sie alles so leicht wie möglich kochen. Die Lebensmittel, die sich am besten für die Bulletproof-Diät eignen, weisen eine günstige Fettzusammensetzung auf. Wenn Sie diese zu schnell oder bei zu hoher Temperatur erhitzen, verändern sich die Verbindungen und die Fette werden ruiniert.

Die gute Nachricht lautet, dass es viele einfache Möglichkeiten gibt, Lebensmittel zu erhitzen und zu garen, die großartig schmecken und bei denen die natürlichen Nährstoffe erhalten bleiben.

GARMETHODEN

Sanftes Garen im Ofen

Im Abschnitt über gesunde Fette (Seite 36) haben wir darüber bereits kurz gesprochen. Egal ob Rind, Lamm, Fisch oder Huhn – das Ziel ist immer, das Fleisch nur so lange zu garen, dass es gerade durch ist. Häufig reicht es, das Fleisch bei mäßiger Temperatur von 160 °C zu backen. Sie müssen Fleisch nicht so scharf anbraten, dass es brutzelt. Dabei werden alle guten Inhaltsstoffe ruiniert und die gesunden Eigenschaften zerstört. Ich empfehle die Verwendung eines Fleischthermometers, um sicherzustellen, dass das Fleisch durch ist. Das ist insbesondere bei Schwein und Huhn wichtig, während Rind und Lamm »rosa« oder »englisch« in Ordnung sind.

Blanchieren und Dämpfen

Mit Wasser gelingen bei Gemüse zarte und schmackhafte Konsistenzen, ohne die Zusammensetzung zu ruinieren. Zudem geht es schnell und ist einfach. Zum Dämpfen legen Sie Ihr Bulletproof-Gemüse wie Spargel, Brokkoli oder Blumenkohl einfach in einen (Bambus-)Dämpfkorb oder ein Sieb, stellen das Ganze im Kochtopf über siedendes Wasser und decken es zu. Das Gemüse wird weich und zart.

Zum Blanchieren von Gemüse – meiner Lieblingszubereitung – garen Sie das Gemüse kurz in kochendem Wasser. Diese Methode eignet sich sehr gut für Karotten und härteres Gemüse, das etwas weicher werden soll. Der große Vorteil beim Blanchieren besteht darin, dass Sie das Gemüse in kochendes Wasser geben, die Hitze herunterschalten und das Gemüse kurz im Wasser liegen lassen – in der Regel unter 1 Minute oder höchstens ein paar Minuten. Wenn Sie anschließend das Wasser abgießen, schütten Sie einige schädliche Substanzen, die in manchen Gemüsesorten enthalten sind, mit diesem Kochwasser aus. So bleibt Ihnen das frische, leckere und nährstoffreiche Essen.

Braten Sie hingegen etwas wie Spinat oder Grünkohl an, garen Sie das Gemüse in seinen von Natur aus vorhandenen Toxinen und haben nicht die Möglichkeit, sie mit dem Kochwasser auszuschwemmen. Beim Blanchieren – und bis zu einem gewissen Grad auch beim Dämpfen – werden Sie unerwünschte Verunreinigungen los und können ein zartes und schmackhaftes Ergebnis genießen. Beim Anbraten ist dies nicht möglich, weil Verunreinigungen auf den Zutaten verbleiben.

Sous-vide (Dampfgaren)

Ich spreche gern über das Dampfgaren, weil hier die Bulletproof-Einstellung und die »Feinschmecker«-Einstellung beim Kochen aufeinandertreffen. Während viele schicke Feinschmecker darauf bestehen Fleisch anzubraten – was ich natürlich nicht befürworte –, sind wir uns über die wunderbare Kochmethode des Sous-vide einig. *Sous-vide* heißt auf Französisch »unter Vakuum«. Bei dieser Methode wird das Lebensmittel vakuumiert (in der Regel in luftdicht ver-

schlossenen Plastikbeuteln) und im eigenen (oder hinzugefügten) Saft oder Wasser gegart. Häufig wird etwas überaus langsam, manchmal sogar über mehrere Tage sous-vide gegart. Ziel ist, alles sanft und gleichmäßig zu garen – dieses Verfahren bringt die feinsten Konsistenzen und den delikatesten Geschmack hervor. Vermutlich war derjenige, der das Sous-vide-Verfahren erfunden hat, heimlich ein Bulletproof-Esser – denn die Idee dahinter ist, ein Lebensmittel durchzugaren, dabei den wertvollen Feuchtigkeitsgehalt zu bewahren und die Speisen nicht zu zerkochen. Vielen Dank, lieber Sous-vide-Erfinder!

Bitte keine Mikrowelle

Das andere große No-go neben dem Verkohlen von Lebensmitteln ist die Verwendung der Mikrowelle. Denn Mikrowellen arbeiten mit Strahlen, die 2011 von der Weltgesundheitsorganisation in Klasse 2B der krebserregenden Stoffe eingestuft wurden. Einfach nicht verwenden.

DER RICHTIGE HERD

Wenn es daran geht, Ihre Küche für den Bulletproof-Lebensstil auszustatten, müssen Sie gar nicht viel hinzufügen oder verändern. Sie brauchen einen ordentlichen, funktionstüchtigen Herd, vorzugsweise mit Heißluft. Sie können vieles aber auch auf der Herdplatte zubereiten – egal ob auf einem Elektro- oder Gasherd. Geräte mit Natur- oder Propangas geben Nebenprodukte bei der Verbrennung in die Luft ab, die in einigen Studien als suboptimal bezeichnet wurden. Bei Elektroherden entsteht jedoch ein beträchtliches elektromagnetisches Feld (EMF), das ebenfalls ungesund sein könnte. Induktionsherde haben das stärkste elektromagnetische Feld, das dem einer Mikrowelle ebenbürtig ist. Sie können sogar mit einem Halogen-Konvektionsofen arbeiten, der platzsparend und praktisch wie eine Mikrowelle ist, jedoch ohne den traumatischen Kochvorgang, der alle Nährstoffe abtötet. Diese Öfen können Speisen gleichmäßiger und von allen Seiten garen, sodass Sie einen sicheren und gründlichen Garvorgang bekommen.

KOCHGESCHIRR

Die beste Materialwahl für das Kochgeschirr beim Bulletproof-Kochen sind Glas, Emaille oder Keramik, da sie keine gefährlichen Metalle enthalten. Keramikkochgeschirr ist ideal, weil es – anders als Glas – bei schnellem Temperaturwechsel nicht springt. Keramikkochgeschirr bester Qualität kann auf über 1000 °C erhitzt werden, ohne zu springen. Zudem haften die Speisen kaum an, die Oberfläche zerkratzt nicht und es ist recht leicht. Gleichwohl können Keramikgefäße brechen, wenn sie grob behandelt oder gestapelt werden – Sie können damit nicht so hantieren wie mit Töpfen und Pfannen. Mir ist auch klar, dass Sie nicht immer nur backen. Glas- und Keramikgefäße sind optimal, wenn Sie etwas vorsichtig backen oder garen – nach Art des Sous-vide oder im Wasserbad (Letzteres hat einen ähnlichen Effekt wie Sous-vide). Manchmal möchten Sie auch Töpfe verwenden, die sich auf die Herdplatte stellen lassen – dann empfehle ich Kochgeschirr in dieser Reihenfolge: Gusseisen mit Emaillebeschichtung (wie die beliebte französische Marke Le Creuset), Edelstahl, normales Gusseisen mit Antihaftbeschichtung.

Diese Reihenfolge reicht vom besten bis zum schlechtesten Material. Um ganz ehrlich zu sein, dürfte Kochgeschirr mit Antihaftbeschichtung gar nicht auf der Liste stehen, weil sich diese Beschichtungen immer zersetzen, ins Essen übergehen und es mit krebserregenden Stoffen verderben können. Und verwenden Sie um Himmels Willen nie einen Topf oder eine Pfanne mit bereits zerkratzter Antihaftbeschichtung! In diesem Fall ist die Beschichtung absolut lose und endet in Ihrem Essen.

Zusätzlich enthalten beschichtete Pfannen Fluorverbindungen. Bei starker Hitze können diese und weitere schädliche chemische Stoffe aus der Antihaftbeschichtung ins Essen übergehen. Das geschieht auch bei Kochgeschirr aus Aluminium. Wird dieses erhitzt, dringen schädliche Aluminium-Ionen ins Essen ein – es wurde nachgewiesen, dass Aluminium gesundheitliche Probleme verursachen kann. Edelstahl und Gusseisen sind recht sicher, aber auch hier können bei sehr starker Hitze Metallionen ins Essen übergehen.

DETOX FÜR DIE KÜCHE

Bulletproof zu werden bedeutet auch, alles zu tun, um möglichst wenig Giftiges aufzunehmen. Es ist also klar, dass Sie praktisch alles bewerten müssen, was Sie Ihrem Körper zuführen – egal ob dies Essen, Alkohol oder Medikamente sind. Toxine finden sich jedoch auch in unserer Umgebung und verschlechtern unsere Leistungsfähigkeit einfach dadurch, dass sie über die Haut oder sogar über das Geruchssystem aufgenommen werden. Wenn Sie es ernst meinen mit dem Biohacking in ein Bulletproof-Leben, werden Sie auch Ihre Küche einem gründlichen Check unterziehen müssen.

Beginnen Sie bei der scheinbar harmlosen Seife – und dem Geschirrspülmittel gleich daneben. Standardküchenreiniger (vor allem solche unter der Spüle) sind häufig rappelvoll mit Chemikalien, die den Organismus vergiften. Und in einem weniger ernsten, aber dennoch bedeutsamen Maß können diese Reinigungsprodukte Ihren Geruchssinn verändern, mit dem Sie den natürlichen Duft und Geschmack Ihres Essens beurteilen. Wenn Sie Bulletproof essen, möchten Sie den natürlichen Geschmack genießen, den die Speisen in ihrem reinsten Zustand aufweisen. Sind Sie von Reinigungsprodukten umgeben, kann dies Ihr Erlebnis – und Ihren Organismus – beeinträchtigen. Es gibt sogar Hinweise darauf, dass Reinigungsprodukte das Hormonsystem stören. Definitiv also kein Rezept, um Ihren Körper Bulletproof zu machen.

Künstliche Duftstoffe mögen unbedenklich oder einfach nur lästig erscheinen, diese Duftstoffe und unechten Fruchtgeschmacksrichtungen sind aber hochgradig schädliche Verbindungen. Diese Düfte, die mit der Natur nichts zu tun haben, sind voller toxischer Chemikalien, die beim Einatmen, beim Verzehr oder auch bei Hautkontakt schädlich wirken. Das trifft selbst dann zu, wenn das Etikett behauptet, das Produkt sei sicher. Künstliche Duftstoffe können selbst in geringer Dosierung großen Schaden anrichten, da sich ihre Wirkungen kumulieren, diese Toxine in unseren Zellen festsitzen und den Schaden mit der Zeit vergrößern.

Der Grund für die Schädlichkeit dieser Duftstoffe liegt darin, dass sie spezielle Moleküle enthalten, sogenannte Phthalate. Diese werden, genau wie ölige Substanzen, schwer abgebaut, daher bleiben so viele kommerzielle Duftstoffe über einen so langen Zeitraum in der Luft. Dieser unnatürliche Geruch hat eine Verweildauer ähnlich wie Giftschlamm in der Umwelt. Und wissen Sie was – er wird auch nicht schneller abgebaut, wenn Sie ihn in Ihre Lungen einatmen oder über Ihre Haut aufnehmen. Denken Sie einmal an diesen hartnäckigen Mist, wenn Sie das nächste Mal etwas riechen, was als »Meeresbrise« oder »Rosengarten« beschrieben wird. Die gute Nachricht ist, dass es leicht ist, diese Abscheulichkeiten zu meiden: Verwenden Sie Produkte ohne Duftstoffe und gehen Sie weiter auf Ihrem Weg zu einem Selbst, das Bulletproof sein wird.

Der nächste Küchenkiller: Kunststoff

Kunststoff stellt in der Küche eine ernst zu nehmende Quelle von Giftstoffen dar. Ob Geschirr, Dosen, Boxen, Schubladeneinsätze oder sogar Einwegprodukte wie Styroporbehälter – weg damit! Kunststoff, Styropor und Harzbeschichtungen werden aus Erdölprodukten hergestellt, die in Ihr Essen und Ihre Getränke übergehen können. Ein weiterer üblicher Inhaltsstoff in diesen schrecklichen Produkten ist Bisphenol A (abgekürzt BPA). BPA ist in einer schockierend großen Anzahl alltäglicher Produkte enthalten – angefangen beim Toilettenpapier bis hin zur Innenbeschichtung von Metalldosen.

BPA ist ein synthetisches Hormon, über das man in den 1970er- und 1980er-Jahren herausfand, dass es bei starker Exposition Organversagen und Leukämie verursachen kann. Diese Effekte waren damals bei geringerer Exposition nicht offensichtlich, inzwischen wissen wir jedoch, dass BPA auch in Spuren schädlich ist. BPA ist übel – egal, wie man es dreht und wendet. Besonders schlimm ist es jedoch, wenn es erhitzt wird, also wenn Sie beispielsweise Reste in einem Plastikbehälter in der Mikrowelle aufwärmen. Stellen Sie niemals irgendetwas aus Kunststoff in die Mikrowelle (vermeiden Sie daher aus den bereits besprochenen Gründen die Mikrowelle generell)! Wenn Sie schnell etwas aufwärmen möchten, insbesondere etwas sehr Kaltes (beispielsweise Ihr Mittagessen, das Sie in der Firma aus dem Kühlschrank nehmen und in die Mikrowelle stellen), ist dies der beste Weg, dass Sie sich eine Portion BPA zum Mittagessen gönnen. Der Grund: Beim raschen Erhitzen wird der Kunststoff durch die Hitzeexpansion noch stärker geschädigt. Tut mir leid, das ist nicht sehr appetitanregend, aber Bulletproof zu sein bedeutet, dass Sie Ihr bestes Selbst fördern. Und wenn Sie täglich BPA zu sich nehmen, kommen Sie diesem Zustand nicht einmal nahe.

Wenn Sie BPA in Ihrer Küche und Ihrem Körper meiden oder zumindest minimieren möchten, sollten Sie folgende Regeln berücksichtigen:

• Meiden Sie Wasser aus Plastikflaschen (Glas ist okay). Auch wenn Sie Ihre Wasserflasche vielleicht im Kühlschrank aufbewahren, wurde sie zuvor wahrscheinlich auf einem Transporter durch die Hitze gekarrt, wobei aus dem Kunststoff eine Menge BPA in das »frische Quellwasser« übergetreten ist.

• Anstelle von in Flaschen abgefülltem Wasser besorgen Sie sich besser einen guten Filter für Ihren Wasserhahn. Innerhalb weniger Monate hat er sich amortisiert, weil Sie nicht mehr ständig diese Flaschenprodukte kaufen müssen, die zudem noch für weiteren Müll sorgen.

• Meiden Sie Lebensmittel und Getränke in Dosen, wann immer dies möglich ist. Die Metalldosen sind innen häufig mit Epoxidharz beschichtet.

• Stellen Sie Lebensmittel in Kunststoffbehältern oder -beuteln nicht in die Mikrowelle. Benutzen Sie nach Möglichkeit überhaupt keine Mikrowelle. Der Tischbackofen ist eine deutlich weniger toxische Option zum Aufwärmen.

• Verwenden Sie Glas- und Keramikgeschirr zum Essen, Glasbehälter zum Aufbewahren sowie Koch- und Essbesteck aus Edelstahl oder Holz.

UNTERWEGS BULLETPROOF ESSEN

Inzwischen dürften Sie erkannt haben, dass es simpel ist, zu Hause Bulletproof zu essen. Es ist auf vielerlei Arten einfacher als das, was ich als »normale« Diät bezeichnen würde. Die Herausforderung für viele Bulletproof-Esser (mich eingeschlossen) besteht jedoch darin, auch unterwegs daran festzuhalten. Wenn Sie Manager, Außendienstmitarbeiter, Musiker oder Schauspieler sind oder aus anderen Gründen häufig reisen müssen, wohnen Sie vermutlich vielfach in Hotels und essen in suboptimalen Lokalen. Nachdem Sie das vor gewisse Herausforderungen stellt, ist es für Sie eine gute Gelegenheit, kreativ zu werden. Sie werden feststellen, dass es mit einigen Notlösungen, die ich perfektioniert habe, viele Möglichkeiten gibt, das zu bekommen, was Sie brauchen.

Hotel-Hacks

Hotels sind schwierig. Wenn Sie nicht gerade in einem 5-Sterne-Haus mit einem Zimmerservice ohne Beschränkungen rund um die Uhr wohnen, werden Sie wahrscheinlich Probleme haben, zur rechten Zeit das zu bekommen, was Sie brauchen. Plagen Sie sich erst gar nicht mit der Minibar. Das »Essen« darin ist beinahe ein Hohn, wenn Sie Bulletproof essen möchten.

Falls Sie aus dem Koffer leben, sollten Sie nie vergessen, dass Eier Ihr bester Freund sind. Egal ob in einer traurigen Hotelküche oder im einzigen Gemischtwarenladen an der ansonsten trostlosen Landstraße – hier besteht immer die Aussicht, dass Sie Eier bekommen. Ich kaufe eine Schachtel Eier, stelle sie in den Mini-Kühlschrank im Hotelzimmer und koche sie dann – sind Sie bereit? – in der Kaffeemaschine des Hotels. Das ist tatsächlich eine ziemlich erfinderische Methode, auf die jeder Pfadfinderführer stolz wäre. Schlagen Sie die Eier auf und verquirlen Sie sie mit einer Gabel in der Kaffeekanne und garen Sie sie dann darin als Rührei. Ich muss zugeben, dass Hotels diese Zweckentfremdung nicht lieben, daher bemühe ich mich anschließend, die Kanne wieder schön sauber zu machen.

Der nächste Hotel-Hack – bei dem Sie vielleicht schmunzeln werden – entstand kürzlich bei einem Versuch, ein Essen aufzuwärmen. Nachdem ich die Kaffeekanne inspiziert und gesehen hatte, sie wäre nicht die beste Möglichkeit für den gewünschten Effekt, entdeckte ich das Bügeleisen. Meine Essensreste waren in Alufolie verpackt, die ich glatt strich und gleichzeitig als Schutzhülle und Hitzeleiter nutzte. So »bügelte« ich mein Abendessen, bis es perfekt warm und angenehm war. Ich bin sicher, dass einige von Ihnen sich jetzt irritiert am Kopf kratzen bei dem Gedanken, für diesen Hack Aluminium zu verwenden, aber wenn Ihr Essen beim Erhitzen nur so kurz Kontakt damit hat, wird es wahrscheinlich keinen Schaden davontragen. Außerdem muss man unterwegs einfach Zugeständnisse machen. So entscheiden Sie sich für das kleinere Übel.

Bulletproof im Restaurant

Restaurants sind nicht immer Bulletproof-freundlich, in der Regel lässt sich im richtigen Lokal aber das Benötigte finden. In einem netten Restaurant können Sie praktisch immer gedämpftes Gemüse mit Butter als Beilage bestellen. Wenn es in dem Restaurant Rindfleisch vom Weidevieh gibt, hauen Sie ordentlich rein und bestellen Sie ein schönes durchwachsenes Stück, das alle großartigen Fette liefert. Stammt das Rindfleisch nicht vom Weidevieh, bestellen Sie ein möglichst mageres Stück – damit Sie nicht die Giftstoffe aufnehmen, die im Fett dieses Fleischs gespeichert sind. In der Regel bekommen Sie auch ein Stück Lachs oder anderen ordentlichen Fisch. Wenn Sie kein gehobenes Lokal finden und nur Fastfood-Restaurants zur Auswahl haben, wählen Sie eine Kette, die frische Zutaten verwendet – nach Möglichkeit in Bio-Qualität und, was besonders wichtig ist, mit Rindfleisch vom Weidevieh. Ist weit und breit nichts dergleichen zu finden, machen Sie sich deshalb nicht verrückt. Alle heiligen Zeiten einmal einen Burger oder sogar eine Pizza zu essen, bringt Sie nicht um (auch wenn Sie sich danach vielleicht etwas schlapp und benebelt fühlen). Versuchen Sie einfach, nach Möglichkeit immer mehr Gemüse und weniger Getreide zu wählen. Bei seltenen Gelegenheiten werden Sie ein Lokal finden, das ein Bulletproof-Traum ist.

Die nächsten Kapitel liefern eine Fülle von Rezepten, mit denen Sie das ganze Jahr über im Alltag und zu besonderen Gelegenheiten leckere Mahlzeiten zubereiten können und die im Interesse Ihres besten und leistungsfähigsten Selbst optimal zusammengestellt sind.

KAPITEL 4

Zu den Rezepten

Nachdem wir nun alle Bulletproof-Grundlagen, -Methoden und -Tipps behandelt haben, kommen wir konkret zum Essen. Als Erstes möchte ich Ihnen sagen: Sie werden es lieben. Die Rezepte wurden so entwickelt, dass sie alle ultimativen Bulletproof-Vorteile liefern – unser Ziel Nummer eins. Sie sind aber auch so konzipiert, dass sie lecker schmecken und satt machen. Sie werden vielleicht überrascht feststellen, dass Rezepte, die Ihnen zu Ihrer besten Leistungsfähigkeit verhelfen sollen, tatsächlich auch erlesen, eindrucksvoll und innovativ sind. Ich könnte mir vorstellen, dass einige Leute neugierig auf die Bulletproof-Diät sind, aber Bedenken haben, sie könnten sich langweilen oder dazu verdammt sein, fade und wenig sättigende Gerichte essen zu müssen. Die folgenden Rezepte werden diese Leute verblüffen. Nach meiner Überzeugung werden Sie durch diese Ernährung nicht zum Außenseiter, müssen auf einer Party kein Schild hochhalten »Ich bin gerade auf Diät« oder im Restaurant ein schwieriger Gast werden. Sie können tatsächlich alles essen, was Sie lieben – vom Curry bis zum Clafoutis.

Bei den Rezepten wurde die US-Maßeinheit Tasse *(cup)* beibehalten:
1 Tasse = 240 ml; ¾ Tasse = 180 ml; ½ Tasse = 120 ml; ¼ Tasse = 60 ml

Sobald Sie mit den Bulletproof-Zutaten und -Garmethoden vertraut sind, werden Sie feststellen, dass diese flexibel und vielseitig sind und sich an alle Gerichte anpassen lassen, nach denen es Sie gelüstet. Die Rezepte decken alles ab – von wohltuenden Klassikern bis zu Ethno-Food. Zubereitet wird alles mit reinen, vollwertigen Zutaten, die Ihnen beim Biohacken auf Ihrem Weg zum Bulletproof-Werden helfen. Ich fordere ganz offiziell jeden Koch heraus, mir zu sagen, ob diese Gerichte nicht so köstlich sind, dass sie Restaurantqualität besitzen. Sie würden perfekt auf eine Speisekarte der Haute Cuisine passen, da die Zutaten alle frisch und interessant sind und die Zubereitung mit den heutigen Lebensmitteltrends Schritt hält.

Vollwertiges Essen von A bis Z

Das verbindende Element bei allen Rezepten ist die Qualität der reinen, vollwertigen Zutaten. Lebensmittel liefern unter Bulletproof-Gesichtspunkten ihr Bestes, wenn sie alle Nährstoffe und Verbindungen bewahren, die sie auch im natürlichen Zustand enthalten. Daher wird jede Zutat bei diesen Rezepten geachtet und sorgsam behandelt, um ihren inhärenten Geschmack herauszuholen und das Höchstmaß an Vorteilen für eine optimale Leistungsfähigkeit und Gehirnleistung zu liefern. Alles, was Sie hier finden, wurde aus zuverlässig frischen Quellen bezogen, nichts wurde aufbereitet. Ich achte wirklich auf die Unversehrtheit jeder Zutat und auf ihre Herkunft vom Bauernhof. Diesen Standard habe ich mir selbst gesetzt und auch Sie sollten ihn beim Einkaufen beherzigen.

Mein Mantra lautet: Bio-Ware, regionale Produkte, frische Produkte kaufen. In dieser Reihenfolge. Ich verwende keine Tiefkühlware, nur frisch gekaufte, vollwertige Zutaten. Dasselbe gilt für Fertiggerichte oder abgepackte Lebensmittel – so etwas werden Sie hier nicht finden. Abgepackte oder vorbehandelte Lebensmittel haben vor dem Einkauf schon ein längeres Leben hinter sich und das bedeutet, dass die Wahrscheinlichkeit für Schimmel oder den Verlust wertvoller Nährstoffe gegeben ist. Sie sollten immer davon ausgehen, dass verarbeitete oder in irgendeiner Form behandelte Produkte, die Ihnen das Leben erleichtern sollen, Ihnen tatsächlich Wesentliches vorenthalten, was diese Lebensmittel Ihnen sonst bieten würden. Was Sie an Bequemlichkeit gewinnen, verlieren Sie an Vorteilen.

Vor diesem Hintergrund entspricht jedes Rezept, das Sie hier finden, meinen Bulletproof-Standards für Hochleistungslebensmittel und meinen persönlichen Standards für das Motto »Muss super schmecken«. Das Kochen und Zubereiten von Lebensmitteln in dieser Form bietet unzählige Vorteile – einer, den Sie dabei nicht übersehen sollten, besteht darin, dass Sie eine bessere Köchin bzw. ein besserer Koch werden. Wenn Sie auf dem Bauernmarkt oder in einem gut sortierten Lebensmittelgeschäft einkaufen, die Produkte sorgfältig auswählen und bei der anschließenden Zubereitung Ihre volle Aufmerksamkeit auf die Eigenschaften und den wesentlichen Geschmack richten, bekommt das Kochen eine neue Bedeutung, die Sie ganz von selbst besser auf den Kochprozess einstimmt. Kochen Sie auf diese Art, profitieren Ihr Geist, Ihr Körper … und Ihre Kochkünste.

Die Rezepte sind unterteilt in Hauptgerichte – überwiegend aus Eiweiß mit Gemüsebeilage (es gibt aber auch ein paar Gemüsehauptgerichte, für die Eiweißfastentage) –, Beilagen (in der Regel aus Gemüse), Suppen, Smoothies bzw. Lattes und Desserts sowie Würzmittel.

Während ich ein großer Verfechter von MCT-Öl im Bulletproof-Kaffee bin, bevorzuge ich beim normalen Kochen natürliche Fette wie Butter, Ghee, Knochenmark und tierisches Fett, da sie vielseitiger sind und den Gerichten auf natürlichem Weg reichlich Geschmack verleihen. Überall dort, wo man (unklugerweise) Olivenöl verwenden könnte, nehme ich Bulletproof Brain Octane Oil oder Ghee. Brain Octane Oil ist ein MCT-Fett und eignet sich gut zum Kochen – es hat einen milden Geschmack, der den Eigengeschmack der Speisen nicht überlagert wie Kokosöl. Ich reibe Fleisch, Fisch und Gemüse vor dem Kochen mit Brain Octane Oil ein, insbesondere wenn ich diese sanft grille. Ölen Sie immer das Eiweißprodukt ein, nie die Wärmequelle. So wird das Lebensmittel viel besser versiegelt, als durch das Ölen von Topf oder Pfanne. Wenn ich Öl verwende, koche ich nie bei starker Hitze und bringe Öl schon gar nicht zum Rauchen. Es gibt überhaupt keinen Grund dafür und ich betrachte solchermaßen behandeltes Fleisch als gewaltsam traumatisiert. Seid sanft, Leute!

Brain Octane Oil ist allerdings sehr dünn – dünner noch als Traubenkernöl –, daher ersetze ich die Hälfte manchmal durch Olivenöl, wenn ich nicht damit koche. Auf diese Weise erreiche ich etwas mehr Textur und Geschmack, bekomme aber dennoch die unglaublichen Bulletproof-Vorteile. Wie Sie feststellen werden, verwende ich auch nie mehr als einen oder zwei Esslöffel auf einmal – in erster Linie weil es einfach nicht nötig ist, aber auch weil sich Ihr Körper an größere Mengen Brain Octane Oil erst gewöhnen muss, da es sonst Ihr Verdauungssystem etwas durcheinander bringen könnte. Dies wird aber wie gesagt nie ein Problem sein, weil ich es immer sparsam verwende – gerade genug, um Körper und Gehirn die unglaublichen Vorteile zu verschaffen.

Als Eiweiß verwende ich viel Fisch entsprechend der dazugehörigen Roadmap sowie Weiderind, Weidelamm, Eier und nur wenig Weideschwein. In der Regel meide ich Hähnchen- und Putenfleisch, da es wirklich schwierig ist, ordentliches Freilandgeflügel zu bekommen und sein Nährwert zudem nicht optimal ist. Sie finden ein Rezept mit Huhn und eines mit Pute für alle, die dennoch gern Geflügel essen. Hin und wieder einmal ordentlich gezüchtetes Geflügel zu essen, wird Ihnen nicht schaden – es liefert nur nicht die maximalen Vorteile, wenn Sie durch Essen Ihren Körper biohacken möchten.

Bei den Gemüsebeilagen dominieren natürlich vor allem meine liebsten Bulletproof-Gemüsesorten wie Winterkürbis, grünes Blattgemüse und Kreuzblütler wie Kohl. Sie werden auch feststellen, dass ich bei Gemüse ordentlich bei der Butter zuschlage. Es gibt wirklich keine bessere Trägersubstanz für die vielen erstaunlichen Gesundheitsvorteile von Butter als sanft gedämpftes oder blanchiertes Gemüse. Um den natürlichen Gemüsegeschmack zur Geltung zu bringen, verwende ich beim Dünsten zu Beginn gern Ghee und gebe dann am Schluss Butter dazu, damit ihre Bestandteile intakt bleiben. Eines meiner Lieblingsrezepte ist leicht gedämpfter Kohlrabi mit zerlassener Butter, die das Gemüse am Ende überzieht – das schmeckt erstaunlich, belässt die Butter aber möglichst vollwertig und gibt dem Gericht einen eleganten Anstrich. Das ist das Gegenteil dessen, was viele Köche mit Butter machen: im Topf bräunen lassen, bevor sie das Gemüse dazugeben. Ich glaube nicht, dass dies für einen guten Geschmack nötig ist, und es liefert definitiv keine Bulletproof-Vorteile. Sie werden hier nirgends braune Butter finden und sie nicht vermissen.

Ich verwende Bulletproof-Gewürze so oft wie möglich – nicht nur weil das Essen dadurch großartig schmeckt, sondern auch weil sie unglaubliche Vorteile liefern, von antioxidativer Wirksamkeit bis hin zur Entzündungshemmung. Bei Salz verwende ich immer grobes Meersalz – insbesondere das französische graue grobe Meersalz –, kein koscheres Salz und kein jodiertes Salz. Manche Leute nehmen diese Art Salz nur zum abschließenden Würzen und kochen mit einem feineren Salz. Ich habe alles mit diesem groben Meersalz gekocht. Es schmeckt besser, man braucht weniger und es ist gesünder. Bulletproof eben.

Ich verwende keinen schwarzen Pfeffer, weil es so gut wie unmöglich ist, die Quali-

tät zu beurteilen, solange Sie ihn sich nicht selbst beschaffen und eigenhändig mahlen. Ich verwende aber Oregano, der einen intensiven erdigen Geschmack beisteuert und ein guter Pfefferersatz ist.

Ich bin kein großer Fan von Cayennepfeffer oder Nüssen, gebe jedoch an, wo sie verwendet werden können – vorausgesetzt sie sind frisch. Sie finden die Anmerkungen, wann und wie sie zu verwenden sind, bei den jeweiligen Rezepten.

GARMETHODEN

Auf den ersten Blick werden Sie möglicherweise annehmen, Bulletproof zu werden würde die Zubereitungsarten für Ihr Essen einschränken, aber das ist eigentlich nicht der Fall. Ich denke, Sie werden angenehm überrascht sein, wie viele Gar- und Zubereitungsmethoden – von den alltäglichen bis zu den Feinschmeckermethoden – sich für Bulletproof-Gerichte eignen. Ich blanchiere, dünste, dämpfe, backe, pochiere in Butter und grille sogar (vorsichtig!). Ich arbeite mit Pergamentpäckchen, Sous-vide-Technik und roher Zubereitung wie Crudo, Ceviche und Carpaccio. Ich bereite auch leckere Klassiker wie Chili und Eintöpfe zu. Selbst der ausgeprägteste Feinschmecker wird also nicht enttäuscht sein.

Wirklich, es gibt nur sehr wenige Garmethoden, die ich nicht berücksichtige – dies sind das sehr scharfe Anbraten oder das Braten bei sehr hohen Temperaturen. Mit den sanfteren Methoden können Sie sehr viel erreichen und ich bin der Meinung, die meisten entsprechen dem aktuellen Stand der Ernährungswissenschaft. Wir bewegen uns weg von der Küche alter Schule mit schweren Saucen und übermäßig gegartem Fleisch. Immer mehr Köche heben die einfachen Eigenschaften hochwertiger Zutaten hervor und widmen sich der Aufgabe, das Wesentliche des Essens wieder herauszukitzeln. Wenn man es genau überlegt, stimmt das tatsächlich mit der Bulletproof-Philosophie überein: Sie fördern das Beste von sich zutage, wenn Sie Bulletproof werden. Das gesamte Potenzial und der »Geschmack«, wenn Sie so wollen, sind bereits vorhanden und Sie können beides entweder hervorheben oder unterdrücken. Wir behandeln das Essen hier genauso wie Sie Ihren Körper behandeln werden: mit höchstem Respekt vor seinem perfekten natürlichen Potenzial in Höchstform.

Ich wende wie immer die sanftesten Garmethoden an, die möglich sind: Langsames Garen bei schwacher Hitze ist ein großartiger Ansatz für praktisch jede Zubereitung. Sogar wenn ich bei diesen Rezepten einmal einen Grill verwende (was nur selten der Fall ist), bestreiche ich Eiweiß und Gemüse großzügig mit Öl, arbeite hauptsächlich mit schwacher bzw. höchstens mittlerer Hitze, um die schwächsten goldbraunen Grillspuren zu bekommen. Sie werden staunen, wie viel Grillaroma dabei entsteht. Sie müssen mit der Temperatur wirklich nicht höher gehen, denn das Aroma würde sich dabei nicht mehr groß verändern.

Ein praktischer Tipp für das Grillen von Fisch lautet, den Fisch auf der Hautseite zu grillen – so erzielen Sie das bestmögliche Ergebnis. Die Methode ist absolut sicher, sie bewahrt das Fischfleisch vor dem Verkohlen, wenn die Flamme versehentlich zu hoch wird. Ich habe festgestellt, dass schnell einmal etwas verkohlt, wenn man den Grill nicht wirklich gut kennt. Fisch (insbesondere Lachs) können Sie immer auf der Hautseite garen und bewahren dabei alle großartigen Omega-3-Fettsäuren. Und das Beste: Die optimale Garstufe bei Lachs ist »à point« (medium rare), also noch richtig rosa in der Mitte. Daher brauchen Sie sich keine Gedanken darüber zu machen, ob er auch durch ist. Natürlich liebe ich Lachs auch roh und kalt geräuchert, aber wenn Sie ein komplettes Gericht zubereiten möchten, ist diese Methode an Erlesenheit und Bulletproof-Vorteilen kaum zu toppen.

Als Kochgeschirr verwende ich in erster Linie Glas und Keramik. Wenn ich ein Backblech auslegen muss, um etwas im Ofen zu backen, nehme ich ungebleichtes Pergament- oder Backpapier anstelle von Alufolie. Gelegentlich mache ich eine Ausnahme für spezielle Gerichte mit besonderen Anforderungen an das Erhitzen oder Abdecken, aber sonst gibt es in den meisten Fällen keinen Grund, warum man nicht ungebleichtes Pergament- oder Backpapier nehmen sollte.

INNOVATIONEN

Biohacking ist ganz klar ein innovativer Weg, um Körper und Geist zu verändern. Es nimmt Anleihen bei der Hochtechnologie, die definitionsgemäß immer innovativ ist. Ich halte diese Rezepte an sich schon für innovativ. Ich setze nicht nur eine große Vielfalt an Garmethoden ein, sondern habe auch versucht, mir überraschende Kombinationen von Zutaten oder unerwartete Zubereitungsarten auszudenken. Nehmen Sie zum Beispiel einmal Radieschen. Meist finden sie ihren Weg in die Salate, was auch gut ist, wobei sie jedoch ihren Geschmack und ihr Potenzial als zentrale Zutat nicht voll entfalten. Sie werden eher als eine Art Nebensächlichkeit behandelt nach dem Motto: »Da sind noch ein paar Radieschen, die weg müssen, am besten werfe ich sie mit in den Salat.« Aber schmoren Sie Radieschen doch einmal – plötzlich wird daraus eine unglaubliche, unerwartet komplexe Beilage. Kombiniert mit Butter und etwas grobem Meersalz schmecken sie einfach nur verblüffend (Rezept siehe Seite 131).

Sie finden auch ein Blumenkohl-»Couscous« (Seite 133), das ich natürlich in Anführungsstriche setze, weil wir hier nicht von dem marokkanischen Getreidegrieß sprechen. Diese Wortspielerei ist bei Köchen auf ihren Speisekarten üblich geworden, wobei sie einen Portobello-Pilz als »Steak« oder aufgeschichtetes Gemüse als »Lasagne« bezeichnen. Die Namen können manchmal enttäuschend sein, weil das Ergebnis geschmacklich tatsächlich nichts mit der Andeutung zu tun hat und nur ein kluger Schachzug ist. Aber ich mag meinen »Couscous«, weil der gedünstete und in Butter geschwenkte Blumenkohl tatsächlich die Konsistenz und den Geschmack eines leckeren Couscous imitiert. Auch mit Artischocken habe ich gespielt. In diesem Zusammenhang kommt hier gleich der Hinweis, dass frische Artischocken zwar ein wenig arbeitsintensiv sind (und damit meine ich wirklich nur ein wenig), uns dafür aber mit ihrer Konsistenz und ihrem Geschmack belohnen. Die Artischockenblätter sind zudem ein wunderbarer Träger für Dips und Eiweiß wie Räucherlachs. Artischockenkonserven sind allerdings nicht als Bulletproof anerkannt. Die Dose enthält innen wahrscheinlich eine Beschichtung mit BPA und das Produkt, das Sie herausholen, wird eine traurige Erinnerung an sein früheres Selbst sein. Nehmen Sie sich die paar Minuten Zeit, um von einer frischen Artischocke den Stiel abzubrechen, die äußeren Blätter abzuschneiden und den Boden dieses Distelgewächses zutage zu fördern. Es lohnt sich!

Ich empfehle Ihnen, immer erfinderisch an die Rezepte heranzugehen – und an das Kochen überhaupt. Die besten Entdeckungen macht man meist, wenn man experimentiert und die Dinge einfach geschehen lässt.

AUS ALLEM DAS BESTE MACHEN

Abgesehen von seiner von Natur aus innovativen Seite, geht es beim Bulletproof-Ansatz darum, aus allem immer das Beste zu machen. Alles, was Sie essen, soll Ihrem Gehirn und Ihrem Körper den größtmöglichen Vorteil bringen. Ähnlich holen Sie bei diesen Rezepten auch immer das Beste aus jeder Zubereitung heraus. Ich habe die Gerichte speziell so angelegt, dass Sie Reste für ein wunderbares Mittagessen oder für ein anderes Gericht zu einem späteren Zeitpunkt aufheben können. Mir gefällt der Gedanke, Reste umzufunktionieren, achtsam zu sein und *nichts* zu vergeuden – angefangen von Ihrem Bulletproof-Potenzial bis hin zu einem Lachsrest.

Zu einigen der Patentlösungen und Tricks zur Weiterverwertung, die ich eingebaut habe, gehört auch die Verwendung eines in Pergament gebackenen Lachsrests für Rillette am nächsten Tag (die dann bei einer Party mit Gemüsesticks serviert *und* am nächsten Tag als Mittagessen ins Büro mitgenommen werden können). Ich hebe jeden Rahmspinatrest auf, um ihn unter meine cremige Guacamole zu mischen, die sich dann als Partydip, als willkommener Klecks auf einer Eiweißvorspeise oder als kinderfreundliche Zwischenmahlzeit eignet. Und nachdem ich das Enten-Confit zubereitet und genossen habe, wickle ich Reste wie zu einer Frühlingsrolle in ein Kohlblatt ein. Mir gefällt es, aus meinen Mahlzeiten möglichst viel herauszuholen – genau wie ich auch beim Biohacken aus meinem Körper gern möglichst viel heraushole.

Dieser Gedanke kommt auch bei Saucen, einem Relish und bei Dressings ins Spiel. Ich versuche, Kombinationen zu finden, die vielseitig und austauschbar sind. Nehmen Sie meine Koriander-Limetten-Butter (siehe Seite 215): Obgleich ich sie gerne für Pak Choi verwende, eignet sie sich auch großartig für eine Reihe anderer Dinge wie beispielsweise ein Steak. Salsa verde und Tapenade sind köstlich ohne Ende und lassen sich endlos verwenden. Um es noch einmal zu sagen: Es mag etwas Zeit und Energie erfordern, um diese Dinge zuzubereiten. Aber wenn man sie dann einmal fertiggestellt hat, lassen sie sich manchmal über die ganze Woche noch verwenden. Und auf diese Weise wissen Sie, dass Sie den ganzen Tag über sowie jeden Tag köstliche, Bulletproof-freundliche Dinge essen – oder zumindest ausreichend genug, um sich keine Sorgen wegen der wenigen Augenblicke zu machen, in denen Sie etwas vom Kurs abweichen.

Diese Art zu kochen erleichtert es Ihnen außerdem, Ihr soziales Leben in Gang zu halten. Denn eine ganze Reihe dieser Gerichte ist ausgefallen genug, um andere damit zu bewirten oder einfach ausreichend für eine ganze Party. Für Gäste würde ich gefüllte Eier, Räucherlachs in Radicchio-Blättern, Enten-Confit als Frühlingsrollen, cremige Guacamole, Avocado-Schoko-Mousse und Erdbeer-Semifreddo auf den Tisch bringen. Sie werden mir nicht erzählen können, dass die Gäste vor Begeisterung nicht die Augen verdreht haben. Und sie würden zudem nie vermuten, dass sie die wirksamsten Lebensmittel essen, um ihren Organismus energetisch aufzuladen. So kommt man auf der Party auch wunderbar ins Gespräch. »Wussten Sie, dass Sie gerade Bulletproof essen?«

Auf diese Weise gehe ich an das Essen eher wie an einen Lebensstil als wie an eine Diät heran. Wenn Sie auch erst einmal so denken, können Sie ohne Einschränkungen kreativ mit den Rezepten umgehen. Dies ist eine äußerst wirkungsvolle Art des Essens und zugleich lecker und auch für Gäste ansprechend.

Kinder

Kinder zu haben ist kein Grund, nicht mehr Bulletproof zu essen. Es sollte vielmehr ein weiterer Anreiz dafür sein. Bei uns zu Hause kommt abends ein Essen auf den Tisch und alle essen (und lieben) es. Bulletproof-Rezepte sind so vielseitig, dass sie problemlos in kinderfreundliche Gerichte umgewandelt werden können. Nehmen Sie den Truthahn-Burger, formen Sie einfach kleinere Bällchen oder Frikadellen aus der Fleischmasse und – voilà! – schon haben Sie eine Mahlzeit mit Fleischbällchen im kindgerechten Look. Die meisten Kinder lieben auch Dinge wie gefüllte Eier und Guacamole. Manche werden sogar Lammspieße und Lachs-Rillette essen. Die Bulletproof-Desserts landen bei Kindern echte Volltreffer. So stehen die Kokos-Crêpes bei kleinen Leuten auf der Hitliste immer ganz oben.

Die Klassiker

Genau wie Kinder können auch wir Gewohnheitsesser sein und möchten von unseren Vorlieben vielleicht nicht abrücken. Ich habe die Bulletproof-Rezepte daher so entwickelt, dass viele wohlbekannte Gerichte dabei sind. Ich habe sie lediglich mit Bulletproof-Zutaten angereichert. Sie mögen Salade Niçoise? Super! Ich habe einen zusammengestellt, bei dem der Thunfisch durch Räucherforelle und die Kartoffeln durch Süßkartoffeln ersetzt wurden. Tomaten sind keine dabei, aber Eier, Oliven und Radieschen. Ich muss sagen, mir schmeckt

er sogar besser als das Original (damit will ich meinen Freunden in Nizza keinesfalls zu nahe treten).

Soul Food

Zusätzlich zu bewährten Lieblingsgerichten habe ich für Regentage oder nostalgische Momente auch ein paar Rezepte als »Futter für die Seele« in die Sammlung aufgenommen. Wir haben doch alle so unsere Gerichte, die für unser Wohlbehagen sorgen, weil sie altvertraut und wärmend sind. Es gibt keinen Grund, dieses Erlebnis nicht zu genießen, wenn Sie Bulletproof-Zutaten und -Methoden nutzen. Probieren Sie meine Rezepte für Chili con carne und Beilagen wie Rahmspinat oder »nicht gebratenen« Bratreis.

Essen fürs Büro

Ich glaube, die größte Herausforderung besteht für viele darin, die Bulletproof-Standards während der hektischen Arbeit einzuhalten. Es ist schwierig, innezuhalten und sich auf das Essen zu konzentrieren. Geschäfte oder Lokale in der Nähe bieten jedoch nur eingeschränkte Optionen, wenn Sie bewusst essen möchten. Dann ist die Versuchung groß, Reste mitzubringen und in der Mikrowelle aufzuwärmen. Wie ich jedoch bereits erklärt habe, bin ich gegen die Mikrowelle, weil sie bestenfalls dem Essen die Nährstoffe entzieht und schlimmstenfalls schädlich wirken kann. Ich empfehle, die Rezepte in diesem Buch gründlich zu lesen und die Gerichte auszusuchen, die sich gut aufbewahren und transportieren lassen (es gibt eine Menge davon) und die auch kalt oder zimmerwarm schmecken. Ich persönlich würde Frühlingsrollen mit Entenfleisch, Guacamole mit Gemüsesticks (eine tolle Zwischenmahlzeit!), Spargel mit weich gekochten Eiern und Kräuterdressing sowie den Salade Niçoise bevorzugen. Das lässt sich alles gut mitnehmen und am Arbeitsplatz im Kühlschrank aufbewahren. Etwa eine Stunde vor dem Essen sollten Sie es aus dem Kühlschrank nehmen und Zimmertemperatur annehmen lassen.

In Sachen Geschmack und Konsistenz ist es deutlich besser, Speisen bei Zimmertemperatur als kalt zu essen. Die kalte Temperatur erschreckt Ihre Geschmacksknospen – dadurch entgeht Ihnen jeder subtile Geschmack. Zudem wird das Essen weicher, was Sie bestimmt schon bemerkt haben, wenn Sie einen kalten Brie neben einem Stück Brie mit schmelzender Konsistenz gesehen haben, der auf dem Teller verläuft. Dazu gleich noch ein weiterer Tipp: Ein vorgewärmter Teller sorgt beim Geschmack des Essens für einen großen Unterschied. Köche servieren nicht nur wegen des Ah- und Oh-Faktors auf vorgewärmten Tellern. Ein vorgewärmter Teller setzt tatsächlich Aromen im Essen frei, die Sie riechen und schmecken (denken Sie nur an warmes Brot, das direkt aus dem Ofen kommt). Während ich kein Befürworter der Essenszubereitung in der Mikrowelle bin, können Sie aber durchaus einen Keramikteller in der Mikrowelle vorwärmen und lauwarmes Essen darauf anrichten, um diesen Effekt zu erzielen.

Rezepte für unterwegs

Während sich die Rezepte unterwegs vielleicht nicht zubereiten lassen, können Sie mit einem fertig zubereiteten Gericht aber verreisen, und zwar mit meinem Bulletproof-Currypulver (siehe Seite 216) – einer Mischung aus Kurkuma-, Ingwer-, Zimtpulver, Bulletproof VanillaMax (der Geheimzutat) und Salz. (Wenn Sie kein VanillaMax haben, nehmen Sie etwas gemahlene Vanille.) Diese wirksame Currymischung peppt jedes Essen auf (denken Sie an die Eier im Hotelzimmer, von deren Zubereitung Sie schon gehört haben) und Sie können es wortwörtlich in einem Fläschchen in der Hosentasche mitnehmen (allerdings werden Sie sich am Flughafen einige Fragen dazu gefallen lassen müssen).

Essen für ein Date

Habe ich Sie davon überzeugt, dass Bulletproof-Essen vielseitig ist und sich an jede Art von Gerichten anpassen lässt, die Sie bevorzugen? Ein Bereich, den wir noch nicht angesprochen haben, ist die wirklich ausgefallene Küche für einen speziellen Anlass oder ein romantisches Date. Zwar bin ich der Meinung, dass alle Rezepte auf ihre Art besonders und lecker sind, aber manchmal möchten Sie vielleicht richtig Eindruck schinden oder für eine romantische Stimmung sorgen – und suchen etwas, das vom Stil und von der Zubereitung her noch gehobener ist. Daher stelle ich Ihnen hier das besondere Bulletproof-Abendmenü vor. Lesen Sie einfach dieses Menü und dann sagen Sie mir, ob Sie nicht ebenso gut in einem Michelin-Sterne-Restaurant sitzen und dort die Speisekarten lesen könnten. Bulletproof-Essen ist so gut!

Vorspeise

Jakobsmuscheln auf Mangoldbett (Seite 104)

Hauptspeise

Hanger-Steak mit Kräuterbutter (Seite 112) auf einem Bett aus Steckrüben-Sellerie-Püree (Seite 132) mit Winterkürbis-Süßkartoffel-»Risotto« (Seite 118)

Beilage

Geschmorter Römersalat und Chicorée (Seite 150)

Dessert

Himbeer-Rote-Bete-Sorbet (Seite 197) mit Schoko-Mousse (Seite 204) und Beeren-Kokos-Sahne (Seite 195)

KAPITEL 5

Hauptgerichte

An die Zubereitung von Bulletproof-Hauptgerichten gehe ich genauso heran wie an die Zubereitung jeder anderen Hauptspeise: Sie sollen sättigend, vielseitig und lecker sein. Dabei versteht es sich von selbst, dass die Gerichte Ihrem Körper alles liefern, was er zu seiner optimalen Leistungsfähigkeit braucht. Bei vielen Rezepten gebe ich eine zusätzliche Zutat an, die Sie nach Belieben verwenden oder weglassen können – fühlen Sie sich generell völlig frei, etwas zu ändern oder etwas aus dem Kapitel Salate oder Beilagen zu wählen, falls Ihnen das lieber ist. Sie müssen nicht um jeden Preis an den vorgeschlagenen Kombinationen festhalten. Ich habe dabei meine Lieblingsgeschmacksrichtungen und -konsistenzen im Kopf gehabt, aber Sie können stattdessen nach Ihrer persönlichen Hitliste vorgehen – das Ergebnis ändert sich dadurch nicht. Sobald Ihr Kühlschrank und Ihre Speisekammer Bulletproof sind, haben Sie die Zutaten, das Werkzeug, das Wissen – und völlige Freiheit.

Ebenso können Sie Eiweißquellen austauschen, wenn Sie erst einmal meine Lieblingsgarmethoden beherrschen. Schmoren ist eine wunderbar vielseitige und langsame Garmethode bei niedriger Temperatur. Dabei wird der gesamte reichhaltige Fett- und Kollagengehalt aus dem Fleisch geholt, während es einen intensiven, herzhaften Geschmack erhält. Ich habe hier Schweinebauch geschmort (siehe Seite 113), aber Sie können ebenso gut Rinderrippenstücke, Ochsenschwanz und anderes Fleisch schmoren. Halten Sie sich lediglich an Ihre bewährte Bulletproof-Einkaufsstrategie: regional, frisch, biologisch und aus Grasfütterung.

Dasselbe gilt auch für die Garmethoden. Sobald Sie lernen, Bulletproof zu kochen, verfügen Sie über eine Palette, mit der Sie experimentieren können. Sie wissen, wo Sie sich geeignete Lebensmittel beschaffen können und wie diese mit der besten Wirkung zubereitet werden – also warum sollten Sie dabei nicht auch Ihren Spaß haben?

Was die Zeit angeht, die Sie für die Zubereitung der Hauptgerichte aufwenden, haben Sie freie Hand. Wenn Sie etwas Schnelles und Effizientes suchen, wählen Sie Crudo und Lachs-Rillette. Nicht jeder denkt dabei an Hauptgerichte, aber warum nicht? Sie schmecken, liefern die beabsichtigten Vorteile und lassen sich mit allen möglichen Beilagen abrunden. Bereiten Sie ein schnelles Crudo und gedämpftes Gemüse zu und schon sind Sie startklar. Bulletproof zu sein bedeutet, effizient und

flexibel zu sein – wenn Sie also Ihre Auffassung davon, was sich als Abendessen eignet, neu definieren müssen, tun Sie das! Wie Sie sehen werden, passen meine herzhaften und warmen Smoothies gut zu dieser Einstellung (Seite 184–187). Sie sind kein herkömmliches Abendessen, aber sie machen geradezu süchtig, sind wohltuend und lecker.

Wenn Sie etwas mehr Zeit haben oder planen, Gäste zu bewirten, können Sie das Enten-Confit, das geschmorte Lamm, den Schweinebaucheintopf oder eines der Chilis wählen. Diese Gerichte haben zwar eine lange Garzeit, die Vorbereitung ist aber nicht übermäßig zeitintensiv. Hier lautet das Motto: Vorbereiten und Vergessen. Das Confit zieht über Nacht in Salz und Fett. Geschmortes gart lange und langsam bei schwacher Hitze, aber die Ergebnisse sind lohnend, und während das Essen gart, können Sie eine Menge anderer Dinge erledigen.

Als ich mir Salate als Hauptgerichte überlegte, wollte ich nicht beim üblichen Grünzeug und Gemüse bleiben. Einige Salate werden warm serviert und sind eine gehaltvolle und herzhafte Mahlzeit wie der Salade Niçoise mit Räucherforelle (Seite 87). Er sättigt und reicht wie die anderen Salate für zwei Esser oder zwei Mahlzeiten. Sie können auch überlegen, durch die Kombination von Beilagen, leichteren Salaten und Gemüse aus dem nächsten Kapitel ein Hauptgericht selbst zusammenzustellen – diese Strategie ist während des Eiweißfastens ausgesprochen sinnvoll.

Mittagessen und Salate

Jakobsmuschel-Crudo

Für 2 Portionen

Als ich ein Kind war, dachte ich immer, Jakobsmuscheln seien ekelhaft. Heute finde ich sie fantastisch. Wenn Sie nicht auf einer Insel oder in Meernähe wohnen, empfehle ich Ihnen, sie tiefgefroren zu kaufen – weil zu lange gelagerte Jakobsmuscheln sehr viel Histamin enthalten. Tiefgefroren sind sie tatsächlich frischer. Dieses Rezept ergibt ein leichtes, sättigendes Mittagessen. Sie können je nach Jahreszeit Ihr Lieblingsgemüse verwenden wie dünn geschnittene Radieschen, Sellerie oder Fenchel. Die Gelben Beten lassen sich schon am Vortag backen und im Kühlschrank aufbewahren.

250 g Gelbe Beten, geputzt und gewaschen
250 g Gurke, in 3 mm dünne Scheiben geschnitten
500 g Jakobsmuscheln, trocken getupft und waagrecht in 6 mm dicke Scheiben geschnitten
1 TL abgeriebene unbehandelte Zitronenschale

1 ½ EL Zitronensaft
1 Frühlingszwiebel, fein gehackt
1 EL hochwertiges Olivenöl, plus etwas mehr zum Beträufeln
1 EL Bulletproof Brain Octane Oil (nach Belieben)
½ TL grobes Meersalz, plus etwas mehr zum Abschmecken

Den Backofen auf 160 °C vorheizen.

Die Gelben Beten mit ca. 1¼ Tassen Wasser in eine 20 x 20 cm große Backform (ca. 2 l Inhalt) geben. Zugedeckt im Ofen 45–60 Minuten backen, bis sie beim Einstechen mit einem Messer weich sind.

Die Beten abgießen, in eine Schüssel geben und etwa 1 Stunde auf Zimmertemperatur abkühlen lassen. Dann schälen und in 3 mm dicke Scheiben schneiden. Zuerst die Bete- und Gurkenscheiben, darüber die Jakobsmuscheln fächerförmig auf Tellern anrichten.

In einer kleinen Schüssel Zitronenschale und -saft, Frühlingszwiebel, Olivenöl, Bulletproof Brain Octane Oil (falls verwendet) und Meersalz mischen. Das Dressing über Gemüse und Muscheln verteilen. Zum Servieren alles mit Olivenöl beträufeln und mit Meersalz abschmecken.

Spargel mit weich gekochten Eiern und Kräuterdressing

Für 2 Portionen

Durch die Verwendung hochwertiger Freilandeier wird hier aus einem Allerweltsgericht eine kühn gefärbte cremige Leckerei mit reichlich Mikronährstoffen. Zudem bleiben beim Weichkochen der Eier alle guten Fette erhalten. Ein hart gekochtes Ei wirkt eher entzündungsfördernd, da die empfindlichen Fette durch den längeren Kochvorgang geschädigt sind. Kaufen Sie die Eier bei einer guten Quelle – und schon sind Sie startklar.

4 Freilandeier (Größe L)
Grobes Meersalz
1 Bund Spargel, geputzt und geschält
½ TL abgeriebene unbehandelte Zitronenschale
1 EL Zitronensaft
½ TL Dijon-Senf
3 EL fein gehackte Kräuter (z. B. Dill, Schnittlauch und Petersilie)
2 EL hochwertiges Olivenöl

Eine große Schüssel mit Eiswasser bereitstellen. Die Eier in einen kleinen Topf legen und so viel Wasser dazugießen, dass es 5 cm über den Eiern steht. Bei starker Hitze aufkochen. Sobald das Wasser kocht, den Topf vom Herd nehmen und zugedeckt 4 Minuten stehen lassen. Dann die Eier in die Schüssel mit dem Eiswasser geben und abkühlen lassen, das Eiswasser beiseitestellen (falls nötig, mehr Eis hinzufügen). Die Eier pellen, halbieren und salzen.

Den Spargel in einer 1 Tasse Wasser 2–3 Minuten weich kochen. Den Spargel in das Eiswasser legen und komplett abkühlen lassen. Dann abgießen.

Für das Dressing in einer großen Schüssel Zitronenschale und -saft, Senf, Kräuter und Olivenöl mischen. Mit Meersalz abschmecken. Den Spargel dazugeben und alles locker mischen. Den Spargel mit den Eierhälften servieren.

Guacamole mit Gemüsesticks

Für 2 Portionen

Beim Lesen dieses Buches werden Sie feststellen, dass Guacamole nach meiner Überzeugung bereits für sich alleine ein überragendes Gericht ist. Sie liefert ein Fettmuster, das für Ihr Wohlbefinden sorgt. Bei dieser Version mit hoher Nährstoffdichte wird eine normale Guacamole mit grüner Gemüsepower aufgepeppt. Durch das Hinzufügen von Spinat erhalten Sie eine Spinat-Dip-trifft-auf-Guacamole-Kombination. Liebe Puristen, nicht böse sein, diese Kreation ist einfach etwas völlig Anderes. Und als Dreingabe können Sie noch Bacon dazu servieren – am besten in gebackener Form.

**1 Tasse Kokosrahmspinat
(Seite 130), abgekühlt
2 Avocados, entkernt und
geschält
2 ½ EL Limettensaft
2 EL fein gehacktes Koriandergrün
Grobes Meersalz**

**2 ½ Tassen gemischtes
Bulletproof-Gemüse zum Dippen
(roh: Radieschen, Fenchel, Karotten, Sellerie oder Gurke; gedämpft: Brokkoli, grüne Bohnen,
Pastinaken oder Süßkartoffeln),
in lange Streifen geschnitten**

In der Küchenmaschine den Kokosrahmspinat pürieren. Avocados, Limettensaft und Koriander dazugeben und alles mit Intervallschaltung zu einem dicken Püree verarbeiten. Als Dip mit den Gemüsesticks servieren.

Gefüllte Eier mit Chicorée und Lachs

Für 2 Portionen

Dies ergibt ein wunderbares Mittagessen zum Mitnehmen – vollgepackt mit guten gesättigten Fettsäuren. Zusammen mit einem Salat und einem Kräuterdressing (Seite 80) wird daraus ein nettes Abendessen. Denken Sie daran, die Eier nicht zu lange zu kochen – das Eigelb soll gerade so fest sein, dass es sich verarbeiten lässt. Mit diesem Rezept bekommen Sie im Handumdrehen Ihr Fett und Ihr Eiweiß.

4 Freilandeier (Größe L)
¼ Tasse Bulletproof-Mayonnaise (Seite 219)
1 TL Zitronensaft
1 TL Bulletproof-Currypulver (Seite 216)
1 EL fein gehackter Schnittlauch, Koriandergrün oder Petersilie
Grobes Meersalz
125 g Räucherlachs, in 8 Stücke geschnitten
8 Chicorée- oder Radicchio-Blätter, getrennt

Eine große Schüssel mit Eiswasser bereitstellen. Die Eier in einen kleinen Topf legen und so viel Wasser dazugießen, dass es 5 cm über den Eiern steht. Bei starker Hitze aufkochen. Sobald das Wasser kocht, den Topf vom Herd nehmen und zugedeckt 9 Minuten stehen lassen. Die Eier in die Schüssel mit dem Eiswasser geben und 5 Minuten abkühlen lassen.

Die Eier pellen und halbieren, die Eiweißhälften beiseitestellen. Die Eigelbe durch ein feinmaschiges Sieb in eine Schüssel passieren. Mayonnaise, Zitronensaft, Currypulver, Kräuter und nach Geschmack Meersalz dazugeben und alles gut mischen. Die Eigelbmischung mit einem Löffel oder Spritzbeutel in die Eiweißhälften füllen.

Jeweils 1 Chicorée- oder Radicchio-Blatt mit 1 Stück Räucherlachs belegen und jeweils 1 gefüllte Eihälfte darauf anrichten.

Frühlingsrollen mit Entenfleisch

Für 2 Portionen

Mit diesem raffinierten Gericht beeindrucke ich gern. Die Vorbereitung dauert etwas, aber der Geschmack ist erstaunlich. Die perfekte Möglichkeit, Enten-Confit (Seite 117) in Fingerfood zu verwandeln, das sich auf einer Party gut reichen und problemlos mit den Fingern essen lässt.

4 TL Apfelessig
Grobes Meersalz
5–6 Rot- oder Weißkohlblätter, Mittelrippe entfernt
1 Tasse geraspelte Karotten (ca. 2 Stück)
2 Stangen Sellerie, geputzt und in dünne Scheiben geschnitten
** (ca. ²/₃ Tasse)**
2 Enten-Confit-Keulen (Seite 117), aufgewärmt, das Fleisch
** zerkleinert**
¹/₃ Tasse Koriandergrünblätter
2–3 TL Limettensaft (nach Geschmack)

In einer großen Pfanne mit hohem Rand und Deckel 1 Tasse Wasser, 1 Teelöffel Apfelessig und 1 Teelöffel Meersalz zum Köcheln bringen. Den Kohl darin zugedeckt in 4 Minuten weich dämpfen. Den Kohl herausnehmen und beiseitestellen.

In einer Schüssel Karotten, Sellerie, Entenfleisch, Koriandergrün, Limettensaft (falls verwendet) und den restlichen Apfelessig kurz mischen.

Die Kohlblätter mit der Gemüse-Enten-Mischung füllen und jedes Blatt zu einer Frühlingsrolle aufrollen. Sofort servieren.

Salat mit Radicchio, Chicorée und Pastinaken

Für 2 Portionen

Mal ehrlich, Pastinaken sind geschmacklich etwas gewöhnungsbedürftig. Das erste Mal habe ich sie im Silicon Valley im Steakhouse Birks gegessen, wo sie als Püree zu Rib-Eye-Steak serviert wurden. Ich sagte zu Maurice, dem Koch, sie wären nicht so gut wie Rahmspinat. Dann stellte ich fest, dass sie eine wunderbare Quelle für zuckerfreie Kohlenhydrate mit geringen Toxingehalten sind. Dieser Salat ist perfekt, wenn Sie sich im Erhaltungsmodus befinden und nicht gerade beim Eiweißfasten sind. Walnüsse sind reich an Mikronährstoffen und Omega-6-Fettsäuren – und dadurch eine großartige Zugabe, solange sie ein schimmelfreies Qualitätsprodukt aus zuverlässiger Quelle bekommen.

- 1 große Pastinake (350 g), geschält und in 1,5 cm große Stücke geschnitten
- 2 TL körniger Senf
- 1 TL unerhitzter Honig (nach Belieben)
- 2 TL Zitronensaft
- 1 EL hochwertiges Olivenöl
- 1 EL Bulletproof Brain Octane Oil (oder MCT- oder Kokosöl)
- Grobes Meersalz
- 1 Radicchio (250 g), Blätter getrennt und grob zerpflückt
- 2 Chicorées (je 350 g), längs halbiert und quer in 1,5 cm große Scheiben geschnitten
- ½ Tasse Petersilienblätter
- ⅓ Tasse Walnüsse, grob gehackt (nach Belieben)

In einem mittelgroßen Topf mit Dämpfeinsatz 2 Tassen Wasser bei mittlerer Hitze zum Köcheln bringen. Die Pastinaken darin zugedeckt in 4 Minuten weich dämpfen. Dann beiseitestellen und etwas abkühlen lassen.

Inzwischen in einer kleinen Schüssel Senf, Honig (falls verwendet), Zitronensaft, Olivenöl und Brain Octane Oil verquirlen. Mit Meersalz abschmecken.

Radicchio, Chicorée, Pastinaken und Petersilie in einer Schüssel mischen und mit dem Senfdressing beträufeln. Den Salat nach Belieben mit Walnüssen bestreuen.

Römersalat mit Ingwerdressing

Für 2 Portionen, es bleibt ein Rest

Eine coole Möglichkeit, einem Dressing eine völlig unerwartete Geschmacksrichtung zu geben. Es hat einen intensiven Geschmack, eine tolle Farbe und eine wunderbare Konsistenz. Das Brain Octane Oil befördert das Ingweraroma zu Ihrem Gaumen und trägt zur schnelleren Sättigung bei. Das Dressing macht sich auch auf anderem gehacktem Grünzeug großartig, beispielsweise auf Rucola.

3 Karotten (250 g), geschält und in 2,5 cm große Stücke geschnitten

4 cm Ingwer, geschält und fein gehackt

2 EL Bulletproof Brain Octane Oil (oder MCT- oder Kokosöl)

3 EL hochwertiges Olivenöl

2 EL Apfelessig

Grobes Meersalz

1 Römersalat, zerpflückt

2 Radieschen, in dünne Scheiben geschnitten

1 kleine Zucchini, mit dem Sparschäler in Streifen geschnitten

In einem mittelgroßen Topf bei mittlerer Hitze 2,5 cm hoch Wasser zum Köcheln bringen. Die Karotten darin zugedeckt in 8 Minuten weich kochen. Abgießen und die Karotten 10 Minuten auf Zimmertemperatur abkühlen lassen.

Die Karotten in eine Küchenmaschine oder einen Hochleistungsmixer füllen. Ingwer, Brain Octane Oil, Olivenöl, Apfelessig und ¼ Tasse Wasser dazugeben und alles zu einer glatten Masse verarbeiten. Mit Meersalz abschmecken. Vor dem Verzehr 20 bis 60 Minuten kühl stellen.

Römersalat, Radieschen und Zucchini in einer Schüssel mit dem Dressing kurz mischen.

Lachs-Rillette mit Römersalat

Für 2 Portionen, es bleibt ein Rest

Wenn Sie viel Wildlachs essen, bleiben Ihnen oft Reste. Mit ein paar anderen Zutaten verrührt können Sie einen erstaunlichen Geschmack erzielen – die Rillette wird sogar noch cremiger und köstlicher. Dies ist eine großartige Möglichkeit, Omega-3-Fettsäuren und gesättigte Fettsäuren auf einmal zu bekommen. Ehrlich gesagt musste ich mich mit einigen Köchen beraten, um herauszufinden, wie ich dieses Gericht nennen könnte. Sie brachten mich auf einen aparten französischen Namen. Ich wäre nie auf die Idee gekommen, dieses Rezept »Rillette« zu nennen, aber ich werde dabei bleiben.

3 EL ungesalzene zimmerwarme Weidebutter
1 Frühlingszwiebel, fein gehackt
250 g gekochter Wildlachs (siehe Seite 96)
85 g Räucherlachs, fein gehackt
4 EL Zitronensaft
1 EL Kapern, grob gehackt, plus etwas mehr zum Garnieren
2 TL fein gehackter Estragon
Grobes Meersalz
10 Blätter Römersalat, zum Servieren

In einer kleinen Schüssel Butter, Frühlingszwiebel, gekochten Lachs, Räucherlachs, Zitronensaft und Kapern gründlich mischen. Estragon unterrühren und alles mit Meersalz abschmecken.

Auf die Salatblätter verteilen, mit Kapern garnieren und servieren.

Salade Niçoise mit Räucherforelle

Für 2 Portionen

Ich bin damit aufgewachsen, in New Mexico Regenbogenforellen zu fangen, und erinnere mich noch gut, wie köstlich sie geschmeckt haben. Dieser Salat versetzt mich in diese Zeit zurück. Sie können Bohnen, Fenchel und Süßkartoffeln durch anderes Gemüse der Saison ersetzen – wie Spargel, Stangen- und Knollensellerie. So lässt sich Räucherforelle rund ums Jahr mit frischen Aromen genießen.

350 g grüne Bohnen
1 Süßkartoffel (250 g), geschält, längs halbiert und quer in 1,5 cm dicke Scheiben geschnitten
1 TL körniger Senf
1 EL Apfelessig
5 EL hochwertiges Olivenöl
Grobes Meersalz
1 EL grob gehackter Estragon
2 Freilandeier (Größe L), hart gekocht, gepellt und halbiert

4 Radieschen, in dünne Scheiben geschnitten
1 kleine Fenchelknolle (250 g), geputzt, harter Strunk entfernt und in dünne Scheiben geschnitten
⅓ Tasse Kalamata- oder Nizza-Oliven, entsteint
½ Avocado, entsteint, geschält und in Scheiben geschnitten
150 g Räucherforelle, zerpflückt

Eine große Schüssel mit Eiswasser bereitstellen. In einem großen Topf mit Dämpfeinsatz 2 Tassen Wasser zum Köcheln bringen. Die Bohnen darin zugedeckt in 4–5 Minuten knackig zart dämpfen. Dann im Eiswasser abschrecken.

Die Süßkartoffeln in den Dämpfeinsatz setzen (falls nötig mehr Wasser zugießen) und zugedeckt in 7–8 Minuten weich dämpfen. Abgießen und zum Abkühlen beiseitestellen.

In einer großen Schüssel Senf, Apfelessig und Olivenöl verquirlen. Mit Meersalz abschmecken und den Estragon unterrühren.

Bohnen, Süßkartoffeln, Eier, Radieschen, Fenchel, Oliven, Avocado und Räucherforelle mischen. Mit dem Estragondressing beträufeln.

Wintergemüsesalat

Für 2 Portionen

Dieser herzhafte Wintersalat kann mit einer Fülle saisonaler Gemüse wie Knollensellerie, Steckrüben oder Brokkoli immer wieder neu erfunden werden. Was mir an diesem Salat besonders gut gefällt: Wir verwenden das Baconfett wieder, um den Geschmack geradezu explodieren zu lassen. Sie werden lächeln müssen bei so viel Bacongeschmack.

2 dicke Scheiben Weide-Bacon

1,25 kg Wintergemüse (Süßkartof-feln, Karotten, Pastinaken, Win-terkürbis und Rüben), geschält und in 2,5 cm dicke Stücke geschnitten

4 TL Bulletproof Brain Octane Oil (oder MCT- oder Kokosöl)

6 TL hochwertiges Olivenöl

1 EL fein gehackte Kräuter (z. B. Thymian, Rosmarin und Oregano)

Grobes Meersalz

½ kleiner Weißkohl (250 g), Strunk entfernt, längs in 2,5 cm dicke Streifen geschnitten

2 TL Apfelessig

2 EL gehackte rohe Mandeln

Den Backofen auf 160 °C vorheizen. Ein Backblech mit Backpapier auslegen.

Den Bacon auf dem Backblech verteilen und im Ofen ca. 10 Minuten backen, bis er gar, jedoch nicht gebräunt ist. Abkühlen lassen und in grobe Stücke schneiden, den Backofen eingeschaltet lassen.

Das Gemüse zum Baconfett auf das Backblech geben und mit Brain Octane Oil, 4 Teelöffeln Olivenöl und den Kräutern kurz mischen und mit Meersalz würzen. Das Gemüse im Ofen ca. 20 Minuten weich garen.

Dann den Kohl auf das Backblech dazugeben, alles kurz mischen und im Ofen noch ca. 30 Minuten weiterbacken, bis das ganze Gemüse zart ist – dabei hin und wieder mischen. Das Gemüse mit restlichem Olivenöl und Apfelessig beträufeln und mit Speck und Mandeln bestreuen. Warm oder bei Zimmertemperatur servieren.

Salat mit cremigem Dressing

Für 2 Portionen

Perfekt Bulletproof sind Sie bei diesem Rezept, wenn Sie das Ei eher etwas weicher kochen. Aber falls Sie sich wegen des Cholesterins keine Sorgen machen, funktioniert dieses Rezept auch gut mit hart gekochten Eiern. In beiden Fällen bekommt der peppige Rucolasalat einen hübschen Eiweißkick. Sie können auch Brunnenkresse oder Radicchio verwenden – was Ihnen am liebsten ist.

2 Freilandeier (Größe L), hart gekocht, gepellt und halbiert
2 EL Bulletproof-Mayonnaise (Seite 219)
1 Frühlingszwiebel, nur das Weiße, fein gehackt
2 EL Zitronensaft
2 TL hochwertiges Olivenöl
Grobes Meersalz
1 Römersalat, grob gehackt
2 Tassen Rucolablätter (50 g)
¼ Tasse ungeschälte Mandelblättchen (nach Belieben)

Die Eiweiße hacken, die Eigelbe fein reiben.

In einer kleinen Schüssel Mayonnaise, Frühlingszwiebel, Zitronensaft und Olivenöl verquirlen. Das Dressing mit Meersalz abschmecken.

In einer großen Schüssel den Römersalat, Rucola, Eiweiße und Eigelbe mit dem Dressing kurz mischen. Den Salat mit Mandeln bestreuen (falls verwendet) und servieren.

Abendessen

Hackbraten mit Bacon

Für 2 Portionen, es bleibt ein Rest

Dies ist eine Neuinterpretation des Hackbratens aus Mutters Küche, der ohne Panier-mehl oder sonstige Füllstoffe auskommt und dafür reichlich Gemüse sowie einen un-glaublichen Bacongeschmack in sich hat. **Tipp:** Wenn Sie vom Kochen noch Baconfett übrig haben, können Sie es hier mit verarbeiten.

- **1 Bund Frühlingszwiebeln, nur das Weiße und Hellgrüne, in dünne Ringe geschnitten**
- **2 Karotten, geschält und fein gehackt**
- **½ Bund Blattkohl, harte Rippen entfernt, Blätter fein gehackt (nach Belieben)**
- **1 kg Hackfleisch vom Weiderind**

- **4 Eiweiß von Freilandeiern (Größe L)**
- **1 Bund Frühlingszwiebeln, nur das Grüne, fein gehackt**
- **1 Tasse gehackter gekochter Weide-Bacon**
- **1 EL gemahlener Zimt**
- **2 TL gemahlenes Piment**
- **½ TL gemahlene Gewürznelken**
- **2 TL grobes Meersalz**

Den Backofen auf 165 °C vorheizen.

In einer mittelgroßen Pfanne Frühlingszwiebelringe und Karotten bei schwacher Hitze in 7 Minuten knackig-zart garen. Beiseitestellen.

Bei Verwendung von Blattkohl diesen in derselben Pfanne in 2 Minuten zusammen-fallen lassen.

In einer großen Schüssel die gegarten Frühlingszwiebeln, Karotten und Blattkohl (falls verwendet) mischen. Hackfleisch, Eiweiße, Frühlingszwiebelgrün, Bacon, Zimt, Piment, Gewürznelken und Meersalz dazugeben. Alles gründlich verkneten, zu einem Laib for-men und in eine ofenfeste 22 x 12 x 5 cm große Kastenform legen. Den Hackbraten im Ofen 35–40 Minuten garen. Vor dem Aufschneiden 10 Minuten in der Form ruhen lassen.

Eiweiß-Curry-Laib

Für 2 Portionen, es bleibt ein Rest

Dieses Rezept bietet eine gute Gelegenheit, übrige Eiweiße aufzubrauchen, wenn Sie für ein anderes Rezept wie meine Cremige Vanilleeiscreme (Seite 194) nur die Eigelbe benötigt haben. Bedenken Sie, dass Lauch zur Familie der Zwiebelgewächse gehört. Achten Sie daher auf die Menge, die Sie davon zu sich nehmen. In der Regel ist Lauch okay – auf jeden Fall ist davor weniger zu warnen als vor Knoblauch.

- **1 EL ungesalzene Weidebutter oder Ghee für die Backform**
- **1 Stange Lauch, geputzt, gründlich gewaschen und nur das Weiße und Hellgrüne in dünne Ringe geschnitten**
- **1 kleine Fenchelknolle, fein gehackt**
- **3 Stangen Sellerie, geputzt und in dünne Scheiben geschnitten**
- **1 Tasse Chinakohl, in dünne Streifen geschnitten**
- **3 Blätter Grünkohl, fein gehackt**
- **1 mittelgroße Zucchini, in dünne Scheiben geschnitten**
- **1 EL fein geriebener geschälter Ingwer**
- **6 Eiweiß von Freilandeiern (Größe L)**
- **1 TL getrockneter Thymian**
- **1 TL gemahlener Kreuzkümmel**
- **1 TL gemahlener Koriander**
- **1 TL gemahlene Kurkuma**
- **1 TL grobes Meersalz**
- **½ Tasse Kokosbutter, leicht zerlassen**

Den Backofen auf 160 °C vorheizen. Eine ofenfeste 22 x 12 x 5 cm große Kastenform mit Butter fetten.

In einem gusseisernen Schmortopf oder großen Topf Lauch, Fenchel, Sellerie, Chinakohl, Grünkohl, Zucchini und ½ Tasse Wasser bei mittlerer Hitze unter gelegentlichem Rühren 10 Minuten dünsten, bis das Gemüse etwas weich geworden ist. Dann in eine große Schüssel füllen und 5 Minuten abkühlen lassen.

Ingwer, Eiweiße, Thymian, Kreuzkümmel, Koriander, Kurkuma, Meersalz und Kokosbutter zum Gemüse geben und alles gut mischen. Alles zu einem Laib formen und die Mischung in die Form drücken. Den Laib im Ofen 55 Minuten backen, bis das Eiweiß gestockt ist und alles gar ist. Vor dem Aufschneiden 15 Minuten in der Form abkühlen lassen.

Lamm-Kreuzkümmel-Hackbraten

Für 2 Portionen, es bleibt ein Rest

Bei diesem Rezept bekommt mein Bulletproof-Lamm eine chinesische Note mit einem ordentlichen Kreuzkümmel-Kick. Nur wenige Menschen verwenden Kreuzkümmel regelmäßig, weil sie ihn zu wenig kennen. In New Mexico, wo ich aufgewachsen bin, haben wir viele Dinge mit Kreuzkümmel gewürzt, sogar Guacamole. Ich verwende ihn hier nicht nur wegen des Geschmacks, sondern auch für einen Hauch Nostalgie.

1 Stange Lauch, geputzt, gründlich gewaschen, nur das Weiße und Hellgrüne in dünne Ringe geschnitten

1 Pak Choi, nur die Stiele, in schmale Streifen geschnitten

3 mittelgroße Karotten, geschält und fein gehackt

4 Eiweiß von Freilandeiern (Größe L)

500 g Lammhackfleisch

1 TL Apfelessig

1 EL gemahlener Kreuzkümmel

1 TL Kreuzkümmelsamen

2 TL getrockneter Oregano

1 TL grobes Meersalz

Den Backofen auf 160 °C vorheizen.

In einem mittelgroßen Topf Lauch, Pak Choi, Karotten und 3 EL Wasser zugedeckt bei mittlerer Hitze in 10 Minuten weich kochen. Das Gemüse in eine große Schüssel füllen und 5 Minuten leicht abkühlen lassen.

Dann Eiweiße, Lammhackfleisch, Apfelessig, Kreuzkümmel (gemahlen und Samen), Oregano und Meersalz dazugeben und alles gründlich mischen. Zu einem Laib formen und in eine ofenfeste 22 x 12 x 5 cm große Kastenform drücken.

Den Hackbraten im Ofen 35–40 Minuten backen, bis er gar ist. Vor dem Aufschneiden 10 Minuten in der Form ruhen lassen.

Wildlachs-Dill-Laib

Für 2 Portionen, es bleibt ein Rest

Wenn es Ihnen so geht wie mir, haben Sie nicht immer die Zeit, um ein raffiniertes Essen zu kochen. Sie mischen stattdessen noch ein paar Zutaten unter Reste, um das nächste köstliche Essen zu erfinden. Dieses Rezept beruht auf einer solchen Lösung, hier hauchen Dill und Kokos dem Lachsrest neues Leben ein.

1 Stange Lauch, geputzt, gründlich gewaschen und nur das Weiße und Hellgrüne in dünne Ringe geschnitten

2 Tassen fein gehackter Rucola

1 Tasse fein gehackte Petersilie

2 TL getrockneter Dill

1 TL grobes Meersalz

6 Eiweiß von Freilandeiern (Größe L)

1 kg Wildlachs, gekocht, abgekühlt und in kleine Stücke zerpflückt (siehe Tipp)

Den Backofen auf 160 °C vorheizen.

In einer kleinen Pfanne bei mittlerer Hitze den Lauch 3 Minuten dünsten, bis er ein feines Aroma entfaltet. In eine große Schüssel füllen und etwas abkühlen lassen.

Rucola, Petersilie, Dill, Meersalz und Eiweiße dazugeben und alles gründlich mischen. Den Lachs vorsichtig unterheben. Alles zu einem Laib formen und in eine ofenfeste 22 x 12 x 5 cm große Kastenform legen. Den Laib im Ofen etwa 50 Minuten backen, bis das Ei gestockt und alles gar ist. Vor dem Aufschneiden in der Form kurz abkühlen lassen.

Tipp:
Wenn Sie unsicher sind, welchen Wildlachs oder Fisch generell man bedenkenlos einkaufen kann, sollten Sie auf das Siegel des Marine Stewardship Council (MSC) für nachhaltige Fischerei achten.

Geschmorter Lachs indische Art

Für 2 Portionen, es bleibt ein Rest

Seit ich Bulletproof geworden bin, denke ich überhaupt nicht mehr an Brot und Gluten. Was ich aber immer geliebt habe, war das mit Schwarzkümmelsamen gewürzte Naan-Brot von Amber India im Silicon Valley. Hier nun meine Version dieser herrlichen indischen Geschmacksrichtung. Sie bekommen Schwarzkümmelsamen in türkischen Lebensmittelläden ebenso wie im Reformhaus und Bioladen.

- **1 Stange Lauch, geputzt, gründlich gewaschen und in dünne Ringe geschnitten (nach Belieben)**
- **2 Stangen Sellerie, geputzt und in dünne Scheiben geschnitten**
- **2 Karotten, geschält und fein gehackt**
- **5 Stangen Babyspargel, geputzt und fein gehackt**
- **1 Dose Kokosmilch (400 ml), gut geschüttelt**
- **1 Pak Choi, Strunk entfernt, gehackt**

- **4 Wildlachsfilets (à 85 g, siehe Tipp Seite 94)**
- **½ TL Kreuzkümmelsamen**
- **½ TL Fenchelsamen**
- **½ TL schwarze Senfsamen**
- **½ TL Bockshornkleesamen**
- **½ TL Schwarzkümmelsamen**
- **1 TL grobes Meersalz**
- **½ Tasse Kokosöl**
- **1 EL Bulletproof Brain Octane Oil (oder MCT- oder Kokosöl)**

In einem mittelgroßen Topf Lauch (falls verwendet), Sellerie, Karotten und Spargel unter Rühren 4 Minuten weich dünsten.

Dann Kokosmilch, Pak Choi, Lachs, Kreuzkümmel-, Fenchel-, Senf-, Bockshornklee-, Schwarzkümmelsamen und Meersalz dazugeben. Alles zugedeckt 10 Minuten köcheln lassen, bis das Gemüse weich und der Fisch durch ist.

Auf Tellern anrichten und mit Kokosöl und Brain Octane Oil beträufeln.

Perfekt in Pergament gebackener Lachs

Für 2 Portionen

Lachs ist ein perfektes Superfood, wenn Sie ihn richtig zubereiten. Wird er zu lange gegart, ist er nicht »bueno«. Bei diesem Rezept gibt es kein Rätselraten, hier bekommen Sie garantiert Ihre Omega 3-Fettsäuren. Sie können ersatzweise auch jeden anderen Bulletproof-Fisch verwenden – bedenken Sie nur, dass die Garzeit von der Dicke des Fisches abhängt. Probieren Sie den Fisch einmal in Kombination mit dem Karotten-Kraut-Salat (Seite 138) oder dem sanft gebratenen Rübstiel (Seite 145).

2 Mittelstücke Wildlachsfilet (à 250 g)
1 TL Bulletproof Brain Octane Oil (oder MCT- oder Kokosöl)
Grobes Meersalz
1 EL ungesalzene Weidebutter
1 EL fein gehackte Kräuter (z. B. Schnittlauch, Petersilie oder Dill)
Unbehandelte Zitronenspalten zum Servieren

Den Backofen auf 160 °C vorheizen.

Den Lachs auf einem Backblech auf ein Stück Backpapier legen. Die Filets mit Brain Octane Oil einreiben, salzen und mit der Butter in Flöckchen belegen. Das Papier fest um den Fisch wickeln, damit kein Dampf entweichen kann.

Den Fisch im Ofen 18 Minuten »à point« backen. Zum Servieren mit den Kräutern bestreuen und mit Zitronensaft beträufeln.

Gegrillter Lachs mit Zucchini

Für 2 Portionen

Jahrelang war Grillen meine Standardmethode für die Zubereitung von Lachs, dadurch kann er aber entzündungsfördernd werden. Der Trick besteht darin, den Fisch nicht verkohlen zu lassen und zu verhindern, dass das Fett auf die heiße Glut tropft. Also sanfter grillen und das Feuer entsprechend niedrig halten.

500 g Zucchini, in 1,5 cm dicke Scheiben geschnitten
2 EL plus 2 TL Bulletproof Brain Octane Oil (oder MCT- oder Kokosöl)
2 TL fein gehackter Oregano
4 EL Zitronensaft
4 TL hochwertiges Olivenöl

Grobes Meersalz
2 Wildlachsfilets mit Haut (à 250 g, siehe Tipp Seite 94), Haut leicht eingeritzt
4 TL fein gehackte Kräuter (z. B. Schnittlauch, Petersilie oder Oregano)

Eine Grillpfanne bei mittlerer Hitze erwärmen (oder den Holzkohlegrill entsprechend vorheizen).

In einer Schüssel mittlerer Größe die Zucchini kurz mit 2 Esslöffeln Brain Octane Oil mischen. Portionsweise jeweils 6–8 Minuten leicht knackig-zart grillen, die Hitze oder das Grillfeuer auf niedrige Stufe reduzieren und die Zucchini nach der Hälfte der Zeit wenden. Die Grillpfanne beiseitestellen (bzw. den Grill anlassen). Die Zucchini mit Oregano bestreuen, mit 2 Esslöffeln Zitronensaft und Olivenöl beträufeln und salzen. Beiseitestellen.

Bei Verwendung einer Grillpfanne, diese bei mittlerer Hitze erwärmen. Den Lachs mit dem restlichen Öl einreiben und salzen. Den Lachs auf der Hautseite 6 Minuten in der Pfanne grillen, dabei die Hitze bei Bedarf auf mittelschwach reduzieren, sodass die Haut nicht verkohlt. Die Filets vorsichtig wenden und noch weitere 3 Minuten grillen, bis der Lachs »à point« ist.

Den Fisch mit den Kräutern garnieren und mit dem übrigen Zitronensaft beträufeln. Salzen und mit den Zucchini servieren.

Lachs mit Brunnenkressesauce und Bohnen

Für 2 Portionen

Ein einfaches Rezept, das sich gut vorbereiten lässt und dank der cremigen Bulletproof-Mayonnaise lecker schmeckt. Macht satt ohne großen Aufwand. Falls von der Brunnenkressesauce etwas übrig bleibt, können Sie sie als Grundlage für die gefüllten Eier auf Seite 82 verwenden.

2 Wildlachsfilets ohne Haut (à 250 g, siehe Tipp Seite 94)
1 EL ungesalzene Weidebutter
1 Bund Brunnenkresse
⅓ Tasse Basilikumblätter, gut zusammengedrückt
½ Tasse Bulletproof-Mayonnaise (Seite 219)
2 ½ TL Zitronensaft
Grobes Meersalz
250 g grüne Bohnen
1 EL Bulletproof Brain Octane Oil (oder MCT- oder Kokosöl)

Lachs und Butter in einen mittelgroßen Topf geben und so viel Wasser dazugießen, dass der Lachs knapp bedeckt ist. Zugedeckt bei mittlerer Hitze zum Köcheln bringen, dann 12 Minuten köcheln lassen, bis der Lachs gar ist. Den Lachs mit einem Schaumlöffel herausnehmen und auf einen Teller legen. Das Wasser aus dem Topf abgießen und den Topf beiseitestellen. Den Lachs ca. 1 Stunde im Kühlschrank abkühlen lassen.

Eine große Schüssel mit Eiswasser bereitstellen. In den beiseitegestellten Topf ¼ Tasse Wasser füllen und zugedeckt bei mittlerer Hitze zum Köcheln bringen. Die Brunnenkresse darin zugedeckt 1 Minute zusammenfallen lassen, dann im Eiswasser kalt abschrecken. Die Brunnenkresse in ein Sieb abgießen, dabei das Wasser gut ausdrücken, und grob hacken.

In einem Mixer Brunnenkresse, Basilikum und Mayonnaise glatt pürieren. 1 Teelöffel Zitronensaft hinzufügen und die Sauce mit Meersalz abschmecken.

Im Topf 1 Tasse Wasser zugedeckt bei mittlerer Hitze zum Köcheln bringen und die grünen Bohnen darin zugedeckt in 2–3 Minuten weich garen. Dann abgießen und mit Öl, restlichem Zitronensaft und Meersalz kurz mischen. Den kalten Lachs mit Sauce und Bohnen servieren.

Seehecht-Lachs-Frikadellen

Für 2 Portionen

Diese Frikadellen sind wahnsinnig lecker. Durch das süße Reismehl explodiert der cremige Fischgeschmack im Mund geradezu. Reste eignen sich außerdem noch für ein wunderbares Mittagessen – dazu die Frikadellen einfach im Backofen zugedeckt 6–8 Minuten bei 160 °C aufwärmen. Mit etwas Rucola, Avocadoscheiben mit Brain Octane Oil und mit Zitronensaft beträufelt servieren – oder mit dem Karotten-Kraut-Salat von Seite 138.

1 Freilandei (Größe L)

1 EL Zitronensaft

1 EL Dijon-Senf

Grobes Meersalz

2 EL Olivenöl

1 EL Bulletproof Brain Octane Oil (oder MCT- oder Kokosöl)

250 g Wildlachsfilet ohne Haut, in 5 mm große Würfel geschnitten (siehe Tipp Seite 94)

250 g Seehechtfilet ohne Haut, in 5 mm große Würfel geschnitten

¼ Tasse fein gehackte Petersilie

¼ Tasse süßes Reismehl (Mehl aus Rundkorn- oder Klebreis)

2 TL Ghee

Einen Teller mit Backpapier auslegen und beiseitestellen.

In der Küchenmaschine Ei, Zitronensaft, Senf und 1 Prise Meersalz kurz pürieren, dabei beide Ölsorten langsam dazutröpfeln lassen. Dann die Hälfte von Lachs und Seehecht dazugeben und alles mit der Intervallschaltung zu einer groben Paste verarbeiten. Die restlichen Fischwürfel und die Petersilie mit einem Teigspatel unterheben, zuletzt das Reismehl unterrühren.

Aus der Masse mit angefeuchteten Händen 4 Frikadellen (7,5 x 2 cm groß) formen. Die Frikadellen auf den Teller legen und ca. 1 Stunde im Kühlschrank kalt und fest werden lassen.

Anschließend den Backofen auf 160 °C vorheizen.

In einer großen ofenfesten Pfanne das Ghee bei mittlerer Hitze zerlassen. Die Fischfrikadellen darin 8 Minuten braten, bis sie außen fest sind, dabei nach der Hälfte der Zeit wenden. Die Pfanne in den Backofen stellen und die Frikadellen darin noch 10 Minuten backen. Herausnehmen und je 2 Stück auf einen Teller setzen.

Seehecht in Pergament mit Salsa verde

Für 2 Portionen

Sowohl Seehecht als auch Kabeljau eignen sich für dieses Rezept gut – Sie können diese Salsa verde aber für jeden Bulletproof-Fisch Ihrer Wahl verwenden. Im Gegensatz zur üblichen Salsa verde aus Mexiko, die meist Tomatillos enthält, kommt diese Version ohne jegliches Nachtschattengewächs aus.

2 Seehecht- oder Kabeljaufilets (à 250 g)
Grobes Meersalz
1 EL ungesalzene Weidebutter, in kleine Stücke geschnitten
2 unbehandelte Zitronenscheiben (jeweils 5 mm dick)
1 Fenchelknolle (250–300 g), geputzt, Strunk entfernt und in
dünne Scheiben geschnitten
1 Rezept Salsa verde (Seite 217)

Den Backofen auf 160 °C vorheizen. Ein Backblech mit Backpapier auslegen.

Die Filets auf das Papier legen, salzen und mit den Butterstückchen belegen. Auf jedes Filet 1 Zitronenscheibe setzen. Die Filets fest in das Papier wickeln, sodass kein Dampf entweichen kann. Dann im Ofen je nach Dicke 20–25 Minuten backen, bis der Fisch durch ist.

Die Fenchelscheiben mit 2 Esslöffeln Salsa verde kurz mischen. Den Fenchel und die restliche Salsa verde zu den Filets servieren.

Kabeljau mit Tapenade und Butterspargel

Für 2 Portionen

Tapenade gehört zu den Dingen, die Sie vielleicht als luxuriös betrachten – bei einer fettreichen Ernährung bildet sie jedoch eine eigene Lebensmittelgruppe. Sie ist nicht teuer und ganz einfach herzustellen. Die Kombination aus Ghee, Öl und Oliven in der Tapenade ergänzt den Fisch hervorragend und gibt mir das Gefühl, eine Pizza zu essen.

¼ Tasse Ghee oder ungesalzene Weidebutter
1 Bund Spargel, geputzt und geschält
Grobes Meersalz
1 TL abgeriebene unbehandelte Zitronenschale
2 Kabeljaufilets aus Wildfang (à 170–220 g, siehe Tipp Seite 94)
½ TL Zitronensaft
½ Tasse Tapenade (Seite 218)

Das Ghee in einer großen Pfanne mit Deckel bei mittlerer Hitze zerlassen. Den Spargel darin zugedeckt unter gelegentlichem Wenden in 8–10 Minuten weich garen. Den Spargel auf einen Teller legen, nach Geschmack salzen und mit der Zitronenschale kurz mischen.

Die Pfanne wieder auf den Herd stellen und auf schwache Hitze herunterschalten. Den Kabeljau salzen und in der Pfanne zugedeckt 12 Minuten vorsichtig braten, bis er durch ist.

Den Fisch mit Zitronensaft beträufeln und mit der Tapenade und dem Spargel servieren.

Tipp:
Die Garzeit von Spargel hängt von der Dicke ab, dünnere Stangen sind schneller weich als dicke.

Seezunge mit Selleriepüree und grünen Bohnen

Für 2 Portionen

Als ich mich ein gutes Jahr lang vegan ernährte, wurde ich ein Experte für Gemüsepürees. Nachdem dieser Ernährungsstil nicht die erwünschten Ergebnisse lieferte, wurde ich Bulletproof, behielt jedoch meine Fertigkeiten bezüglich Pürees bei und konnte Geschmacksrichtungen erzielen, mit denen Mutter Natur nicht mithalten kann.

4 große Stangen Sellerie, geputzt und in 5 cm große Stücke geschnitten

1 kleine Stange Lauch, geputzt, gründlich gewaschen und geviertelt

Grobes Meersalz

2 EL ungesalzene Weidebutter

2 TL Bulletproof Brain Octane Oil (oder MCT- oder Kokosöl)

125 g grüne Bohnen

2 Seezungenfilets (à 250 g)

1 EL fein gehackter Schnittlauch

2 TL grob gehackter Estragon

In einem mittelgroßen Topf 1 Tasse Wasser zugedeckt bei mittlerer Hitze zum Köcheln bringen. Den Sellerie darin 3 Minuten zugedeckt köcheln lassen. Dann Lauch und 1 Prise Meersalz dazugeben und alles noch 2 Minuten zugedeckt weiterköcheln lassen, bis das Gemüse weich ist. Den Topf beiseitestellen, Sellerie und Lauch mit ½ Tasse Kochsud, 1 Esslöffel Butter und 1 Teelöffel Öl in einen Mixer geben und alles glatt pürieren. Mit Meersalz abschmecken und beiseitestellen.

In den Topf 1 Tasse Wasser gießen und zugedeckt zum Köcheln bringen. Die Bohnen darin in 3–4 Minuten knackig-zart kochen. Abgießen und beiseitestellen.

In einer großen Pfanne die übrige Butter mit dem restlichen Öl bei schwacher Hitze zerlassen. Die Seezunge darin schwenken, um den Fisch mit der Butter-Öl-Mischung zu überziehen. Dann zugedeckt bei mittlerer Hitze in 5–6 Minuten fertig garen – dabei die Hitze weiter reduzieren, falls der Fisch zu bräunen anfängt, und ihn nach der Hälfte der Garzeit mit Butter-Öl-Mischung bestreichen. Mit Meersalz würzen.

Zum Servieren das Selleriepüree in Schalen verteilen und Seezunge und Bohnen darauf anrichten. Den Fisch mit der restlichen Butter-Öl-Mischung beträufeln und mit Schnittlauch und Estragon bestreuen.

Flunder mit Safransauce

Für 2 Portionen

Safran war einmal eines der wertvollsten und teuersten Gewürze der Welt. Heute ist es problemlos erhältlich und auch etwas erschwinglicher, wenn auch immer noch teurer. Bei Safran handelt es sich um die Blütenstempel einer Pflanze mit antioxidativen Eigenschaften und Carotinoiden wie Lycopin. Einige Wissenschaftler untersuchen sogar mögliche Antikrebs-Eigenschaften von Safran.

4 kleine Zucchini (500 g), in 1,5 cm dicke Scheiben geschnitten

2 Flunderfilets (à 250 g)

2 EL Bulletproof Brain Octane Oil (oder MCT- oder Kokosöl)

Grobes Meersalz

6 EL ungesalzene kalte Weidebutter

6 unbehandelte Limettenscheiben (5 mm dick)

¼ Tasse gehackter Lauch, nur das Weiße

¼ Teelöffel Safran, zerstoßen

2 Kaffir-Limettenblätter

2 EL Limettensaft

2 EL Apfelessig

Den Backofen auf 160 °C vorheizen.

Eine 20 x 20 cm große Auflaufform (2 l Inhalt) mit den Zucchinischeiben auslegen und die Fischfilets darauflegen. Mit Öl beträufeln, salzen und mit 2 Esslöffeln Butter und den Limettenscheiben belegen. Den Fisch im Ofen zugedeckt 20–25 Minuten backen, bis er gar ist.

Inzwischen in einem kleinen Topf Lauch, Safran, Limettenblätter und -saft sowie Apfelessig mischen. Bei schwacher Hitze unter gelegentlichem Rühren 5–6 Minuten dünsten, bis der Lauch weich ist und die Flüssigkeit auf ca. 2 Esslöffel eingekocht ist. Den Topf vom Herd nehmen und die restliche Butter in zwei Portionen unterrühren. Die Limettenblätter herausnehmen und die Sauce mit Meersalz abschmecken.

Fisch und Zucchini mit der Safransauce servieren.

Jakobsmuscheln auf Mangoldbett

Für 2 Portionen

Lassen Sie den Cayennepfeffer weg, falls Sie empfindlich auf Nitrate reagieren. Sie können auch einmal das Ganze in Bananenblätter wickeln, um für eine exotische Note zu sorgen und ein Feuerwerk an Geschmack zu entzünden. Die doppelte Menge lässt sich problemlos auf einem größeren Backblech zubereiten. Ich empfehle dazu ein Steckrüben-Sellerie-Püree (Seite 132).

- 1 Bund Mangold (ca. 350 g), dicke Stielenden gekappt, in dünne Scheiben geschnitten
- 2 Frühlingszwiebeln, quer halbiert und längs in lange, dünne Streifen geschnitten
- 500 g Jakobsmuscheln, Sehne entfernt, trocken getupft (nicht waschen)
- 2 EL Bulletproof Brain Octane Oil (oder MCT- oder Kokosöl)

- 3 EL ungesalzene Weidebutter oder Koriander-Limetten-Butter (Seite 215), in 1,5 cm große Würfel geschnitten
- 4 Zitronenfilets, klein geschnitten (ca. 1½ EL, siehe Tipp)
- 1 TL grobes Meersalz (oder nach Geschmack)
- 1 Prise Cayennepfeffer (nach Belieben)
- 4 TL hochwertiges Olivenöl

Den Backofen auf 160 °C vorheizen. Auf ein Backblech mit Rand zwei Stücke Backpapier legen, die doppelt so groß sind wie das Backblech. Jedes Blatt Papier mit derselben Menge Mangold, Frühlingszwiebeln und Jakobsmuscheln belegen. Öl und Butter jeweils darauf verteilen und mit Zitronenstücken belegen. Mit Meersalz und Cayennepfeffer (falls verwendet) bestreuen.

Die Jakobsmuscheln und den Mangold fest in das Papier wickeln, sodass kein Dampf entweichen kann. Dann im Ofen 15–20 Minuten backen, bis die Jakobsmuscheln »à point« sind und der Mangold zusammengefallen und zart ist. Jedes Päckchen vorsichtig öffnen (auf den entweichenden Dampf achten!), mit Olivenöl beträufeln und servieren.

Tipp:

So filetiert man Zitrusfrüchte: Die Enden der Frucht oben und unten abschneiden. Mit einem scharfen Messer von der gesamten Frucht die Schale inklusive der weißen Haut entfernen, dabei das Fruchtfleisch intakt lassen. Zwischen die Trennhäute schneiden und die Filets über einer Schüssel herauslösen, dabei den Saft auffangen.

Forellen mit Wirsing und Bacon

Für 2 Portionen

»Surf and Turf« bezeichnet normalerweise ein Gericht aus Hummer und Steak – Fisch und Fleisch lassen sich jedoch auf ganz viele schmackhafte Arten kombinieren. Hier werten die Beilage aus Bacon und Wirsing den feinen Geschmack der Forelle auf, ohne ihn zu überlagern.

2 dicke Scheiben Weide-Bacon (85 g), in 5 mm dicke Streifen geschnitten

6 Tassen in 1,5 cm breite Streifen geschnittener Wirsing

2 Zweige Thymian plus

2 TL Thymianblätter

3 EL ungesalzene Weidebutter, klein geschnitten

1 EL Apfelessig

Grobes Meersalz

2 Forellen (à 250 g)

½ Frühlingszwiebel, gewürfelt (nach Belieben)

6 unbehandelte Zitronenscheiben (3 mm dick), plus Zitronensaft nach Geschmack, zum Servieren

2 TL Bulletproof Brain Octane Oil (oder MCT- oder Kokosöl)

Den Backofen auf 160 °C vorheizen.

In einer großen ofenfesten Pfanne mit hohem Rand und Deckel den Bacon bei mittlerer Hitze unter gelegentlichem Rühren 5 Minuten braten, bis er gar, aber nicht gebräunt ist. Wirsing, Thymianzweige und ¼ Tasse Wasser dazugeben und alles zugedeckt unter gelegentlichem Rühren 8–10 Minuten garen, bis der Wirsing weich ist. 1 Esslöffel Butter und den Apfelessig unterrühren. Den Thymian herausnehmen und alles mit Meersalz würzen. Wirsing und Bacon in eine Schüssel füllen und warm stellen. Die Pfanne auswischen und beiseitestellen.

Beide Fische mit jeweils 1 Esslöffel Butter, 1 Teelöffel Thymianblättchen, Frühlingszwiebelwürfeln (falls verwendet) füllen und salzen. In jede Forelle 3 Zitronenscheiben legen und die Fische zusammenklappen.

Die Fische mit Öl einreiben, in die Pfanne legen und im Ofen zugedeckt 18–20 Minuten backen, bis das Fleisch fest und nicht mehr durchsichtig ist. Mit Zitronensaft und Meersalz abschmecken und mit Wirsing und Bacon servieren.

Räucherforelle mit »nicht gebratenem« Bratreis

Für 2 Portionen, es bleibt ein Rest

Ich kann es immer kaum glauben, dass ich bei diesem Gericht Gemüse mit hochwertigem Eiweiß esse – weil der Blumenkohl so viel besser als normaler Reis ist.

- **1 Blumenkohl (ca. 650 g), in 5 cm große Röschen zerteilt**
- **2 Freilandeier (Größe L)**
- **Grobes Meersalz (nach Geschmack)**
- **1 EL Ghee**
- **1 EL Bulletproof Brain Octane Oil (oder MCT- oder Kokosöl)**
- **1 Frühlingszwiebel, weiße und dunkelgrüne Teile getrennt, in dünne Ringe geschnitten**
- **1 EL fein gehackter geschälter Ingwer**
- **¾ TL gemahlener Koriander**
- **½ Tasse geriebene Karotten (ca. 2 kleine Karotten)**
- **1 Stange Sellerie, geputzt und in 3 mm dicke Scheiben geschnitten (ca. ½ Tasse)**
- **70 g Räucherforelle, zerpflückt**
- **½ TL Limettensaft**

In einer Küchenmaschine den Blumenkohl (falls nötig portionsweise) mit Intervallschaltung zu gleichmäßig kleinen Körnern verarbeiten.

In einer kleinen Schüssel die Eier leicht mit Meersalz verquirlen.

In einer großen Pfanne das Ghee bei mittlerer Hitze erwärmen. Die verquirlten Eier in die Pfanne geben und diese in alle Richtungen kippen, damit sich die Eiermasse gleichmäßig darin verteilt. Den Herd auf mittelschwache Hitze herunterschalten und die Eiermasse 1–2 Minuten stocken lassen. Das Omelett auf einen Teller gleiten lassen und in dünne Streifen schneiden.

Die Pfanne auswischen, bei mittlerer Hitze wieder erhitzen und Öl, weiße Frühlingszwiebelringe und Ingwer dazugeben. Alles 30 Sekunden andünsten, bis sich ein feines Aroma entwickelt. Koriander, Karotten, Sellerie, Blumenkohlstückchen und 3 Esslöffel Wasser hinzufügen und alles unter Rühren 6 Minuten garen, bis das Gemüse knackigzart ist. Räucherforelle, Limettensaft, Omelettstreifen und grüne Frühlingszwiebelringe unterrühren. Mit Meersalz abschmecken.

Geschmortes Kalamata-Rindfleisch

Für 2 Portionen, es bleibt ein Rest

Mit einem zarten Stück Fleisch ist dieses Gericht im Handumdrehen zubereitet. Sie können aber auch – mit einem ebenso erfreulichen Resultat – ein zäheres Stück Fleisch nehmen und es einfach länger schmoren lassen.

1 Bund Frühlingszwiebeln, nur weiße und hellgrüne Teile, in dünne Ringe geschnitten

1 Brokkoli, Stiele geschält und fein gehackt, Röschen in 2,5 cm große Stücke geschnitten

5 cm Ingwer, geschält und in dünne Scheiben geschnitten

1 unbehandelte Orange

500 g Rinderlende vom Weiderind, in dünne Scheiben geschnitten

½ Tasse Kalamata-Oliven, entsteint

1 Karotte, geschält und grob gehackt

1 TL Apfelessig

1 EL getrockneter Oregano

1 Lorbeerblatt

1 TL grobes Meersalz

1 EL fein gehackte Petersilie

½ Tasse Ghee oder ungesalzene Weidebutter

1 EL Bulletproof Brain Octane Oil (oder MCT- oder Kokosöl)

1 EL Sesamöl

In einem gusseisernen Schmortopf oder großen Topf weiße Frühlingszwiebelringe, Brokkolistiele und Ingwer bei schwacher Hitze 5 Minuten andünsten, bis sich ein feines Aroma entwickelt.

Inzwischen die Orange waschen, einige dünne Schalenstreifen abziehen und beiseitestellen. Dann die Orange schälen und filetieren (siehe Seite 104).

Brokkoliröschen, Orangenfilets, Rindfleisch, Oliven, Karotte, ½ Tasse Wasser, Apfelessig, Oregano, Lorbeerblatt und Meersalz zum Gemüse dazugeben. Alles zugedeckt mindestens 10 Minuten schmoren lassen, bis das Fleisch zart und das Gemüse knackig-zart ist. Zum Servieren grüne Frühlingszwiebelringe, Orangenschale, Petersilie, Ghee, Brain Octane Oil und Sesamöl unterrühren.

Geschmortes Lammchili ohne Chili

Für 2 Portionen, es bleibt ein Rest

Sie würden staunen, wie viele Menschen auf Nachtschattengewächse empfindlich reagieren. Dieses Rezept eliminiert alle Zutaten, die Ihrem Tag die Qualität rauben können. Anstelle von Pfeffer kommt eine hochwertige Würzmischung hinein.

1 Stange Lauch, geputzt, gründlich gewaschen und in dünne Ringe geschnitten

2 Karotten, geschält und fein gehackt

4 Stangen Sellerie, geputzt und in dünne Scheiben geschnitten

½ Tasse in dünne Scheiben geschnittener Spargel

1 Tasse gehackter Blumenkohl

1 Tasse gehackte Zucchini und/ oder Sommerkürbis

500 g Hackfleisch vom Weidelamm

1 TL Apfelessig

1 TL Koriandersamen

1 TL Kreuzkümmelsamen

1 TL Pimentbeeren

1 TL gemahlener Annatto (Achote, aus dem Onlinehandel)

1 EL getrockneter Oregano

1 Lorbeerblatt

1 TL grobes Meersalz

¼ Tasse Kokosöl

1 EL Bulletproof Brain Octane Oil (oder MCT- oder Kokosöl)

Hochwertiges Olivenöl zum Beträufeln

In einem mittelgroßen Topf Lauch, Karotten und Sellerie bei mittlerer Hitze 3 Minuten anbraten, bis sich ein feines Aroma entwickelt und der Lauch weich ist. Dann 2 Tassen Wasser, Spargel, Blumenkohl, Zucchini, Lammhackfleisch, Apfelessig, Gewürze, Oregano, Lorbeerblatt und Meersalz dazugeben und alles zugedeckt ca. 10 Minuten kochen, bis das Lammhackfleisch gar und das Gemüse zart ist. Zuletzt Kokosöl und Brain Octane Oil unterrühren und das Chili mit etwas Olivenöl beträufeln.

Chili mit Rindfleisch

Für 2 Portionen, es bleibt ein Rest

Ich bin in New Mexico aufgewachsen, wo Chili anders zubereitet wurde als in anderen Regionen. Diese Version ist ein Chili nach Texas-Art, ich verwende jedoch Butternut-Kürbis, was erstaunlich schmeckt. Probieren Sie dieses Gericht mit einer Avocadoscheibe und etwas Limettensaft. Reste ergeben ein wunderbares Mittagessen, serviert mit einer gebackenen Süßkartoffel. Achten Sie nur darauf, hochwertiges Chilipulver und Cayennepfeffer zu verwenden, falls Sie sich dafür entscheiden. Und sollten Sie zu den Menschen gehören, für die Koriandergrün wie Seife schmeckt: Lassen Sie es einfach weg.

¾ TL Bulletproof Brain Octane Oil (oder MCT- oder Kokosöl)

2 dicke Scheiben Weide-Bacon, in 6 mm dicke Streifen geschnitten

1 kleine Karotte, geschält und fein gehackt

½ Tasse gehackter Lauch

500 g Hackfleisch vom Weiderind

1 TL gemahlener Kreuzkümmel

1 TL gemahlener Koriander

1¼ TL Chilipulver oder Cayennepfeffer (nach Belieben)

1 TL gemahlener Zimt

1 Lorbeerblatt

Grobes Meersalz

2 Tassen geschälter und gewürfelter Butternut-Kürbis

¼ Tasse grob gehacktes Koriandergrün

In einem mittelgroßen Topf Öl und Bacon bei mittlerer Hitze erwärmen. Unter häufigem Rühren den Bacon 2 Minuten anbraten, bis er fest, aber gar ist – dabei darauf achten, dass er nicht verkohlt. Karotte und Lauch dazugeben und 1 Minute unter Rühren mitbraten. Dann Hackfleisch, Kreuzkümmel, Koriander, Chilipulver (falls verwendet), Zimt, Lorbeerblatt und 1 gute Prise Meersalz hinzufügen. Das Hackfleisch in ca. 3 Minuten krümelig und goldgelb garen.

1¼ Tassen Wasser dazugießen und zum Köcheln bringen. Dann alles zugedeckt bei schwacher Hitze noch 20 Minuten köcheln lassen. Den Kürbis dazugeben und alles 8–10 Minuten weitergaren, bis der Kürbis weich ist. Zum Servieren das Lorbeerblatt entfernen, das Chili mit Meersalz würzen und mit Koriandergrün garniert servieren.

Schweinesteak mit Kokos-Relish

Für 2 Portionen, es bleibt ein Rest

Jahrelang habe ich Schweinefleisch gemieden, weil ich es irgendwie für schlecht oder ungesund hielt. Dabei ist die Qualität des Schweinefleisches entscheidend. Flanksteak vom Weideschwein ist ein Fleischstück voller Geschmack, das man beim Metzger oder auf einem Bauernmarkt bekommt, wo Schweinebauch angeboten wird. Leichtes Grillen ist eine gute Option, da die Steaks dünn sind und daher keine Gefahr besteht, sie zu verkohlen. Somit sind sie zugleich schmackhaft und frei von Toxinen.

1 Frühlingszwiebel, sehr fein gehackt

¼ Tasse fein gehackter Basilikum

¼ Tasse fein gehacktes Koriandergrün

1 EL fein gehackter Oregano

½ TL gemahlener Kreuzkümmel

1 TL geriebener geschälter Ingwer

2 EL ungesüßte Kokosraspel, am besten frisch gerieben

2 EL hochwertiges Olivenöl

3 EL Bulletproof Brain Octane Oil (oder MCT- oder Kokosöl)

2 EL Apfelessig

Grobes Meersalz

4 Flanksteaks vom Weideschwein

  (à 100 g, Bavette, ggf. beim Metzger vorbestellen)

Eine Grillpfanne mittelstark erhitzen (oder den Holzkohlegrill entsprechend vorheizen). Für das Relish in einer kleinen Schüssel Frühlingszwiebel, Basilikum, Koriander, Oregano, Kreuzkümmel, Ingwer, Kokosraspel, Olivenöl, 2 Esslöffel Brain Octane Oil, Apfelessig und 1 Teelöffel Meersalz mischen.

Die Steaks mit dem restlichen Brain Octane Oil einreiben und mit Meersalz bestreuen. Die Steaks auf den Grill legen, die Hitze auf mittelschwach reduzieren und das Fleisch kurz grillen – dabei darauf achten, dass es nicht verkohlt. (Grillzeit: von jeder Seite 4–5 Minuten, wenn es »englisch« sein soll; von jeder 5–6 Minuten, wenn Sie es »à point« bevorzugen.)

Die Steaks auf ein Schneidbrett legen, 5 Minuten ruhen lassen und anschließend gegen die Faser dünn aufschneiden. Das Relish auf den Steaks anrichten und servieren.

Geschmorte Rippchen mit Ingwer

Für 2 Portionen, es bleibt ein Rest

Falls Sie zuvor eine fettarme Diät befolgt haben, dürften Sie mit ziemlicher Wahrscheinlichkeit sehnsüchtig auf Rippchen gestarrt und gedacht haben, Sie würden nie mehr ihre zarte Saftigkeit genießen. Dieses Rezept macht es jedoch möglich. Karotten, die reich an Beta-Carotin und Ballaststoffen sind, dienen als Grundlage für die Barbecue-Sauce – daher ist sie nicht nur köstlich, sondern weist auch eine hohe Nährstoffdichte auf.

850 g Baby Back Ribs vom Weideschwein
   (Kotelettrippchen, ggf. beim Metzger vorbestellen)
¼ Tasse gehackter Lauch, nur das Weiße
5 kleine Karotten, geschält, im Ganzen
7,5 cm Ingwer, geschält und gedrittelt
1 Zweig Oregano
3 EL Apfelessig
3 EL Birkenzucker (Xylitol)
Grobes Meersalz

Den Backofen auf 150 °C vorheizen.

Die Rippchen mit 1½ Tassen Wasser, Lauch, Karotten, Ingwer und Oregano in eine 23 x 33 cm große Backform legen. Mit Alufolie abdecken und im Ofen 1 Stunde 30 Minuten bis 1 Stunde 45 Minuten backen, bis Karotten und Rippchen weich sind. Die Rippchen herausnehmen, den Ofen eingeschaltet lassen.

Den Oregano entfernen, die Rippchen beiseitestellen. Karotten, Ingwer, Lauch und Schmorflüssigkeit in die Küchenmaschine oder einen Mixer füllen und glatt pürieren. Die Sauce mit Apfelessig und Birkenzucker mischen und mit Meersalz abschmecken. Rippchen und Sauce wieder in die Backform geben, dabei rundum mit Sauce überziehen. Die Rippchen mit Alufolie abdecken und im Ofen nochmals 30–40 Minuten garen, bis sie weich sind, wenn man mit einem Messer hineinsticht, und bis die Sauce eingedickt ist. Dabei nach der Hälfte der Garzeit die Rippchen mit Sauce begießen. Die Rippchen aufschneiden und mit der Sauce servieren.

Hanger-Steak mit Kräuterbutter

Für 2 Portionen

Mir hat schon immer gefallen, wie schnell und praktisch dieses Gericht ist, das sich als Mittag- oder Abendessen eignet. Sie können der Einfachheit halber auch Strip Steak (vom hohen Roastbeef) nehmen oder die Kräuterbutter auf einem Rib-Eye-Steak anrichten.

- 1 Hanger-Steak (500 g, Onglet, Kronfleisch; ggf. beim Metzger vorbestellen)
- 1 EL Bulletproof Brain Octane Oil (oder MCT- oder Kokosöl)
- 1 unbehandelte Zitrone
- 4 EL ungesalzene zimmerwarme Weidebutter (60 g)
- 1 EL fein gehackter Schnittlauch
- 2 EL fein gehackte Kräuter (z. B. Oregano, Thymian oder Rosmarin)
- Grobes Meersalz
- 3 Tassen Spinatblätter (ca. 80 g)

Das Steak mit dem Öl einreiben und beiseitestellen.

2 Teelöffel Zitronenschale abreiben. Die Zitrone halbieren und in Viertel schneiden. 1 Teelöffel Saft auspressen und die restlichen Zitronenviertel beiseitestellen.

In einer kleinen Schüssel Zitronenschale, Butter, Schnittlauch, Kräuter und 1 Teelöffel Meersalz gründlich mischen. Den Zitronensaft unter die Kräuterbutter rühren.

Eine Grillpfanne bei mittlerer Hitze erwärmen (oder den Holzkohlegrill entsprechend vorheizen). Die Steaks salzen, auf den Grill legen und die Hitze auf mittelschwach reduzieren. Das Fleisch grillen, dabei darauf achten, dass es nicht verkohlt. (Grillzeit: von jeder Seite 5–6 Minuten, wenn es »englisch« sein soll; von jeder Seite 6–7 Minuten, wenn Sie es »à point« bevorzugen.) Das Steak auf einen Teller legen und mit 2 ½ Esslöffeln Kräuterbutter belegen (restliche Kräuterbutter anderweitig verwenden), anschließend 5 Minuten ruhen lassen. Das Steak gegen die Faser dünn aufschneiden und mit Spinat servieren, angerichtet mit dem Bratsaft und 1 Spritzer Zitronensaft.

Schweinebaucheintopf mit Koriander

Für 2 Portionen

Ehrlich, vor zehn Jahren wusste ich noch nichts über Schweinebauch. Nachdem ich ihn einmal kennengelernt hatte, war ich von dem Unterschied zwischen diesem Schweineprodukt und Bacon überwältigt. Servieren Sie ihn am besten mit Karotten-Süßkartoffel-Püree (Seite 143) oder Blumenkohl-»Couscous« (Seite 133).

2 TL Bulletproof Brain Octane Oil (oder MCT- oder Kokosöl)
500 g Schweinebauch vom Weideschwein, in 2,5 cm große Stücke geschnitten
1 kleine Stange Lauch, geputzt, gründlich gewaschen und nur das Weiße und Hellgrüne in 1,5 cm große Stücke geschnitten (ca. 1 Tasse)

1 EL fein gehackter geschälter Ingwer
2 TL Oreganoblätter
½ Tasse Apfelessig
½ Tasse Kokosmilch aus der Dose, gut geschüttelt
2 Lorbeerblätter, am besten frisch
¾ TL grobes Meersalz
1 Bund Koriandergrün (70 g), Blätter abgezupft

In einem Topf mittlerer Größe das Öl bei mittlerer Hitze zerlassen. Den Schweinebauch darin ca. 10 Minuten vorsichtig anbraten, dabei alle 2 Minuten wenden, bis er etwas Farbe angenommen hat.

Lauch, Ingwer, Oregano, Apfelessig, Kokosmilch, Lorbeerblätter und Meersalz dazugeben. Die Mischung kurz aufköcheln lassen und zugedeckt 45–50 Minuten köcheln, bis das Fleisch weich ist, wenn man mit einem Messer hineinsticht. Dann 10 Minuten abkühlen lassen, das Fett oben abschöpfen und 2 Esslöffel Fett für die Sauce beiseitestellen (Reste anderweitig verwenden, kühl aufbewahren).

Den Schweinebauch mit einem Schaumlöffel auf einen Teller heben. Die Lorbeerblätter entfernen und den Schmorsud mit Lauch in einen Mixer füllen. Koriandergrün und die 2 Esslöffel abgenommenes Fett dazugeben und alles zu einer grünen Sauce pürieren.

Zum Servieren die Koriandersauce über dem Fleisch verteilen.

Schweinekoteletts mit Kräuterkruste und Löwenzahn

Für 2 Portionen

Falls Sie noch nie Löwenzahn gegessen haben, weil es ein Unkraut ist, sind Sie nicht alleine. Wenn Sie jedoch welchen finden, probieren Sie ihn. Ja, die Blätter sind bitter, aber sie bilden geschmacklich ein gutes Gegengewicht zum üppigen Fettprofil der Schweinekoteletts. Zudem enthalten sie viel Beta-Carotin, B-Vitamine und Kalium.

Je 1 EL fein gehackte Petersilie, Oregano, Salbei und Thymian
Grobes Meersalz
2 Schweinekoteletts mit Knochen vom Weideschwein (1,5 cm dick, à 170–220 g)

1 TL Bulletproof Brain Octane Oil (oder MCT- oder Kokosöl)
1½ EL ungesalzene Weidebutter
1 Bund Löwenzahnblätter, geputzt, gewaschen und grob gehackt

In einer kleinen Schüssel die Kräuter mit 1 Teelöffel Meersalz mischen. Die Schweinekoteletts von beiden Seiten in der Kräutermischung wenden.

Eine schwere Gusseisenpfanne bei mittlerer Hitze erwärmen und das Öl und die Koteletts dazugeben. Die Hitze reduzieren, falls das Risiko besteht, dass das Fleisch verkohlt. Die Koteletts von jeder Seite 4–5 Minuten golden, aber nicht braun braten. Die Pfanne vom Herd nehmen, die Butter hinzufügen und zerlassen. Die Koteletts in der Butter rundum wenden, auf einen Teller legen und warm halten.

Die Löwenzahnblätter in die Pfanne geben und darin 2 Minuten dünsten, dabei einmal durchmischen. Mit Meersalz abschmecken und zu den Koteletts servieren.

Lammragout mit Safran und Ingwer

Für 2 Portionen, es bleibt ein Rest

In meiner Kindheit gab es nur zu wenigen Gelegenheiten Lammfleisch. Heute kaufe ich direkt vom Züchter ein ganzes Lamm. Ich weiß, dass es zart und aromatisch ist und keinerlei Bockgeschmack aufweist. Schmoren ist eine sehr gute Bulletproof-Methode, bei der alle Nährstoffe erhalten bleiben – Sie müssen nur darauf achten, das Fleisch langsam und bei schwacher Hitze zu schmoren, um es nicht zu verkochen.

- **1 EL plus 1 TL Ghee**
- **1 kg Lammschulter vom Weidelamm, in 2,5 cm große Stücke geschnitten**
- **3 Kardamomkapseln**
- **7,5 cm Ingwer, geschält und fein gehackt**
- **1 Prise Safran, zerstoßen**
- **1 TL gemahlene Kurkuma**
- **1 Zimtstange**
- **2 ½ Tassen Rinderbrühe oder Upgraded Knochenbrühe (Seite 161)**
- **Grobes Meersalz**
- **4 Karotten, geschält und in 1,5 cm große Stücke geschnitten**
- **1 EL abgeriebene unbehandelte Orangenschale, Koriandergrünblätter und 1 TL unerhitzter Honig (nach Belieben), zum Servieren**

Den Backofen auf 160 °C vorheizen.

In einem großen ofenfesten Topf das Ghee bei mittlerer Hitze zerlassen. Das Lammfleisch darin 8 Minuten von allen Seiten andünsten. Kardamom, Ingwer, Safran, Kurkuma, Zimt und Brühe dazugeben und salzen. Das Lammfleisch zugedeckt im Ofen etwa 1 Stunde 20 Minuten schmoren, bis es weitgehend weich ist.

Dann die Karotten hinzufügen und alles noch 15–20 Minuten schmoren. Lamm und Karotten servieren und mit Orangenschale, Koriandergrün und Honig (falls verwendet) garnieren.

Lamm mit Kreuzkümmel und Sumach

Für 2 Portionen

Kreuzkümmel mag einigen nicht sehr bekannt sein, aber hier sticht er heraus und kann glänzen. Sie werden erstaunt sein, wie das Gewürz geschmacklich durchkommt und das Lammaroma aufwertet. Am besten Blumenkohl-»Couscous« dazu servieren (Seite 133).

500 g Lammkeule oder Lammschulter ohne Knochen vom Weidelamm, in 4 cm große Stücke geschnitten

3 TL Bulletproof Brain Octane Oil (oder MCT- oder Kokosöl)

Je ½ TL gemahlener Kreuzkümmel, Gewürzsumach und Piment

Je 1 EL fein gehackte Koriandergrün, Oregano und Minze

1 TL grobes Meersalz

In einer mittelgroßen Schüssel das Lammfleisch mit 2 Teelöffeln Öl, Kreuzkümmel, Gewürzsumach, Piment, Koriandergrün, Oregano, Minze und Meersalz gründlich mischen. Zugedeckt 1 bis 4 Stunden kühl stellen.

Dann in einer großen Pfanne das restliche Öl bei mittlerer Hitze erwärmen. Das Lammfleisch darin unter häufigem Wenden 7–8 Minuten von allen Seiten »à point« anbräunen, aber nicht verkohlen lassen.

Tipp:
Sie können die Lammfleischstücke auch auf Spieße stecken und grillen, ohne es verkohlen zu lassen. Bei mittlerer Hitze 8–9 Minuten »à point« grillen, dabei gelegentlich wenden.

Enten-Confit

Für 2 Portionen

Als ich in den 1990er-Jahren das erste Mal nach Frankreich kam, wusste ich nicht, was Enten-Confit ist. Ich probierte es und wurde geradezu süchtig danach. Es ist natürlich vollgepackt mit Entenfett und schmeckt daher erstaunlich, dabei hat es ein besseres Gesundheitsprofil als Hähnchenfleisch. Die beste Wahl sind Freilandenten, die frei von Antibiotika sind. Unbedingt restliches gefiltertes Entenschmalz aufheben, es eignet sich wunderbar für das Karotten-Süßkartoffel-Püree (Seite 143).

2 Entenkeulen oder -brüste (von einer ca. 2,5 kg schweren Freilandente)
1½ TL grobes Meersalz
1 EL Thymianblätter
2 TL Oreganoblätter
4 Tassen Entenschmalz

Den Backofen auf 150 °C vorheizen.

Falls Sie Entenbrüste verwenden, diese auf der Hautseite mehrmals einschneiden. Salz, Thymian und Oregano in einer kleinen Schüssel mischen und das Entenfleisch mit dem Kräutersalz einreiben. Zugedeckt 8 Stunden kühl stellen.

Dann in einem kleinen Topf das Entenschmalz bei schwacher Hitze zerlassen. So viel Kräutersalz wie möglich vom Entenfleisch abkratzen. Das Fleisch in das Schmalz legen und darin zugedeckt bei schwacher Hitze weich garen (Garzeit Entenbrüste ca. 1 Stunde, Entenkeulen ca. 1 Stunde 30 Minuten). Anschließend vom Herd nehmen und abkühlen lassen. Das Entenfleisch hält sich im Kühlschrank bis zu einem Monat, wenn es komplett von dem gefilterten Schmalz bedeckt ist.

Um das Fleisch zu essen, wird es aus dem Schmalz genommen und bei 160 °C im Backofen 10–12 Minuten aufgewärmt, bis es durch und durch warm ist und die Haut leicht golden schimmert.

Tipp:
Das Schmalz lässt sich gut aufbewahren und bis zu 3 Monate einfrieren.

Winterkürbis-Süßkartoffel-»Risotto«

Für 2 Portionen

Wenn Sie an eine kohlenhydratreiche Ernährung gewöhnt sind, lieben Sie sicher die cremige Konsistenz eines Risottos. Bei dieser Version, die ersatzweise Süßkartoffeln verwendet, genießen Sie dasselbe Gefühl mit einem etwas anderen Geschmack. Essen Sie dazu Schweinekoteletts mit Kräuterkruste (Seite 114) oder ein Steak – und Sie werden sich fühlen wie im Himmel. Damit es möglichst ähnlich wie ein Risotto aussieht, würfeln Sie Kürbis und Kartoffeln sehr fein und reduzieren die Garzeit.

1 EL Ghee oder ungesalzene Weidebutter
1 EL Bulletproof Brain Octane Oil (oder MCT- oder Kokosöl)
1 kleine Stange Lauch, geputzt, gründlich gewaschen und nur das Weiße fein gehackt (nach Belieben)

2½ Tassen gewürfelter (1 cm groß) Butternut-Kürbis
2½ Tassen gewürfelte (1 cm groß) Süßkartoffeln
1 TL Thymianblätter
1 TL Oreganoblätter
1 Tasse Upgraded Knochenbrühe (Seite 161)
Grobes Meersalz

In einem mittelgroßen Topf Ghee und Öl bei mittlerer Hitze zerlassen. Lauch (falls verwendet) darin 1 Minute unter Rühren andünsten, aber nicht anbräunen. Kürbis, Süßkartoffeln und Kräuter dazugeben und gut mischen.

Die Brühe dazugießen, alles salzen und unter gelegentlichem Rühren 18–20 Minuten leicht köcheln lassen, bis die Süßkartoffeln weich sind und der Kürbis zart ist. Das Risotto mit Meersalz abschmecken und warm servieren.

Bulletproof-Ceviche

Für 1 Portion

Dieses Gericht lässt sich auch problemlos mit anderen quecksilberfreien Bulletproof-Fischarten aus Wildfang zubereiten – probieren Sie es beispielsweise mit Flunder. Wenn Sie die Ceviche nach dem Mittagessen zubereiten, mariniert der Fisch lange genug bis zum Abendessen. Genießen Sie Ceviche mit Brunnenkresse oder Rucola, beträufelt mit Limettensaft und Brain Octane Oil.

250 g Lachsfilet, ohne Gräten und ohne Haut, in 1,5 cm große Würfel geschnitten (siehe Tipp Seite 94)

2 EL Limettensaft

1 TL hochwertiges Olivenöl

1 TL Bulletproof Brain Octane Oil (oder MCT- oder Kokosöl)

½ Avocado, entsteint, geschält, in 1,5 cm große Würfel geschnitten

1 Frühlingszwiebel, in dünne Ringe geschnitten

1 EL Koriandergrünblätter, plus etwas mehr zum Garnieren

Grobes Meersalz

In einer mittelgroßen Schüssel den Fisch mit Limettensaft und beiden Ölsorten mischen. Avocado, Frühlingszwiebel und Koriandergrün unterheben und gründlich mischen. Nach Geschmack salzen.

Die Ceviche mindestens 2 Stunden im Kühlschrank marinieren lassen – dabei alle 15 Minuten umrühren, um den Limettensaft gut zu verteilen. Eine längere Marinierzeit ist gut, solange der Fisch im Kühlschrank steht. Mit Koriandergrün garniert genießen.

Warmer Lamm-Kichererbsen-Salat

Für 2 Portionen, es bleibt ein Rest

Aus dem gewürzten Lammhackfleisch lassen sich auch leckere Fleischbällchen zubereiten: Dazu einfach 1 großes Ei unter die Hackmasse mischen, daraus Fleischbällchen formen und im vorgeheizten Ofen bei 160 °C garen.

1 TL gemahlener Kreuzkümmel
½ TL gemahlener Zimt
½ TL gemahlenes Piment
1 TL fein gehackter Oregano
1 Frühlingszwiebel, fein gehackt
500 g Lammhackfleisch
⅓ Tasse fein gehackte Kräuter
(z. B. Petersilie, Minze und/oder Koriandergrün)
Grobes Meersalz

Abgeriebene Schale von 1 unbehandelten Zitrone
1 EL Zitronensaft
1 EL hochwertiges Olivenöl
2 EL Bulletproof Brain Octane Oil (oder MCT- oder Kokosöl)
2 Tassen gekochte Kichererbsen
Einige Radicchioblätter zum Servieren

In einer großen Schüssel Kreuzkümmel, Zimt, Piment, Oregano, Frühlingszwiebel, Lammhackfleisch, Kräuter und 1 Teelöffel Meersalz mischen. Mit sauberen Händen alles gut verkneten und die Lammmasse im Kühlschrank 1 Stunde durchziehen lassen.

In einer weiteren Schüssel Zitronenschale und -saft, Olivenöl und 1 Esslöffel Brain Octane Oil mischen. Die Kichererbsen dazugeben, untermischen und alles nach Geschmack salzen.

In einer großen Pfanne das restliche Brain Octane Oil bei mittlerer Hitze erwärmen. Das Lammhackfleisch darin 5 Minuten krümelig gar dünsten, ohne es anzubräunen.

Das Lammhackfleisch in die Schüssel zu den Kichererbsen geben und alles gut mischen. Sofort mit Radicchioblättern servieren.

Bulletproof-Rinderlendenbraten mit Rosenkohl

Für 2–4 Portionen

Für dieses Rezept brauchen Sie einen Niedrigtemperaturgarer, der eigentlich auf der »Suspekt«-Liste steht, weil die Gerichte damit vielfach zu lange gekocht werden. Bei richtiger Verwendung – wie hier auf der niedrigsten Stufe – ist er jedoch ein großartiges Kochgerät, das ich bei vielen Bulletproof-Gerichten für eine unaufwendige Zubereitung empfehle.

Für den Braten

**500 g Lenden- oder Sirloin-Steak
  vom Weiderind**
2 EL grobes Meersalz
1 EL gemahlene Kurkuma
1 TL getrockneter Oregano
**2 EL Bulletproof Brain Octane Oil
  (oder MCT- oder Kokosöl)**
3 EL ungesalzene Weidebutter
1½ EL Apfelessig

Für den Rosenkohl

**500 g Rosenkohl, geputzt und
  Köpfchen halbiert**
2 EL ungesalzene Weidebutter
2 TL feines Meersalz
2 TL gemahlene Kurkuma

Für den Braten das Fleisch mit Salz, Kurkuma und Oregano einreiben, in den Niedrigtemperaturgarer legen und mit dem Öl begießen. Die Butter dazugeben und das Fleisch im Ofen zugedeckt 6–8 Stunden langsam garen, bis es sich gut zerkleinern lässt. Sobald das Fleisch fertig ist, den Apfelessig dazugießen.

Für den Rosenkohl den Backofen auf 150 °C vorheizen.

Den Rosenkohl auf einem Backblech verteilen und mit Butterflöckchen belegen. Mit Salz und Kurkuma bestreuen und im Ofen 30–45 Minuten backen, bis der Rosenkohl gabelzart ist.

Das Fleisch mit dem Rosenkohl servieren.

Truthahn-Burger »All-in-One«

Für 4 Burger

Essen Sie Ihre gesamte Geflügelration an ein oder zwei Tagen in der Woche, wenn Sie im Erhaltungsmodus sind. In diesen Burgern sind Eiweiß, Gemüse und eine Menge gesättigter Fettsäuren verpackt. Dazu passt der Karotten-Kraut-Salat (Seite 138) oder geschmorter Römersalat und Chicorée (Seite 150).

750 g dunkles Hackfleisch vom Freilandtruthahn
2 dicke Scheiben Weide-Bacon, in 5 mm große Würfel geschnitten
½ Tasse fein gehacktes Koriandergrün
1 Frühlingszwiebel, fein gehackt
½ Tasse geraspelte Zucchini
1 Eigelb vom Freilandei (Größe L)

2¼ TL fein gehackter Thymian
1 TL gemahlener Kreuzkümmel
½ TL gemahlenes Piment
½ TL gemahlener Ingwer
1 EL hochwertiges Olivenöl
2 EL Bulletproof Brain Octane Oil (oder MCT- oder Kokosöl)
1 TL grobes Meersalz

Den Backofen auf 165 °C vorheizen. Ein Backblech mit Backpapier auslegen.

In einer großen Schüssel Hackfleisch, Bacon, Koriander, Frühlingszwiebel, Zucchini, Eigelb, Thymian, Kreuzkümmel, Piment, Ingwer, Olivenöl, 1 Esslöffel Brain Octane Oil und Meersalz gründlich verkneten.

Aus der Masse mit angefeuchteten Händen 4 Burger formen und auf das Backblech legen. Mit dem restlichen Öl beträufeln und im Ofen 35–40 Minuten backen, bis die Burger durch sind (Kerntemperatur 75 °C).

Bulletproof-Hähnchen

Für 2 Portionen, es bleibt ein Rest

Geflügelfett enthält viele Omega-6-Fettsäuren, essen Sie also höchstens ein oder zwei Mal pro Woche Geflügel. Und achten Sie darauf, dass es aus regionaler Freilandhaltung stammt, damit Sie kein Huhn aus GVO-Fütterung erwischen. Bei der Vorbereitung der Kräuter und Gemüse für dieses Huhn können Sie alle Stiele und Schalen für eine Brühe aufheben. Ich bewahre sie in der Tiefkühltruhe auf, um sie gleich zur Hand zu haben, falls ich mal schnell eine Brühe brauche.

3 EL zimmerwarmes Ghee
¼ Tasse Petersilienblätter
10 Salbeiblätter, fein gehackt (ca. 1½ EL)
1 EL fein gehackter Schnittlauch
1 EL fein gehackter Oregano
1 EL Thymianblätter
2 TL abgeriebene unbehandelte Zitronenschale

Grobes Meersalz
4 mittelgroße Karotten, geschält und in 4–5 cm lange Stücke geschnitten
1½ TL Bulletproof Brain Octane Oil (oder MCT- oder Kokosöl)
1 ganzes Bio-Freilandhuhn (1,7 kg)
5 cm Lauch, geputzt, gründlich gewaschen und halbiert

Den Backofen auf 165 °C vorheizen.

In einer kleinen Schüssel Ghee, Kräuter, Zitronenschale und 1 Teelöffel Meersalz verrühren. 1 Esslöffel Kräuterghee zum Bestreichen beiseitestellen.

In einem gusseisernen Topf die Karotten mit ½ Teelöffel Brain Octane Oil mischen. Die Hälfte des Kräuterghee in Flöckchen darüber verteilen.

Das Hähnchen trocken tupfen und die Haut um die Brust und die Schenkel etwas ablösen. Den Rest des Kräuterghees unter der Haut von Brust und Schenkeln verteilen. Die Flügelspitzen unter die Hähnchenschenkel stecken und den Lauch in die Bauchhöhle des Huhns füllen. Die Schenkel mit Küchengarn binden. Das Hähnchen außen mit dem restlichen Öl einreiben und mit Meersalz bestreuen.

Das Hähnchen mit der Brustseite nach oben auf die Karotten in den gusseisernen Topf legen und ohne Deckel im Ofen 1 Stunde braten. Dann das Hähnchen mit dem beiseitegestellten Esslöffel Kräuterghee bestreichen und noch 35–40 Minuten weiter braten, bis die Kerntemperatur 75 °C beträgt und klarer Saft herausläuft, wenn man mit einem Messer in die dickste Stelle der Keule sticht. Das Hähnchen vor dem Zerlegen 15 Minuten ruhen lassen.

Kokosmilch-Makrele mit eingelegten Karotten

Für 2 Portionen

Die Atlantische Makrele ist reich an Omega-3-Fettsäuren und enthält weniger Quecksilber als die Königsmakrele oder die Spanische Makrele. Bei dieser Zubereitung gart man fast die ganze Zeit auf der Hautseite, sodass die Nährstoffe im Fisch erhalten bleiben, ohne dass er verkohlt – er köchelt leicht in Currykokosmilch. Die eingelegten Karotten lassen sich schon vorher zubereiten. Anstatt die Makrele wie hier in der Pfanne zu schmoren, können Sie sie auch einfach grillen (nur darauf achten, sie leicht zu grillen und weder die Haut noch das Fleisch zu verkohlen).

⅓ **Tasse Apfelessig**
2 EL Erythritol (Zuckerersatz)
2 EL in feine Streifen geschnittener
  geschälter Ingwer
3 Pimentbeeren
Grobes Meersalz
2 Karotten, geschält und in
  7,5 cm lange, dünne Streifen
  geschnitten
2 TL Bulletproof Brain Octane Oil
  (oder MCT- oder Kokosöl)

2 Makrelenfilets (à ca. 170 g),
  die Haut eingeschnitten
½ **Tasse Kokosmilch aus der Dose,**
  gut geschüttelt
1 TL Bulletproof-Currypulver
  (Seite 216)
3 Tassen Spinatblätter, in schmale
  Streifen geschnitten
1 TL Limettensaft
Koriandergrünblätter, zum
  Servieren

In einem kleinen Topf Apfelessig, Erythritol, Ingwer, Piment und 1½ Teelöffel Meersalz mischen und bei mittlerer Hitze zum Köcheln bringen. 2 Minuten köcheln lassen, bis Salz und Erythritol sich aufgelöst haben.

Die Karotten dazugeben und die Temperatur auf schwache Hitze herunterschalten. Die Karotten zugedeckt 8–10 Minuten garen, bis sie knackig-zart sind. Dann beiseitestellen, dabei Piment entfernen.

In einer großen Pfanne das Öl bei mittlerer Hitze erwärmen. Die Makrelenfilets mit der Hautseite nach unten hineinlegen und die Hitze sofort auf mittelschwach reduzieren. Die Filets 10 Minuten vorsichtig schmoren, bis sich die Haut vom Pfannenboden löst und die Filets unten nicht mehr durchsichtig sind. Den Fisch salzen und wenden.

Kokosmilch und Curry dazugeben und leicht verquirlen. Den Spinat hinzufügen und zugedeckt ca. 3 Minuten dünsten, bis er zusammenfällt. Die Makrele soll dann durchgegart und die Sauce etwas eingekocht sein.

Zuletzt mit Limettensaft und Meersalz abschmecken. Mit Karotten und Koriandergrünblättern servieren.

Esskastanienklößchen mit Rucola und Kürbis

Für 2 Portionen

Beim Umgang mit dem Teig und dem Reismehl ist eine flinke Hand der Schlüssel zum Erfolg. Eine großartige Mahlzeit, wenn Sie wieder anfangen, Kohlenhydrate zu essen.

3 EL ungesalzene Weidebutter
150 g vorgegarte Bio-Esskastanien
(vakuumverpackt)
2 EL Bulletproof Brain Octane Oil
(oder MCT- oder Kokosöl)
Grobes Meersalz
2 Freilandeier (Größe L)
1 Prise Cayennepfeffer
(nach Belieben)

12 EL süßes Reismehl (Mehl aus
Rundkorn- oder Klebreis), plus
mehr zum Bestäuben
230 g Butternut-Kürbis, geschält,
entkernt und in 6 mm dicke
Spalten geschnitten
1–2 TL Zitronensaft
1 Tasse Rucolablätter
Unbehandelte Zitronenspalten,
zum Servieren

Einen großen Topf Wasser aufkochen.

In einem mittelgroßen Topf die Butter zerlassen und beiseitestellen.

In der Küchenmaschine die Esskastanien, 6 EL Wasser, Öl und ½ Teelöffel Meersalz mischen und glatt pürieren. ½ Tasse davon in eine große Schüssel füllen (das restliche Püree anderweitig verwenden).

Eier und Cayennepfeffer (falls verwendet) zur Esskastanienmischung geben und unterrühren. Mit einem Holzlöffel das Reismehl esslöffelweise unterrühren, bis ein klebriger Teig entsteht. Mit einem weiteren Esslöffel Mehl leicht bestäuben und die Masse zu zwei 30 cm langen Würsten rollen. Dann die Würste quer in 2,5 cm lange Klößchen schneiden.

Das kochende Wasser salzen und den Kürbis dazugeben. Die Hitze so reduzieren, dass das Wasser noch köchelt, und den Kürbis 5–7 Minuten weich kochen. Den Kürbis mit einem Schaumlöffel herausnehmen und beiseitestellen, den Topf mit dem Wasser auf dem Herd lassen.

Das Wasser wieder aufkochen und die Klößchen darin 2–3 Minuten garen, bis sie an die Oberfläche steigen. Mit einem Schaumlöffel herausnehmen, in den Topf mit der zerlassenen Butter geben und darin bei mittlerer Hitze vorsichtig erwärmen. Den Zitronensaft dazugeben und die Klößchen darin schwenken.

Den Kürbis mit dem Rucola anrichten und mit den Klößchen belegen. Mit Zitronenspalten zum Beträufeln servieren.

Gefüllte Süßkartoffel

Für 1 Portion

Diese Süßkartoffel wird von einer Beilage zur Hauptspeise aufgewertet, wenn Sie dazu ein Bulletproof-Fleisch Ihrer Wahl essen. Wählen Sie etwas von dem dünn aufgeschnittenen Schweinebauch (Seite 113) oder gehackten Bacon oder zerkleinertes Enten-Confit (Seite 117). Falls Sie die Ente wählen, können Sie die Butter durch 2 Teelöffel zerlassenes Entenschmalz ersetzen. Am besten mit einem Blattsalat mit Bulletproof-Dressing nach Wahl servieren.

1 Süßkartoffel, gewaschen und mehrmals mit einem Messer eingeschnitten

2 TL ungesalzene Weidebutter oder Koriander-Limetten-Butter (Seite 215)

¼ Tasse gehacktes oder zerkleinertes Bulletproof-Fleisch nach Wahl

2 TL fein gehackte Kräuter (z. B. Oregano, Schnittlauch, Petersilie oder Koriandergrün)

Grobes Meersalz

Den Backofen auf 165 °C vorheizen.

Die Süßkartoffel in Alufolie wickeln und auf ein Backblech legen. Im Ofen 1 Stunde bis 1 Stunde 15 Minuten backen, bis sie weich ist, wenn man mit der Gabel hineinsticht.

Die Süßkartoffel auswickeln und oben längs einschneiden. Die Seiten nach außen klappen, den Boden intakt lassen. Mit Butter und dem Bulletproof-Fleisch Ihrer Wahl belegen. Mit Kräutern und Meersalz bestreuen.

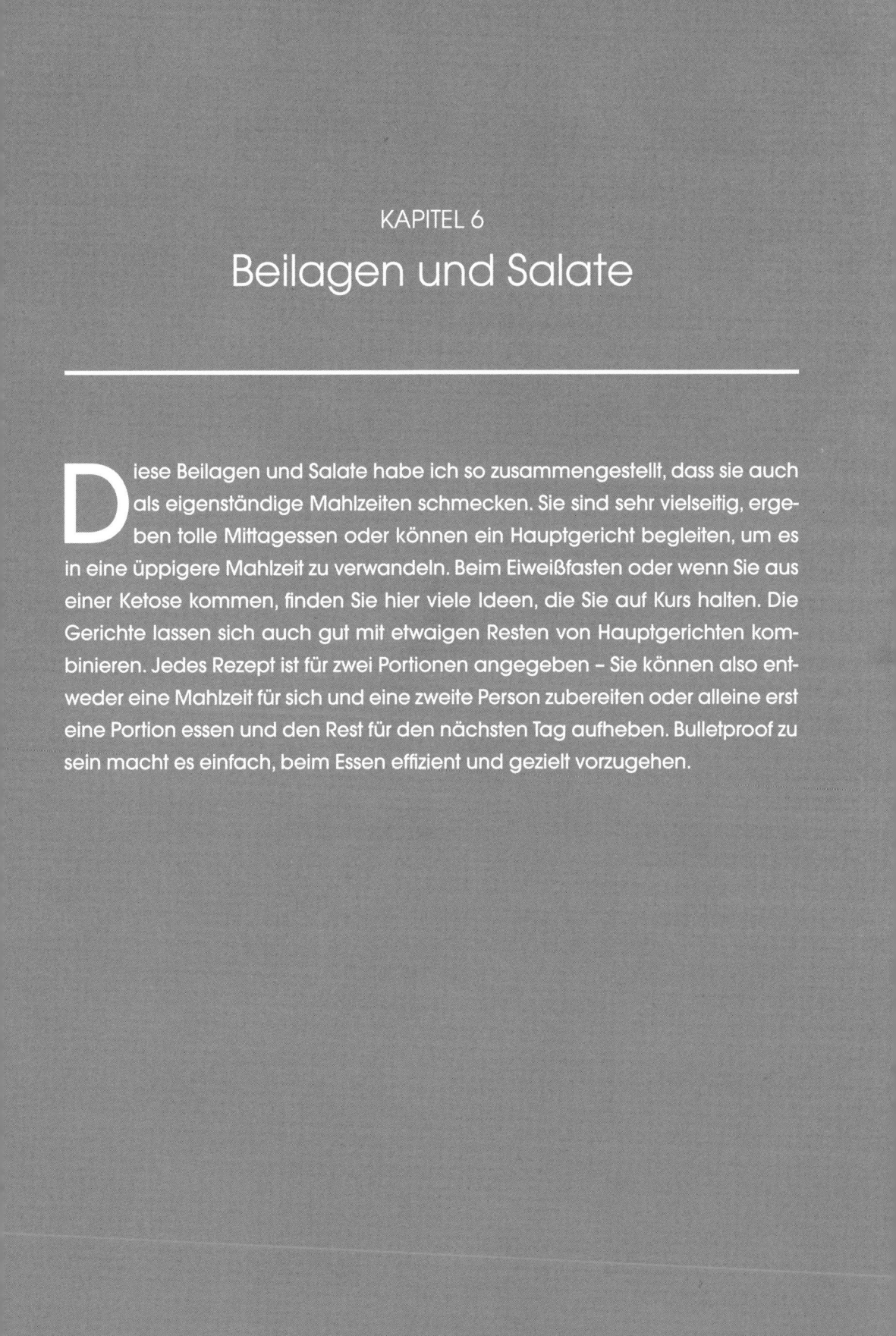

KAPITEL 6
Beilagen und Salate

Diese Beilagen und Salate habe ich so zusammengestellt, dass sie auch als eigenständige Mahlzeiten schmecken. Sie sind sehr vielseitig, ergeben tolle Mittagessen oder können ein Hauptgericht begleiten, um es in eine üppigere Mahlzeit zu verwandeln. Beim Eiweißfasten oder wenn Sie aus einer Ketose kommen, finden Sie hier viele Ideen, die Sie auf Kurs halten. Die Gerichte lassen sich auch gut mit etwaigen Resten von Hauptgerichten kombinieren. Jedes Rezept ist für zwei Portionen angegeben – Sie können also entweder eine Mahlzeit für sich und eine zweite Person zubereiten oder alleine erst eine Portion essen und den Rest für den nächsten Tag aufheben. Bulletproof zu sein macht es einfach, beim Essen effizient und gezielt vorzugehen.

Zu meinen Lieblingskombinationen gehören das Blumenkohlsteak mit Curry (Seite 129) und der Kokosrahmspinat (Seite 130) – ein wunderbares Hauptgericht mit wenig Eiweiß. Auch die Radieschen mit Grün (Seite 131) und das Steckrüben-Sellerie-Püree (Seite 132) sind eine super Kombination – die Cremigkeit des Pürees gleicht den etwas bitteren Geschmack der Radieschen aus.

Wundern Sie sich nicht, in diesem Kapitel ein »Couscous« zu finden – es handelt sich um einen getreidefreien Hack, der sich auf die vielseitige Konsistenz von Blumenkohl stützt. Der Blumenkohl-»Couscous« (Seite 133) ergibt zusammen mit dem Brokkoli mit Tapenade und Bacon (Seite 146) eine mit Nährstoffen vollgepackte Kombination: Beides sind Kreuzblütlergemüse (Blütengemüse mit kreuzförmigen Blüten, botanisch auch unter der Bezeichnung *Brassicaceae* bekannt), die sich gut auf einem Teller vertragen. Ich häufe den Brokkoli dabei gerne auf den Couscous. Ein weiteres Gemüse, das wunderbar sowohl zum Blumenkohlsteak als auch zum Couscous passt, ist der Würzige Ofenfenchel (Seite 135). Sie können die marinierten Artischocken aus dem Rezept Artischocken mit Lachs und Vinaigrette (Seite 139) gern mit einer anderen Beilage oder einem Salat kombinieren, weil es eine kleine Portion ist. Ich wollte lediglich die Kosten für frische Artischocken im Blick behalten, daher ist dies eine der leichteren Beilagen. Jede Mahlzeit und jede Beilage ist so konzipiert, dass sie für mehrere Mahlzeiten reicht – daher ist die Zeit gut investiert und Ihr Arbeitsaufwand wird belohnt. Werden Sie kreativ und kombinieren Sie die Beilagen mit den Hauptgerichten für mittags und abends, mit anderen Beilagen und Salaten und sogar mit warmen Smoothies – um leckere Bulletproof-Mahlzeiten zu genießen, die nie langweilig werden.

Salat mit Radicchio, Chicorée und Pastinaken | 84

Salade Niçoise mit Räucherforelle | 87

Eiweiß-Curry-Laib | 92

Flunder mit Safransauce | 103,
mit Grünkohl mit Butter | 141

Jakobsmuscheln auf Mangoldbett | 104,
mit Steckrüben-Sellerie-Püree | 132

Geschmorte Rippchen mit Ingwer | 111

Hanger-Steak mit Kräuterbutter | 112,
mit Karotten-Kraut-Salat | 138

Schweinekoteletts mit Kräuterkruste und Löwenzahn | 114

Lammragout mit Safran und Ingwer | 115,
mit Blumenkohl-»Couscous« | 133

Blumenkohlsteak mit Curry | 129,
mit Kokosrahmspinat | 130

Kalte Avocado-Gurken-Suppe | 166

Kokos-Cranberry-Suppe | 169

Im Uhrzeigersinn von oben links: Warmer Smoothie mit Grünkohl und Ananas | 185, Erdbeer-Sahne-Smoothie | 187, Kokos-Smoothie | 186, Grüntee-Latte | 183, Bulletproof Heiße Schokolade mit Kokosmilch | 182

Erdbeer-Semifreddo | 198

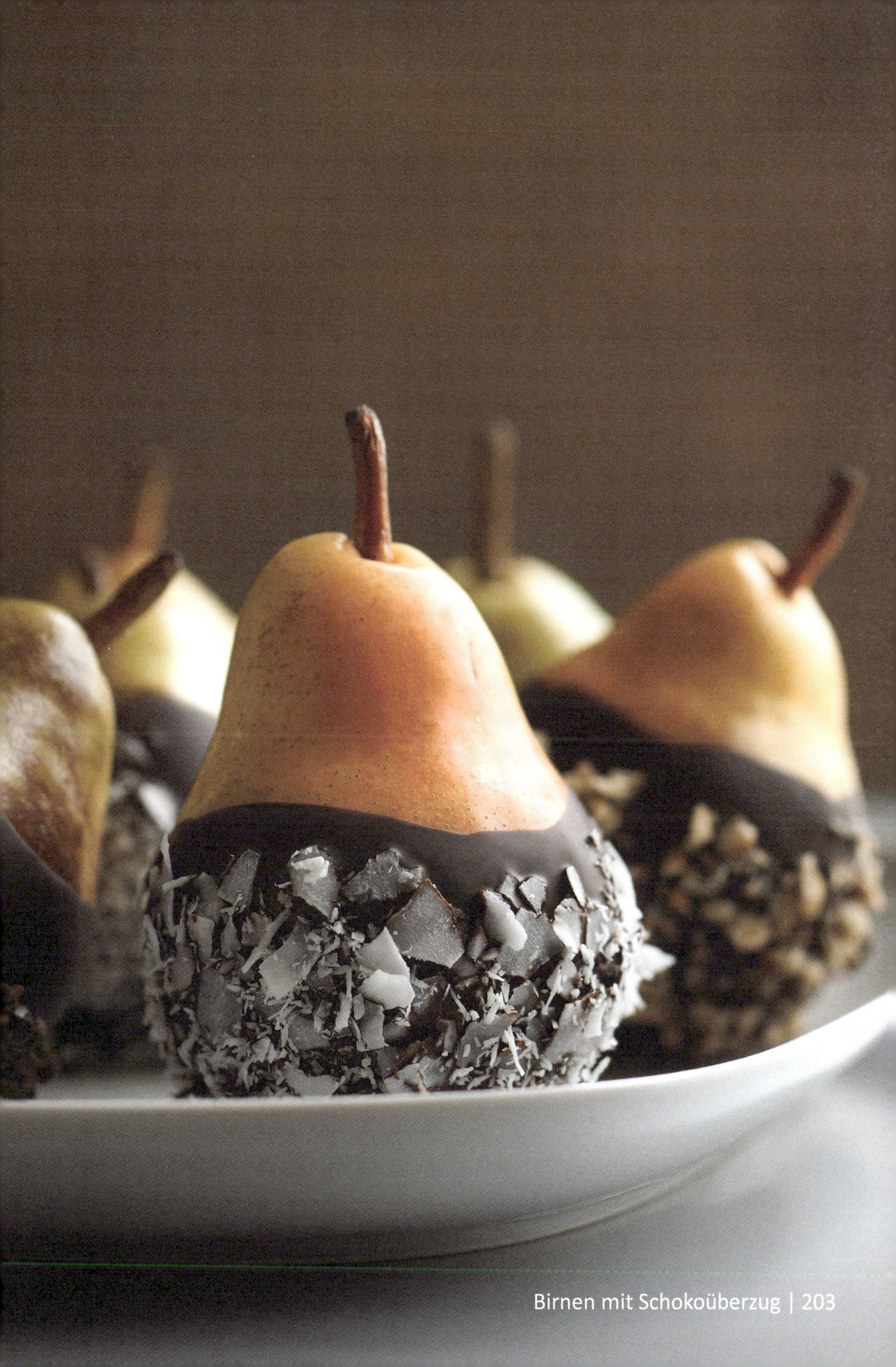

Im Uhrzeigersinn von oben links: Bulletproof-Currypulver | 216, Fenchelsalz | 214, Koriander-Limetten-Butter | 215, Tapenade | 218, Salsa verde | 217

Blumenkohlsteak mit Curry

Für 2 Portionen

Blumenkohl ist mein unerreichtes Lieblingsgemüse, weil man so viel damit anfangen kann und er seine großartige Struktur behält, die alle gesunden Fette aufnimmt. Für mich ist dieses Rezept zusammen mit dem Kokosrahmspinat (Seite 130) eine hervorragende Option beim Eiweißfasten. Eine großartige Kombination von zwei schmackhaften Beilagen voller gesunder Fette.

1 Blumenkohl, quer durch den Strunk in 2,5 cm dicke »Steaks« geschnitten

2 EL Bulletproof Brain Octane Oil (oder MCT- oder Kokosöl)

2 TL Bulletproof-Currypulver (Seite 216)

Grobes Meersalz

1 EL Koriander-Limetten-Butter (Seite 215)

Den Backofen auf 160 °C vorheizen.

Ein Backblech mit zwei 60 cm langen Stücken Backpapier auslegen. Die beiden Papierstücke so überkreuzen, dass sie ein Pluszeichen bilden und beiseitestellen. Den Blumenkohl, ohne dass die »Steaks« auseinanderfallen, vorsichtig mit Öl, Currypulver und Meersalz einreiben.

Das Papier fest um den Blumenkohl wickeln, die Enden umschlagen und das Paket mit der Naht nach unten auf das Blech legen, sodass kein Dampf entweichen kann. Im Ofen 35 Minuten backen, bis der Blumenkohl zart ist. Das Paket öffnen und den Kohl mit der Buttermischung beträufelt servieren.

Kokosrahmspinat

Für 1–2 Portionen

Sie werden staunen, wie gut der Geschmack von Kokos und Spinat harmoniert. Diese Beilage passt zu dem in Pergament gebackenen Lachs (Seite 96). Wenn Sie gerade das Bulletproof-Eiweißfasten praktizieren, können Sie ihn mit den Blumenkohlsteaks mit Curry (Seite 129) probieren. Um ein noch cremigeres Ergebnis zu erzielen, pürieren Sie den Spinat am besten in der Küchenmaschine.

1 TL Bulletproof Brain Octane Oil (oder MCT- oder Kokosöl)
1 kleine Stange Lauch, geputzt, gründlich gewaschen und
   gewürfelt
¾ Tasse Kokosmilch aus der Dose, gut geschüttelt
170 g Spinatblätter
Grobes Meersalz

In einem mittelgroßen Topf das Öl bei mittlerer Hitze vorsichtig erwärmen. Den Lauch darin unter Rühren 3 Minuten glasig und weich dünsten. Die Kokosmilch dazugießen und alles noch 3 Minuten köcheln lassen. Den Spinat dazugeben und zugedeckt in 2–3 Minuten zusammenfallen lassen. Mit Meersalz abschmecken.

Geschmorte Radieschen mit Grün

Für 2 Portionen

Ein Rezept voller Geschmack: Die Radieschen enthalten sehr viel Vitamin C und auch das Radieschengrün ist gut für Sie. Bonuspunkte gibt es, wenn Sie zusätzlich ein oder zwei rohe Radieschen dazu essen – denn deren Enzyme können die Nährstoffe in den geschmorten Radieschen aufschlüsseln.

⅓ Tasse Hühnerbrühe oder Upgraded Knochenbrühe (Seite 161)
2 EL ungesalzene Weidebutter
1 Bund Radieschen mit Grün (330 g), Radieschengrün geputzt und gewaschen, Radieschen geviertelt
1 Frühlingszwiebel, in dünne Ringe geschnitten
2 TL Apfelessig
Grobes Meersalz

In einem mittelgroßen Topf Brühe und 1 Esslöffel Butter bei mittlerer Hitze zum Köcheln bringen. Die Radieschen dazugeben und unter gelegentlichem Rühren 6 Minuten weich kochen. Den Topf vom Herd nehmen und die restliche Butter einrühren.

Radieschengrün und Frühlingszwiebel hinzufügen und alles bei schwacher Hitze nochmals 2 Minuten köcheln, bis das Grün zusammengefallen ist. Mit Apfelessig und Meersalz abschmecken.

Steckrüben-Sellerie-Püree

Für 2 Portionen

Wenn Sie Steckrüben noch nicht kennen, werden Sie hier eine schmackhafte neue Option entdecken, die nur mäßige Mengen Kohlenhydrate enthält und die Sie genießen können. Ich esse das Püree gerne zum Enten-Confit (Seite 117), Reste passen auch gut zu den geschmorten Radieschen mit Grün (Seite 131) – und schon haben Sie ein gesundes Mittagessen.

1 große Steckrübe, geschält und in 1,5 cm große Stücke geschnitten

1 Knollensellerie, geschält und in 1,5 cm große Stücke geschnitten

3 EL ungesalzene Weidebutter

1 EL hochwertiges Olivenöl

Grobes Meersalz

In einem mittelgroßen Topf mit Dämpfeinsatz 2 Tassen Wasser bei mittlerer Hitze zum Köcheln bringen. Die Steckrüben darin zugedeckt 10 Minuten dünsten. Dann 1 Tasse Wasser dazugießen, den Sellerie dazugeben und alles noch 20 Minuten dünsten, bis beide Gemüse weich sind.

Beide Gemüse in die Küchenmaschine oder einen Mixer geben. ½–¾ Tasse Garflüssigkeit (oder Wasser), Butter und Olivenöl hinzufügen und alles fein pürieren. Mit Meersalz abschmecken, warm servieren.

Blumenkohl-»Couscous«

Für 2 Portionen

Sie werden den Blumenkohl bei der Bulletproof-Diät lieben – vor allem nachdem Sie dieses Rezept probiert haben. Richtig zubereitet ist dies ein großartiger Ersatz für Couscous und erhält durch die Kombination von Butter und Kurkuma genau die richtige Farbe und den idealen Kick.

**1 kleiner Blumenkohl (750 g), in 2,5 cm große Röschen
zerteilt**
1 TL Bulletproof Brain Octane Oil (oder MCT- oder Kokosöl)
2 EL ungesalzene Weidebutter
¼ TL gemahlene Kurkuma
Grobes Meersalz
1 EL fein gehackter Schnittlauch

In der Küchenmaschine den Blumenkohl mit Intervallschaltung zu gleichmäßigen kleinen Körnern in Couscous-Größe verarbeiten.

In einer großen Pfanne Öl, Butter, 3 EL Wasser und Kurkuma bei mittlerer Hitze erwärmen, bis die Butter zerlassen ist. Den Blumenkohl darin unter Rühren 6–7 Minuten dünsten, bis er weich ist und die Flüssigkeit vollständig verdampft ist. Mit Meersalz abschmecken und mit dem Schnittlauch bestreuen.

Pak Choi mit Koriander-Limetten-Butter

Für 2 Portionen

Pak Choi ist zugleich Blatt- und Kreuzblütlergemüse – und darüber hinaus ein idealer Träger für die Weidebutter. Dieses Rezept weiß daraus den perfekten Vorteil zu ziehen.

2 große Pak Choi, Blätter getrennt
2 EL Koriander-Limetten-Butter (Seite 215)
Grobes Meersalz

In einem Topf (ca. 5 l Inhalt) mit einem Dämpfeinsatz 1½ Tassen Wasser bei mittlerer Hitze aufkochen. Den Pak Choi darin 7 Minuten weich dünsten.

Den Pak Choi in eine große Schüssel füllen, mit der Butterzubereitung mischen und mit Meersalz abschmecken.

Würziger Ofenfenchel

Für 2 Portionen

Früher dachte ich immer, nur Feinschmecker oder Hippies würden Fenchel essen. Aber dann stellte ich fest, dass er viel mehr Geschmack hat als Sellerie. Heute ist er eines der vorherrschenden Gemüse in meinem Garten mit dem besten Geschmack. Probieren Sie ihn mit Räucherforelle zum Mittagessen!

2 Streifen unbehandelte Orangenschale (jeweils 5 cm lang)
¾ TL gemahlene Kurkuma
1½ TL Fenchelsamen
1 EL Thymianblätter
1 EL Bulletproof Brain Octane Oil (oder MCT- oder Kokosöl)
1 EL hochwertiges Olivenöl
Grobes Meersalz
3 große Fenchelknollen (1,5 kg), geputzt (Fenchelgrün sehr fein hacken und zum Garnieren aufheben), Strunk entfernt und in 6 mm dünne Scheiben geschnitten
4 TL Zitronensaft

Den Backofen auf 165 °C vorheizen. Ein Backblech mit Backpapier auslegen.

Die Orangenschale in sehr dünne Streifen schneiden. Die Hälfte der Orangenschale in eine große Schüssel geben, mit Kurkuma, Fenchelsamen, Thymian und beiden Ölen mischen und nach Geschmack salzen. Die Fenchelscheiben dazugeben und mit dem Gewürzöl mischen, dann auf dem Backblech verteilen. Den Fenchel im Ofen 35–40 Minuten backen, bis er weich ist – dabei nach der Hälfte der Garzeit einmal mischen.

In einer kleinen Schüssel die restliche Orangenschale, Zitronensaft und gehacktes Fenchelgrün mischen. Den gebackenen Fenchel aus dem Ofen nehmen und in der Zitrusmischung wenden. Warm oder zimmerwarm servieren.

Gelbe-Bete-Avocado-Tartar

Für 2 Portionen

Die Beten fördern Bakterien, die im Körper Stickstoffmonoxid freisetzen, was die kardiovaskuläre Gesundheit verbessert. Zudem schmecken sie lecker, sind cremig und tun Ihnen einfach gut. Eine schnell zubereitete Beilage, die prima zu einem einfachen Bulletproof-Fisch, dem Hanger-Steak (Seite 112) oder dem in Pergament gebackenen Lachs (Seite 96) passt.

3–4 Gelbe Beten, geputzt und gewaschen

1 Zitrone, filetiert (siehe Seite 104), plus 1 EL Zitronensaft

2 TL hochwertiges Olivenöl

2 TL Bulletproof Brain Octane Oil (oder MCT- oder Kokosöl)

2 EL fein gehackte Kräuter (z. B. Petersilie, Schnittlauch und Oregano)

Grobes Meersalz

1 Avocado, in 6 mm große Würfel geschnitten

2 Radieschen, in dünne Scheiben geschnitten

Den Backofen auf 160 °C vorheizen.

In einer 20 x 20 cm Backform die Gelben Beten mit ¾ Tasse Wasser mischen, mit Alufolie abdecken und im Ofen 45–60 Minuten backen, bis sie weich sind, wenn man mit einem Messer hineinsticht. Danach in ca. 30 Minuten fast bis auf Zimmertemperatur abkühlen lassen. Die Beten schälen, in 6 mm große Würfel schneiden und in eine mittelgroße Schüssel geben.

In einer kleinen Schüssel Zitronensaft, beide Öle und Kräuter mischen und das Dressing salzen. Das Dressing mit Avocado, Radieschen und Zitronenfilets zu den Gelben Beten geben, mit Meersalz abschmecken und alles vorsichtig mischen.

Geschmorter Rotkohl

Für 2 Portionen, es bleibt ein Rest

Ein traditionelles Gericht in ganz Europa und Russland. Meine Frau ist Schwedin und auch mit tschechischen Einflüssen aufgewachsen – daher ist sie von klein auf mit Kohlgerichten vertraut. Genießen Sie dieses Rezept zu geschmorten Rippchen mit Ingwer (Seite 111), Hanger-Steak (Seite 112) oder Schweinekoteletts mit Kräuterkruste (Seite 114).

2 EL ungesalzene Weidebutter
1 kleine Stange Lauch, geputzt,
   gründlich gewaschen und nur
   das Weiße und Hellgrüne in
   6 mm dicke Ringe geschnitten
   (nach Belieben)
2 Zweige Rosmarin
1 Rotkohl (875 g), fein gehobelt

½ Tasse Apfelessig
¾ Tasse Hühnerbrühe oder
   Upgraded Knochenbrühe
   (Seite 161)
Grobes Meersalz
1 Tasse frische Cranberrys
3–4 Esslöffel unerhitzter Honig
   (nach Belieben)

Den Backofen auf 160 °C vorheizen.

In einem großen ofenfesten Topf die Butter bei mittlerer Hitze zerlassen. Lauch (falls verwendet), Rosmarin, Kohl, Apfelessig, Brühe und 1 Prise Meersalz dazugeben und alles mischen. Dann im Ofen zugedeckt 15 Minuten backen.

Anschließend die Cranberrys unterrühren und alles zugedeckt noch 15 Minuten weiterbacken, bis der Kohl weich ist und die Cranberrys platzen. Nach Geschmack Honig unterrühren (falls verwendet) und mit Meersalz abschmecken.

Karotten-Kraut-Salat

Für 2 Portionen

Tonnenweise rohes Kraut zu essen kann zu Problemen mit der Schilddrüse führen. Aber ich muss zugeben, dass es hin und wieder einfach köstlich schmeckt. Der Trick besteht darin, den Rotkohl möglichst fein zu hobeln. In der Regel kocht man das Kraut leicht, um die Oxalsäure zu reduzieren. Hier wird sie jedoch stattdessen durch den Zitronensaft neutralisiert.

½ kleiner Rotkohl, fein gehobelt

2 TL Zitronensaft

1½ TL grobes Meersalz

500 g geraspelte Karotten

1 Frühlingszwiebel, quer geviertelt und längs dünn aufgeschnitten

2 Radieschen, in dünne Scheiben geschnitten

2 EL plus 1 TL Apfelessig

1–2 EL Bulletproof Brain Octane Oil (oder MCT- oder Kokosöl)
   (nach Geschmack)

5 Basilikumblätter, in schmale Streifen geschnitten

In einer großen Schüssel Kohl, Zitronensaft und Meersalz gründlich mischen und alles 15 Minuten stehen lassen. Dann möglichst viel Flüssigkeit aus dem Kohl herausdrücken und abgießen.

Karotten, Frühlingszwiebel, Radieschen, Apfelessig, Öl und Basilikum dazugeben und alles zu einem Salat mischen. Vor dem Servieren nochmals abschmecken.

Artischocken mit Lachs und Vinaigrette

Für 2 Portionen

Da ich im Silicon Valley in der Nähe der Artischocken-Hauptstadt gelebt habe, habe ich bereits Tausende von Artischocken gegessen. Aber ich kenne auch Leute, die noch nie eine gegessen haben. Die Zubereitung ist nicht sehr kompliziert und das Ergebnis lohnt die Mühe.

Saft von 1 großen Zitrone
2 Artischocken (à 375 g)
2 TL Apfelessig
1½ EL Bulletproof Brain Octane Oil (oder MCT- oder Kokosöl)
1 EL hochwertiges Olivenöl
1 EL fein gehackte Petersilie
1 EL gehackte Kapern
Grobes Meersalz
250 g Räucherlachsscheiben

Eine große Schüssel mit Wasser füllen. 2 Esslöffel Zitronensaft beiseitestellen, den übrigen Zitronensaft in die Wasserschüssel gießen. Die Artischockenstiele kürzen und schälen. Oben von den Artischocken 2,5 cm abschneiden. Die äußeren Blätter entfernen und die Artischocken bis zur Verwendung in das Zitronenwasser legen.

In einem großen Topf mit Dämpfeinsatz 3 Tassen Wasser bei mittlerer Hitze zum Köcheln bringen. Die Artischocken darin zugedeckt 30–45 Minuten dünsten, bis die Blätter weich sind und sich leicht herausziehen lassen. Dabei nach der Hälfte der Zeit die Artischocken umdrehen.

Inzwischen in einer kleinen Schüssel den restlichen Zitronensaft mit Apfelessig, beiden Ölen, Petersilie und Kapern mischen. Das Dressing mit Meersalz abschmecken und beiseitestellen.

Die Artischocken herausnehmen und auf einem Schneidbrett ca. 10 Minuten abkühlen lassen. Danach längs halbieren und das Heu über dem Artischockenherz mit einem Löffel entfernen.

Die Artischockenhälften mit einigen Scheiben Lachs belegen und mit Vinaigrette beträufeln. Zuerst die Artischockenblätter herausziehen und den fleischigen Teil essen, dann das Artischockenherz aufschneiden und mit dem Lachs genießen.

Butterrosenkohl

Für 2 Portionen

Als Kind habe ich Rosenkohl gehasst – und war damit nicht alleine! Er war matschig und roch unangenehm. Wenn man ihn aber richtig kocht, schmeckt er erstaunlich gut, vor allem in Butter geschwenkt. Bitte lassen Sie den Rosenkohl außen nicht anbrennen, wie dies in vielen Restaurants gemacht wird. Es mag zwar gut schmecken, ist aber nicht gut für Sie. Rosenkohl ist vollgepackt mit Vitamin C, Folsäure, Kalium, Kalzium und Ballaststoffen.

500 g Rosenkohl, geputzt
2 EL ungesalzene, zimmerwarme Weidebutter
Abgeriebene Schale von 1 unbehandelten Zitrone
1 Prise Cayennepfeffer (nach Belieben)
Grobes Meersalz

In einem mittelgroßen Topf mit Dämpfeinsatz 2½ Tassen Wasser bei mittlerer Hitze zum Kochen bringen. Den Rosenkohl darin zugedeckt 8–10 Minuten weich dünsten. Dann in eine mittelgroße Schüssel füllen und mit Butter, Zitronenschale und Cayennepfeffer (falls verwendet) mischen. Mit Meersalz abschmecken.

Grünkohl mit Butter

Für 2 Portionen

Blicken wir der Tatsache ins Gesicht: Niemand mag rohen Grünkohl. So wie er hier zubereitet ist, schmeckt er aber besser als roh und ist zudem auch noch gesünder für Sie.

1 EL Ghee
1 Bund (330 g) Grünkohl, dicke Stiele und Blattrippen
   entfernt, in 7,5 große Stücke zerpflückt
2 EL ungesalzene Weidebutter
1 EL fein gehackter Dill
Grobes Meersalz
Etwas Zitronensaft

In einer großen tiefen oder gusseisernen Pfanne Ghee und 1 Esslöffel Wasser bei mittlerer Hitze erwärmen. Den Grünkohl darin zugedeckt unter Rühren 3 Minuten zusammenfallen lassen.

Die Butter etwa 1 Minute lang unterrühren, bis sie zerlassen ist und den Kohl rundherum überzieht. Vom Herd nehmen und mit Dill, Meersalz und Zitronensaft abschmecken, heiß servieren.

Butternut-Kürbis

Für 2 Portionen

Sollten Sie noch nie Butternut-Kürbis probiert haben, ist es jetzt an der Zeit. Er liefert vernünftige Kohlenhydrate und reichlich Vitamine. Ich baue Dutzende davon in meinem Garten an, während ich dies hier schreibe. Dieses Rezept ergibt eine wunderbare Beilage, wenn Sie in der Erhaltungsphase sind – nicht beim Eiweißfasten oder intermittierenden Fasten.

1 unbehandelte Zitrone, halbiert

1 Butternut-Kürbis (1 kg), geschält, entkernt und in 1,5 große Stücke geschnitten

1 EL Bulletproof Brain Octane Oil (oder MCT- oder Kokosöl)

1 EL Ghee, zerlassen

2 TL fein gehackte Kräuter (z. B. Rosmarin, Oregano und Salbei)

Grobes Meersalz

Den Backofen auf 165 °C vorheizen. Ein großes Backblech mit Backpapier auslegen.

Eine Zitronenhälfte in 6 mm dicke Scheiben schneiden, die andere Zitronenhälfte beiseitestellen.

In einer großen Schüssel Zitronenscheiben, Kürbis, Öl, Ghee, Kräuter und nach Geschmack Meersalz mischen. Die Kürbismischung auf dem Backblech verteilen und im Ofen 40–45 Minuten weich backen, dabei nach der Hälfte der Garzeit wenden. Zum Servieren die restliche Zitronenhälfte über dem Kürbis auspressen.

Karotten-Süßkartoffel-Püree

Für 2 Portionen

Bei diesem Gericht gebe ich gerne etwas Bulletproof Brain Octane Oil dazu, um kein Hungergefühl zu entwickeln. Das Öl liefert außerdem eine Extraportion Fett – das kurbelt das Gehirn an und sorgt für einen leckeren Geschmack.

1 Bund Karotten (ca. 600 g), geschält und in 2,5 cm große Stücke geschnitten
2 Süßkartoffeln, geschält und in 2,5 cm große Stücke geschnitten
2 EL ungesalzene Weidebutter
Grobes Meersalz

In einem mittelgroßen Topf 1½ Tassen Wasser bei mittlerer Hitze zum Köcheln bringen. Karotten und Süßkartoffeln darin zugedeckt 8 Minuten weich kochen. Das Gemüse in einen Mixer geben und mit ½ Tasse Garflüssigkeit und der Butter fein pürieren. Mit Meersalz abschmecken.

Blattkohl mit Bacon

Für 2 Portionen

Früher verwendete man Bacon oft als Geschmackszutat, irgendwann geriet dies aus der Mode. Heute ist der Bacon wieder zurück. Er liefert viel Geschmack und Wissenschaftler haben kürzlich entdeckt, dass wir Fettrezeptoren haben, die genau diesen Geschmack lieben. Blattkohl muss wie auch anderes Kreuzblütlergemüse gekocht werden, um die Oxalsäure zu reduzieren – durch langes Kochen sinkt jedoch auch der Nährwert. Bei dem kurzen Schmoren hier mit Bacon bleiben die Nährstoffe erhalten und es entsteht zugleich viel Aroma.

- **2 Scheiben Weide-Bacon, in 1,5 cm große Stücke geschnitten**
- **1 Bund Blattkohl (330 g), harte Blattrippen entfernt, die Blätter in 2,5 cm große Stücke geschnitten**
- **1 Tasse Hühnerbrühe oder Upgraded Knochenbrühe (Seite 161)**

- **1 kleine Stange Lauch, geputzt, gründlich gewaschen und nur das Weiße und Hellgrüne in 1,5 cm dicke Ringe geschnitten**
- **1 EL ungesalzene Weidebutter**
- **2–3 TL Apfelessig (nach Geschmack)**
- **Grobes Meersalz**

In einem mittelgroßen Topf den Bacon bei mittlerer Hitze in 8 Minuten golden, aber nicht knusprig braten. Blattkohl und Brühe dazugeben und unter gelegentlichem Rühren 8 Minuten kochen.

Dann den Lauch hinzufügen und alles noch 4 Minuten kochen, bis der Kohl weich ist. Zuletzt Butter und Apfelessig unterrühren und mit Meersalz abschmecken.

Sanft gebratener Rübstiel

Für 2 Portionen

Als ich ihn das erste Mal gesehen habe, dachte ich, es sei junger Brokkoli – aber dann hörte ich, dass dies Rübstiel (oder Stielmus) ist. Ich weiß nur, dass er großartig schmeckt. Bei dieser Zubereitung wird der Geschmack unterstrichen und die Nährstoffe bleiben intakt.

1 Bund Rübstiel (500 g), geputzt
1 EL Bulletproof Brain Octane Oil
   (oder MCT- oder Kokosöl)
2 EL Ghee, zerlassen

2 Frühlingszwiebeln, in 1,5 cm
   große Stücke geschnitten,
   Weißes und Grünes gesondert
Grobes Meersalz

Den Backofen auf 165 °C vorheizen.

In einer großen Schüssel Rübstiel, Öl, Ghee, weiße Frühlingszwiebelstücke, 3 Esslöffel Wasser und nach Geschmack Meersalz mischen. Alles in eine 23 x 33 cm große Auflaufform füllen und den Rübstiel im Ofen 22–24 Minuten weich garen, dabei alle 8 Minuten wenden. Nach Geschmack salzen und mit dem Frühlingszwiebelgrün bestreut servieren.

Brokkoli mit Tapenade und Bacon

Für 2 Portionen

Ich glaube, Mutter Natur hat den Brokkoli erfunden, um in den vielen kleinen grünen Knospen eine unglaubliche Menge Nährstoffe zu verpacken. Wenn Sie ihn dann noch mit Bacon und Oliven kombinieren, wird daraus eine perfekte Nahrungsquelle. Nicht vergessen: Den Brokkoli nur so lange garen, bis er gerade weich ist – das hält die Oxalsäure niedrig und lässt die Vitamine C und K intakt.

1 Brokkoli (500 g), geputzt und in Röschen zerteilt
2 Scheiben Weide-Bacon (70 g), in 6 mm breite Streifen geschnitten
2 EL Tapenade (Seite 218)
2 TL Apfelessig
1 EL gemahlene rohe Mandeln (nach Belieben)

In einem großen Topf mit Dämpfeinsatz 1½ Tassen Wasser zugedeckt bei mittlerer Hitze aufkochen. Den Brokkoli darin in ca. 8 Minuten weich dünsten.

In einer großen Pfanne mit hohem Rand den Bacon bei mittlerer Hitze in ca. 6 Minuten fest, aber nicht knusprig braten. Vom Herd nehmen und Tapenade und Apfelessig unterrühren. Den Brokkoli dazugeben und alles mischen. Mit den Mandeln bestreuen (falls verwendet) und servieren.

Artischocken mit Dill und Minze

***

Für 2 Portionen

Werfen Sie die Artischockenblätter nicht weg. Sie haben ein herrliches Fleisch, das Sie mit den Zähnen abziehen können. Die Blätter einfach in zerlassene Butter, Bulletproof Brain Octane Oil oder zerlassene Koriander-Limetten-Butter (Seite 215) dippen – und schon haben Sie eine schmackhafte Leckerei. Diese Zubereitung mit Kräutern passt gut zum in Pergament gebackenen Lachs (Seite 96).

3 EL Zitronensaft

4 Artischocken (à 375 g)

3 EL hochwertiges Olivenöl

2 TL Bulletproof Brain Octane Oil (oder MCT- oder Kokosöl)

Grobes Meersalz

1 kleine Frühlingszwiebel, in dünne Ringe geschnitten

1 EL grob gehackter Dill

2–3 TL Minzeblätter, zerzupft

Eine große Schüssel mit Wasser füllen und die Hälfte vom Zitronensaft dazugeben. Oben von den Artischocken und unten vom Stiel jeweils 2,5 cm abschneiden und die Stiele schälen. Die Artischocken in das Zitronenwasser getaucht halten und die harten äußeren Blätter entfernen.

In einem großen Topf mit Dämpfeinsatz 4 Tassen Wasser zugedeckt bei mittlerer Hitze zum Köcheln bringen. Die Artischocken darin ca. 1 Stunde 15 Minuten zugedeckt dünsten, bis sie weich sind, wenn man mit einem Messer hineinsticht, und die Blätter sich leicht herausziehen lassen (falls nötig, noch Wasser nachgießen).

Die Artischocken etwas abkühlen lassen. Danach alle Blätter abziehen und mit einem Löffel das Heu entfernen, sodass nur noch Herzen und Stiele übrig sind. Beides in jeweils 6 mm große Stücke schneiden.

In einer kleinen Schüssel den restlichen Zitronensaft, 1 ½ Esslöffel Olivenöl, das Brain Octane Oil und nach Geschmack Meersalz verrühren. Die Artischocken, Frühlingszwiebeln, Dill und Minze dazugeben und darin kurz wenden. Mit dem übrigen Olivenöl beträufelt servieren.

Spargel im Ingwersud

Für 2 Portionen

Diese Beilage ergibt auch eine tolle Suppe: Dazu den gekochten Spargel und die Brühe im Mixer fein pürieren und, falls nötig, noch 1 oder 2 Esslöffel Wasser hinzufügen. Mit Olivenöl oder Bulletproof Brain Octane Oil beträufeln.

1 Tasse Hühnerbrühe oder Upgraded Knochenbrühe (Seite 161)

1 EL Ingwer, geschält und in dünne Scheiben geschnitten

7,5 cm Zitronengras, gespalten

500 g Spargel, geputzt und geschält

1 TL Bulletproof Brain Octane Oil (oder MCT- oder Kokosöl)

Grobes Meersalz

1 Frühlingszwiebel, längs halbiert und in 7,5 cm lange Stücke geschnitten

2 EL ungesalzene Weidebutter

1 Prise Cayennepfeffer (nach Belieben)

1 TL Zitronensaft

In einem mittelgroßen Topf Brühe, Ingwer und Zitronengras bei mittlerer Hitze aufköcheln und 2 Minuten köcheln lassen, damit sich das Aroma entwickelt.

Spargel, Öl und 1 Prise Meersalz dazugeben und zugedeckt 2 Minuten dünsten. Die Frühlingszwiebel hinzufügen und noch 1 Minute weiterdünsten, bis der Spargel weich ist. Mit einem Schaumlöffel Spargel und Frühlingszwiebel herausnehmen und in eine Schüssel füllen. Das Zitronengras entfernen, Butter und Cayennepfeffer (falls verwendet) in den Sud rühren, mit Zitronensaft und Meersalz abschmecken. Zum Servieren Spargel und Frühlingszwiebel mit dem Sud übergießen.

Gedünsteter Endiviensalat mit Bacon

Für 2 Portionen

Winterendivie ist ein weiteres Gemüse, von dem ich nicht viel wusste. Seit ich jedoch mit verschiedenen Arten von Grünzeug experimentiere, habe ich festgestellt, dass Winterendivie für viele Rezepte ein leckerer und vielseitiger Zusatz ist. Auch in Suppen macht sie sich sehr gut.

1 dicke Scheibe Weide-Bacon (30 g), in 6 mm breite Streifen geschnitten

1 EL Bulletproof Brain Octane Oil (oder MCT- oder Kokosöl)

1 Endiviensalat, gewaschen und in 5 cm lange Stücke zerpflückt

1½ TL abgeriebene unbehandelte Zitronenschale

1½ TL Apfelessig

Grobes Meersalz

2 EL gehackte Walnüsse (nach Belieben)

1 TL Oreganoblätter

Den Bacon in einer großen Pfanne im Öl bei mittlerer Hitze 3 Minuten braten, bis der Bacon fast knusprig und gar, aber nicht verbrannt ist. Endivienstücke und Zitronenschale dazugeben und unter häufigem Wenden 3 Minuten dünsten, bis sie zusammengefallen sind. Den Apfelessig dazugießen und alles noch 1 Minute dünsten, bis die Endivie weich ist. Mit Meersalz abschmecken. Mit Walnüssen (falls verwendet) und Oregano garniert servieren.

Geschmorter Römersalat und Chicorée

Für 2 Portionen

Warmer Blattsalat? Aber sicher! Dies ist eine tolle Bulletproof-Beilage für viele Gerichte, besonders lecker schmeckt sie zum Enten-Confit (Seite 117).

1 Chicorée, geputzt, Strunk entfernt, längs geachtelt

1 EL Bulletproof Brain Octane Oil (oder MCT- oder Kokosöl)

2 EL gehackter Lauch, nur das Weiße

1 TL abgeriebene unbehandelte Zitronenschale

1 Römersalat, geputzt, gewaschen, Blätter getrennt

¼ Tasse Upgraded Knochenbrühe (Seite 161) oder Hühnerbrühe

Grobes Meersalz

1 Prise gemahlene Kurkuma

3 EL ungesalzene kalte Weidebutter

Unbehandelte Zitronenspalten, zum Servieren

Eine große Pfanne bei mittlerer Hitze erwärmen und den Chicorée im Öl 3 Minuten bei mittlerer Hitze dünsten, bis der Chicorée zusammenfällt, dabei gelegentlich wenden. Lauch, Zitronenschale und Römersalat dazugeben und alles 1 Minute unter Rühren weiterdünsten, damit die Zitronenschale sich mit dem Salat verbindet. Die Brühe dazugießen, 1 Prise Meersalz hinzufügen und alles unter Rühren 4 Minuten garen, bis Chicorée und Römersalat knackig-zart sind.

Das Gemüse auf einen Teller setzen, die Flüssigkeit in der Pfanne lassen. Die Pfanne vom Herd nehmen und zuerst Kurkuma, dann nach und nach die Butter unter den Sud rühren. Zum Servieren die Sauce über das Gemüse gießen. Nach Geschmack salzen und mit Zitronenspalten servieren.

Gurken-Avocado-Salat

Für 2 Portionen

Wenn Sie im Erhaltungsmodus Eiweiß zum Frühstück brauchen, probieren Sie für den Anfang einmal diesen »Salat«. Er ist eine tolle Kombination aus Eiweiß und Fett und enthält zusätzlich eine ordentliche Portion Kalium.

- **1 Eigelb vom Freilandei (Größe L)**
- **1 TL abgeriebene unbehandelte Limettenschale**
- **1 EL plus 2 TL Limettensaft**
- **¾ TL geriebener geschälter Ingwer**
- **½ TL grobes Meersalz**
- **¼ TL hochwertige rote Chiliflocken (nach Belieben)**
- **2 EL hochwertiges Olivenöl**
- **1 EL Bulletproof Brain Octane Oil (oder MCT- oder Kokosöl)**
- **1 große Gurke, geschält, halbiert und entkernt**
- **1 Frühlingszwiebel, nur das Dunkelgrüne, fein gehackt**
- **1 Avocado, entkernt, geschält und in 6 mm große Würfel geschnitten**
- **¼ Tasse Korianderblätter**

In einer großen Schüssel das Eigelb mit Limettenschale und -saft, 1 Esslöffel Wasser, Ingwer, Meersalz und Chiliflocken (falls verwendet) verquirlen. Unter ständigem Schlagen nach und nach beide Öle einträpfeln lassen, bis ein emulgiertes Dressing entstanden ist.

Die Gurke längs achteln, quer in 1,5 cm große Würfel schneiden und zum Dressing geben. Frühlingszwiebel und Avocado ebenfalls unterrühren und alles gut mit dem Dressing überziehen. Den Salat nochmals abschmecken und mit Koriandergrün garnieren.

Palmkohl Carbonara

Für 2 Portionen

Die Eier bereichern hier die Sauce, durch das sehr kurze Erhitzen bleiben auch alle Mikronährstoffe intakt. Vergewissern Sie sich, dass Sie Freilandeier bekommen, sonst können Sie möglicherweise nicht von deren Power an Vitaminen (A und E) und Nährstoffen (Omega-3-Fettsäuren) profitieren.

2 Eigelb von Freilandeiern (Größe L), verquirlt
2 EL Kokoscreme (oben abgesetzte Schicht in einer Dose Kokosmilch)
4 TL Bulletproof Brain Octane Oil (oder MCT- oder Kokosöl)
2 normal dicke Scheiben Weide-Bacon, in 6 mm breite Streifen geschnitten

1 Frühlingszwiebel, nur das Weiße, fein gehackt (nach Belieben)
1 Bund Palmkohl, die mittleren Blattrippen entfernt, in feine Streifen geschnitten
Grobes Meersalz
Unbehandelte Zitronenspalten, zum Servieren

In einer kleinen Schüssel die Eigelbe mit der Kokoscreme verquirlen.

In einer großen Pfanne das Öl mit dem Bacon bei mittlerer Hitze 2 Minuten anbraten. Die Frühlingszwiebel dazugeben (falls verwendet) und unter Rühren noch 1 Minute dünsten, bis der Bacon gar und die Frühlingszwiebel weich ist.

Den Palmkohl in die Pfanne geben und ca. 3 Minuten unter Rühren weich dünsten, bis die Flüssigkeit fast vollständig verdampft ist. Den Herd auf niedrige Temperatur herunterschalten und die Eigelb-Kokoscreme-Mischung unter Rühren dazugeben, sodass alles davon überzogen wird. Dabei gut darauf achten, dass die Eier nicht zu lange garen. Die Carbonara mit Meersalz abschmecken und mit Zitronenspalten servieren.

Mangold mit Fenchelsalz

Für 2 Portionen

Das Bulletproof-Fenchelsalz verleiht dem Gemüse den ultimativen Kick. Bio-Mangold vom Bauernmarkt und etwas Bulletproof Brain Octane Oil sowie Olivenöl plus Zitronensaft sind alles, was Sie benötigen, um diese schnelle Bulletproof-Beilage voller Geschmack und Nährstoffe zuzubereiten.

2 TL Bulletproof Brain Octane Oil (oder MCT- oder Kokosöl)
1 Bund Mangold, dicke Stiele entfernt, Blätter zerzupft
1 Prise Fenchelsalz (Seite 214) oder nach Geschmack
1 TL hochwertiges Olivenöl
½ TL Zitronensaft

Eine große Pfanne bei mittlerer Hitze 2 Minuten erhitzen und Öl, Mangold und Fenchelsalz 3 Minuten darin unter Rühren dünsten, bis der Mangold zusammenfällt und weich ist. Auf einem Teller anrichten und mit Olivenöl und Zitronensaft beträufeln.

Speiserübengratin

Für 2 Portionen

Sollten Sie von Heißhunger auf ein richtig kohlenhydratreiches Essen – wie einen Cheeseburger – überkommen werden, probieren Sie es stattdessen mit diesem gesunden Ersatz. Speiserüben sind reich an Vitamin C, das Gratin passt wunderbar zum Bulletproof-Hähnchen (Seite 123).

- **3 EL ungesalzene Weidebutter, plus etwas mehr für die Auflaufform**
- **1½ Tassen Kokosmilch aus der Dose, gut geschüttelt**
- **½ große Lauchstange, geputzt, gründlich gewaschen, längs halbiert und nur das Weiße und Hellgrüne in 6 mm breite Ringe geschnitten**
- **2 TL grob gehackter Thymian**
- **Grobes Meersalz**
- **3 mittelgroße Speiserüben, geschält und in 6 mm dicke Spalten geschnitten**
- **1 EL Oreganoblätter oder fein gehackter Schnittlauch, zum Servieren**

Den Backofen auf 180 °C vorheizen. Eine 20 x 20 cm große Auflaufform (2 l Inhalt) einfetten.

In einem kleinen Topf Kokosmilch, Lauch, Thymian und 1 Teelöffel grobes Meersalz zum Köcheln bringen und 5–6 Minuten köcheln lassen, bis der Lauch weich ist.

Die Hälfte der Speiserüben dachziegelartig in die Auflaufform schichten. Die Hälfte der Lauchmischung darüberschichten und 1½ Esslöffel Butter in Flöckchen darüber verteilen. Die übrigen Speiserüben wieder in einer Schicht drauflegen, mit der übrigen Lauchmischung übergießen und die restliche Butter in Flöckchen daraufsetzen.

Das Gratin mit Alufolie abdecken und im Ofen 1 Stunde backen, bis die Speiserüben weich sind. Dann die Alufolie entfernen und den Auflauf noch 15 Minuten backen, bis die Creme eingekocht ist. Mit Oregano oder Schnittlauch bestreut servieren.

Zucchini mit Pesto

Für 2 Portionen

Die Hauptsaison der Zucchini ist im Sommer, dann kauft man sie am besten auf einem Bauernmarkt in der Nähe (leider sind GVO-Zucchini sehr verbreitet).

2–3 Zucchini (oder eine Kombination aus Zucchini und Sommerkürbis), in 6 mm dicke Scheiben geschnitten
¼ Tasse rohe Mandeln
½ Tasse Petersilienblätter
1 Bund Basilikum, Blätter abgezupft, 4 Blätter beiseitelegen zum Servieren

1 EL fein gehackter Schnittlauch
1 TL grobes Meersalz
2 EL Bulletproof Brain Octane Oil (oder MCT- oder Kokosöl)
½ Tasse hochwertiges Olivenöl
2 EL Zitronensaft

In einem mittelgroßen Topf mit Dämpfeinsatz 2 Tassen Wasser bei mittlerer Hitze zum Köcheln bringen. Die Zucchini darin 6–8 Minuten dünsten, bis sie knackig zart sind. Zum Abkühlen beiseitestellen.

Inzwischen in der Küchenmaschine die Mandeln fein mahlen (alternativ fertig gemahlene Mandeln verwenden). Petersilie, Basilikum, Schnittlauch und Meersalz dazugeben und alles mit der Intervallschaltung mischen. Bei laufender Küchenmaschine die Öle langsam dazugießen und die Maschine so lange weiterlaufen lassen, bis alles gut gemischt ist. ¼ Tasse Pesto abnehmen (den Rest anderweitig verwenden) und mit dem Zitronensaft verrühren.

Die Zucchini mit den beiseitegelegten Basilikumblättern anrichten. Mit dem Pesto beträufeln und nach Geschmack salzen.

Birnensalat mit Schokolade und Zitronen-Rosmarin-Dressing

Für 2 Portionen

Dieser köstliche Salat ist kein Dessert – obgleich Schokolade dabei ist, die reichlich Antioxidantien enthält. Ich empfehle dieses Rezept für festliche Anlässe, denn damit werden Sie Ihre Gäste beeindrucken. Die Mengen können bei mehreren Gästen auch problemlos verdoppelt oder vervierfacht werden.

Für das Dressing

Saft von ½ Zitrone
½ Tasse Kokosöl oder Bulletproof
   Brain Octane Oil (oder MCT-Öl)
1 Knoblauchzehe, zerdrückt
1 EL fein gehackter Rosmarin
⅛ TL Dijon-Senf
1 dicke Birnenscheibe (ca. 3 cm
   dick), geschält
1 Prise rosa Himalaya-Salz
Pfeffer

Für den Birnensalat

3 Tassen gemischte Baby-Salat-
   blätter
1 kleine Schalotte, in Scheiben
   geschnitten
1 Birne, ungeschält, in Scheiben
   geschnitten
1 TL unerhitzter Honig
1 EL fein gehackter Thymian
15 g Zartbitter- oder Bitterschoko-
   lade (mind. 70 % Kakaoanteil)
1–2 Prisen Cayennepfeffer (nach
   Geschmack)
¼ TL fein gehackter Rosmarin
¼ Tasse zerbröckelter Ziegenkäse

Den Backofen auf 180 °C vorheizen. Ein Backblech mit Backpapier auslegen.

Für das Dressing im Mixer alle Zutaten zu einer glatten Konsistenz verarbeiten. Beiseitestellen.

Für den Salat in einer großen Schüssel Salatblätter und Schalotte mischen, dann beiseitestellen.

Die Birnenscheiben auf dem Backblech verteilen, leicht mit Honig beträufeln und mit Thymian bestreuen. Im Ofen 8–10 Minuten backen, bis sie weich sind.

Inzwischen die Schokolade in einer kleinen Schüssel im heißen Wasserbad schmelzen. Cayennepfeffer und Rosmarin unterrühren und die Schokolade beiseitestellen.

Die Birnen aus dem Ofen nehmen. Zum Servieren den Salat mit dem Dressing mischen und auf Salatteller verteilen. Mit Birnen und Ziegenkäse belegen. Mit einem Löffel die Birnen leicht mit geschmolzener Schokolade beträufeln.

Blumenkohl-Bacon-Püree

Für 2–4 Portionen

Sie werden nie mehr Kartoffelpüree vermissen, wenn Sie stattdessen dieses köstliche, cremige Blumenkohlpüree mit Bacon genießen können!

250 g nicht gepökelter Weide-Bacon, gewürfelt
¾–1 großer Blumenkohl, in Röschen zerteilt
4 EL ungesalzene Weidebutter
2 EL Bulletproof Brain Octane Oil (oder MCT- oder Kokosöl)
½ EL Apfelessig
Grobes Meersalz

In einer großen Pfanne den Bacon bei mittlerer Hitze leicht anbraten. Er soll nicht knusprig werden (die Fette sollen intakt bleiben) und das Fett darf nicht rauchen. Den Bacon beiseitestellen, das Fett in der Pfanne lassen.

In einem Topf mit Dämpfeinsatz zugedeckt ausreichend Wasser aufkochen und den Blumenkohl darin zugedeckt 15–20 Minuten dünsten, bis er weich ist.

In einem Hochleistungsmixer drei Viertel des Blumenkohls mit Butter, Öl, Apfelessig und Meersalz nach Geschmack fein pürieren. Den Bacon und den restlichen Blumenkohl unterrühren und die Mischung mit Intervallschaltung so verarbeiten, dass sie noch etwas stückig bleibt. Für einen erstaunlichen Geschmack 1–2 Esslöffel Baconfett dazugeben (vorausgesetzt, es hat beim Braten des Bacons bei niedriger Temperatur nicht geraucht).

Low-Carb-Reis mit Honig

Für 4–6 Portionen

Kürzlich fanden Forscher heraus, dass weißer Reis, der mit Kokosöl gekocht und nach dem Kochen sofort abgekühlt wird, resistente Stärke enthält – und die lässt den Blutzucker nicht extrem hochschnellen. Vielmehr kann resistente Stärke die Insulinempfindlichkeit verbessern, die Schlafqualität positiv beeinflussen und den Energielevel und die geistige Klarheit steigern. Dieser Reis eignet sich sehr gut als Dessert an Eiweißfastentagen, wenn Sie etwas mehr Kohlenhydrate genießen und dennoch Bulletproof bleiben möchten.

1 Tasse Sushi-Reis

3 EL Bulletproof Brain Octane Oil (oder MCT- oder Kokosöl),
   plus etwas mehr zum Servieren

2 EL ungesalzene Weidebutter, zerlassen

1 TL unerhitzter Honig

1 Prise rosa Himalaya-Salz

In einem kleinen Topf 1½ Tassen Wasser aufkochen.

Inzwischen den Reis mit kaltem Wasser gründlich spülen und abtropfen lassen.

Den gewaschenen Reis und das Öl ins kochende Wasser geben, die Hitze auf niedrige Stufe herunterschalten und den Reis zugedeckt in etwa 20 Minuten weich garen.

Den Reis vom Herd nehmen und sofort in einer ofenfesten Form oder auf einem Backblech ausbreiten. Mindestens 1 Stunde im Kühlschrank abkühlen lassen. Damit der Reis schneller abkühlt, können Sie ihn in einer flachen Schicht oder in daumengroßen Portionen (denken Sie an Nigiri-Sushi) auf dem Blech oder in der Form verteilen, bevor Sie ihn in den Kühlschrank stellen.

Wenn der Reis fast kalt ist, den Backofen zum Wärmen vorheizen.

Den Reis zum Durchwärmen wieder in den Ofen stellen. Mit Butter, Honig, Salz und – wenn Sie möchten – mehr Öl beträufeln und servieren.

KAPITEL 7

Suppen und Brühen

Das Erste, worüber wir beim Thema Suppen sprechen sollten, ist die Knochenbrühe. Sollte Ihnen Knochenbrühe bisher nicht bekannt sein, können Sie sich auf eine überaus nahrhafte Bulletproof-Leckerei gefasst machen. Diese Suppen, die lange Zeit das Kernstück der traditionellen chinesischen Medizin und des Ayurveda waren, gehören zu den gesündesten Mahlzeiten, die Sie zubereiten können. Knochenbrühe, die durch das langsame Auskochen hochwertiger Fleischknochen über einen längeren Zeitraum hinweg entsteht, zieht durch das vorsichtige Garen das reichhaltige Mark sowie Kollagen aus den Knochen – ein wahres Powerpaket an Nährstoffen, die Ihrem Organismus alle möglichen Vorteile liefern, von der Zellreparatur bis zu einem verbesserten Immunsystem.

Knochenbrühen benötigen zwar eine lange Garzeit, sind aber schnell vorbereitet und verlangen lediglich sorgsam ausgewählte Zutaten. Sie gehören zu den Gerichten, auf die der alte Spruch zutrifft: »Auf den Herd stellen und sich selbst überlassen.« Bei der Qualität der Knochen sollten Sie sehr vorsichtig vorgehen und deren Herkunft genau klären, aber das wird Sie inzwischen nicht mehr überraschen. Da bei dieser Methode auch das letzte bisschen an Nährwert aus den Knochen gezogen wird, müssen Sie sich das so vorstellen, dass bei minderwertigen Knochen stattdessen auch noch das letzte bisschen an Toxinen extrahiert würde. Wenn Sie also anfangen, Knochenbrühen zuzubereiten – und das sollten Sie tun –, bedenken Sie bitte, dass dies richtig gemacht werden muss. Lassen Sie es lieber ganz bleiben, als minderwertige Produkte dafür zu verwenden – die würden Ihnen nur eine Überdosis an Toxinen liefern. Sobald Sie die völlig unkomplizierte Zubereitung einer Knochenbrühe beherrschen, können Sie unendlich viele Variationen kochen und beispielsweise Ihre Lieblingsgewürze untermischen, wie Kreuzkümmel oder Ingwer (dabei allerdings meine Anmerkungen zu Gewürzen beachten und bedenken, dass Ingwer in Kombination mit Fetten bitter werden kann).

Ich empfehle, einmal pro Woche oder mehrmals im Monat eine Knochenbrühe zuzubereiten und immer als großartige und wärmende Tasse voller Nährstoffe zur Hand zu haben, wenn Sie Lust darauf bekommen. Der Geschmack ist vollmundig und kräftig, die Konsistenz jedoch dünn und fein, sodass Sie sie in einer Mokkatasse sogar Gästen als Appetizer anstelle einer Consommé servieren können.

Wärmende Flüssigkeiten müssen natürlich nicht unbedingt eine Brühe sein – sie können auch sämiger und sogar cremig sein. Wenn ich eine warme Suppe koche, die keine Knochenbrühe ist, mische ich manchmal gemahlene Nüsse darunter, um ihr eine reichhaltige und cremige Konsistenz zu geben. Nehmen Sie meine Blumenkohl-Cashew-Suppe (Seite 165): Sie simuliert eine cremige Konsistenz. Bei den Nüssen und der Butter, die sie enthält, werden Sie die schwere Sahne nicht vermissen, die normalerweise zu samtigen Cremesuppen gehört.

Die Leute sind daran gewöhnt, dass eine Suppe warm und ein Smoothie kalt ist, dafür gibt es jedoch keine Vorschrift. Meine Kalte Avocado-Gurken-Suppe (Seite 166) ist perfekt für einen heißen Sommertag oder als raffinierte Vorspeise für eine leichte Mahlzeit. Ich habe sogar eine Kalte Blattsalatsuppe (Seite 167) gemacht, die fürchterlich langweilig klingen mag – aber Sie werden von dem Aroma erstaunt sein. Verglichen mit vor 15 Jahren, als es nur Eisberg- und Kopfsalat gab, ist die Auswahl an Salaten inzwischen gewaltig. Nicht nur die Temperaturen können einmal getauscht werden, Sie finden auch süße Bulletproof-Suppen und herzhafte Smoothies (siehe meine spannenden ungewöhnlichen Smoothies in Kapitel 8, ab Seite 177).

Wenn Sie sich von den Vorstellungen freimachen, welche Lebensmittel in welche Kategorie »gehören«, haben Sie doppelt so viele Möglichkeiten, um rund um die Uhr Bulletproof zu bleiben.

Upgraded Knochenbrühe

Für ca. 8 Tassen

Diese essenzielle Brühe ist bereits in meinem ersten Buch enthalten, sie ist aber für das Bulletproof-Bleiben so wichtig, dass sie auch in dieses Buch gehört. Knochenbrühe ist eine sehr gute Grundlage für Suppenrezepte und wird von knallharten Fans sogar pur getrunken, um gesunde tierische Fette in einem Power-Kompaktpaket zu bekommen!

- **3 mittelgroße Karotten, geschält und in grobe Stücke geschnitten**
- **3 mittelgroße Stangen Sellerie, geputzt und in grobe Stücke geschnitten**
- **1,25 kg gemischte Markknochen vom Weiderind**
- **1 Kräutersträußchen (nach Belieben Oregano, Rosmarin, Thymian, Salbei etc., mit Küchengarn gebunden)**
- **1–2 EL Apfelessig**
- **1 Tasse Bulletproof-Upgraded-Kollagen auf 4 Tassen Brühe (nach Belieben)**
- **Grobes Meersalz**

In einem großen Suppentopf Karotten und Sellerie wenige Minuten leicht dünsten. Rinderknochen und Kräutersträußchen dazugeben und alles mit Wasser bedecken. Den Apfelessig dazugießen (er hilft, die Nährstoffe aus den Knochen zu ziehen) und alles bei schwacher Hitze 8–14 Stunden sieden lassen (nicht kochen!).

Sobald die Suppe eine tiefbraune Farbe hat und Sie mit dem Geschmack zufrieden sind, die Knochen herausnehmen und das Gemüse aussieben. Falls Sie das Kollagen verwenden, die benötigte Menge dazugeben und so lange unterrühren, bis das Pulver sich aufgelöst hat.

Die Brühe nach Belieben mit Meersalz abschmecken, anschließend bis zur Verwendung in Einmachgläsern im Kühlschrank aufbewahren.

Asia-Knochenbrühe

Für ca. 8 Tassen

Diese Suppe servieren wir im *Bulletproof Coffee Shop* in Santa Monica – sie ist vollgepackt mit gesundem tierischem Eiweiß. Sie enthält viel mehr Kollagen als jede andere Knochenbrühe, es sei denn, sie ist mit Bulletproof-Upgraded-Kollagen zubereitet.

1 EL Bulletproof Brain Octane Oil (oder MCT- oder Kokosöl)

3 mittelgroße Karotten, geschält und in grobe Stücke geschnitten

3 mittelgroße Stangen Sellerie, geputzt und in grobe Stücke geschnitten

1 Kräutersträußchen (2 Frühlingszwiebeln und 10 Koriandergrünstängel, mit Küchengarn gebunden)

1,25 kg gemischte Rinderknochen vom Weiderind

5 cm Ingwer, geschält

1 große Zimtstange (nach Belieben)

2 Sternanis (nach Belieben)

5 ganze Gewürznelken (nach Belieben)

3 Kardamomschoten (nach Belieben)

¼ Tasse Apfelessig

1 Tasse Bulletproof-Upgraded-Kollagen auf 4 Tassen Brühe (nach Belieben)

Grobes Meersalz (nach Belieben)

In einem großen Suppentopf das Öl bei mittlerer Hitze erwärmen. Karotten und Sellerie darin ein paar Minuten glasig dünsten. Kräutersträußchen, Rinderknochen, Ingwer und (nach Belieben) Gewürze dazugeben und alles mit kaltem Wasser bedecken. Den Apfelessig dazugießen (er hilft, die Nährstoffe aus den Knochen zu ziehen). Alles aufkochen, dann die Temperatur sofort herunterschalten und die Suppe 8–14 Stunden sieden (nicht kochen!) lassen. Dabei ab und zu mit einem Schaumlöffel aufsteigende Partikel oder Öl abschöpfen.

Sobald die Brühe eine tiefbraune Farbe hat und Sie mit dem Geschmack zufrieden sind, die Knochen herausnehmen und das Gemüse aussieben. Falls Sie das Kollagen verwenden, die benötigte Menge dazugeben und so lange unterrühren, bis das Pulver sich aufgelöst hat.

Die Brühe nach Belieben mit Meersalz abschmecken, anschließend bis zur Verwendung in Einmachgläsern im Kühlschrank aufbewahren.

Warmer Karotten-Ingwer-Smoothie

Für 1–2 Portionen

Als Kind mochte ich keine Suppen, sie waren immer wässrig und es schwamm ein biss-chen trauriges Gemüse darin – in den 1970er-Jahren waren Mixer noch nicht viel wert. Heute lässt sich ein großartiger Geschmack erzielen und alles kann mit guten Fetten zu einer cremigen Suppe püriert werden. Wenn Sie sich die Zeit nehmen, die Karotten in einer Ingwerbrühe zu garen, wird diese wohltuende Kombination auch leicht verdau-lich. Nicht vergessen, das Kollagen wegzulassen, falls Sie gerade fasten!

1 Tasse Kokosmilch aus der Dose, gut geschüttelt

2 Tassen Karottenscheiben (6 mm dick)

1 EL geriebener geschälter Ingwer

½ TL grobes Meersalz

2–4 EL ungesalzene Weidebutter

1–4 TL Apfelessig (nach Geschmack)

2 EL Bulletproof-Upgraded-Kollagen

In einem mittelgroßen Topf Kokosmilch, 1½ Tassen Wasser, Karotten, Ingwer und Meer-salz aufkochen und die Hitze sofort reduzieren. Dann die Suppe 5–7 Minuten köcheln lassen, bis die Karotten weich sind.

In einen Mixer füllen, den Deckel mit einem Tuch abdecken (falls er nicht ganz dicht schließt) und alles glatt pürieren. Die Butter dazugeben und die Suppe nochmals mixen. Den Apfelessig dazugießen und die Suppe abschmecken. Zuletzt das Eiweißpul-ver leicht untermixen. Warm servieren.

Reissuppe mit Pak Choi und Cashewnüssen

Für 2 Portionen

Für eine Extraportion Eiweiß können Sie diese Suppe sehr gut mit zerkleinertem Enten-Confit (Seite 117) ergänzen. Beim Eiweißfasten die Cashewnüsse weglassen.

2¾–3 Tassen Upgraded Knochen-brühe (Seite 161) oder Rinder-fond

¼ Tasse Rundkornreis

1 TL fein gehackter geschälter Ingwer

¼ TL gemahlene Kurkuma

Grobes Meersalz

1 Pak Choi, geputzt, quer in 6 mm breite Streifen geschnitten, Blätter und Stiele getrennt

1 EL gemahlene Cashewnüsse oder Mandeln oder Mandel-kleie (nach Belieben)

Koriandergrünblätter und unbe-handelte Limettenspalten, zum Servieren

In einem Suppentopf Brühe, Reis, Ingwer, Kurkuma und nach Geschmack Meersalz bei mittlerer Hitze zum Köcheln bringen. Die Hitze auf niedrige Stufe herunterschalten und alles zugedeckt ca. 20 Minuten köcheln lassen, bis der Reis weich ist.

Den Deckel abnehmen, die Pak-Choi-Stiele dazugeben und unter Rühren 2 Minuten mitkochen. Dann die Pak-Choi-Blätter hinzufügen und noch 1 Minute kochen.

Die Suppe mit den gemahlenen Cashewnüssen (falls verwendet), Koriandergrün und einem Spritzer Limettensaft servieren.

Blumenkohl-Cashew-Suppe

Für 1–2 Portionen

Jahrelang wurde Blumenkohl übergangen, nun kommt er in dieser schmackhaften Suppe mit Cashewnüssen zu seinem Recht. Cashewnüsse lernte ich während meiner Zeit als Veganer schätzen, weil ich immer Heißhunger auf Fett hatte und sie in Desserts und zum Andicken verwenden konnte. Ich finde, sie sollten beim gesunden Kochen den bisher beliebteren Kichererbsen den Rang ablaufen.

1 mittelgroßer Blumenkohl, in Röschen zerteilt
2 Zweige Rosmarin
½ TL grobes Meersalz
½ Tasse Cashewnüsse
1 TL abgeriebene unbehandelte Zitronenschale
1 Prise Cayennepfeffer (nach Belieben)
2 EL ungesalzene Weidebutter
1 EL Zitronensaft

In einem Topf mit Dämpfeinsatz 2,5 cm hoch Wasser bei mittlerer Hitze zum Köcheln bringen. Blumenkohl und Rosmarin darin zugedeckt 10–15 Minuten weich dünsten. Vom Herd nehmen, den Rosmarin entfernen und den Blumenkohl kurz abkühlen lassen.

Den Blumenkohl mit ½ Tasse Garsud in einen Mixer geben. Meersalz, Cashewnüsse, Zitronenschale und Cayennepfeffer (falls verwendet) hinzufügen und alles glatt pürieren. Die Butter dazugeben und die Suppe nochmals mixen. Den Zitronensaft unterrühren. Abschmecken.

Kalte Avocado-Gurken-Suppe

Für 1–2 Portionen

Ich liebe dieses Rezept, denn es eignet sich für mittags oder abends und lässt sich auch gut mitnehmen. Avocado ist eine der besten Zutaten in einer Suppe, weil sie wirklich satt macht. Diese Suppe ist ein Mittagessen, das sich gut vorbereiten lässt, und eignet sich auch für Gäste.

- **1 große Gurke, geschält und in Stücke geschnitten (ca. 2 Tassen)**
- **1 große Avocado, entkernt, geschält und in Stücke geschnitten**
- **2 Frühlingszwiebeln, grob gehackt**

- **1 EL Dill, plus Dillstängel zum Servieren**
- **1 TL grobes Meersalz**
- **1 TL abgeriebene unbehandelte Zitronenschale**
- **2 EL Zitronensaft**
- **¼ Tasse Wasser**
- **1–2 EL Joghurt aus Weidemilch, Vollfettstufe (nach Belieben)**

In einem Mixer alle Zutaten außer dem Joghurt glatt pürieren. Wenn die Suppe dünner werden soll, etwas mehr Wasser dazugeben. Abschmecken.

Die Suppe kann sofort serviert werden, wird aber fast noch besser, wenn Sie sie mindestens 2 Stunden oder gar bis zu 6 Stunden kühl stellen. Mit Dill garnieren und nach Belieben jede Portion mit 1 Esslöffel Joghurt servieren.

Kalte Blattsalatsuppe

Für 1–2 Portionen

Ich weiß, es klingt verrückt, aber urteilen Sie nicht, bevor Sie sie nicht probiert haben. Hier bietet sich die Gelegenheit, mit verschiedenen Blattsalaten zu experimentieren – achten Sie lediglich darauf, Bio-Salate zu nehmen. Ich gebe immer Brain Octane Oil mit in den Mixer, um das Aroma voll zur Entfaltung zu bringen. Falls Sie Joghurt nicht vertragen, können Sie etwas mehr Butter verwenden.

**4 locker gefüllte Tassen
gemischte Blattsalate
(z. B. Römersalat, Rucola,
Winterendivie, Feldsalat etc.)**
**½ Tasse Joghurt aus Weidemilch,
Vollfettstufe**
¼ Tasse Minzblätter

**2 Frühlingszwiebeln, gehackt
(nach Belieben)**
½ TL grobes Meersalz
1–4 TL Apfelessig (nach Geschmack)
**2–4 EL ungesalzene Weidebutter
(lassen Sie sich von Ihrem
Hunger leiten)**

In einem Mixer alle Zutaten glatt und cremig pürieren. Nach Belieben mit bis zu ¼ Tasse Wasser verdünnen. Kalt servieren.

Einfache grüne Bulletproof-Suppe

Für 1–2 Portionen

Es gibt endlose Varianten einfacher grüner Smoothies wie diesem hier – es ist tatsächlich eines der vielseitigsten Rezepte überhaupt. Durch das Erwärmen der Gemüse kommen mehr Nährstoffe zur Geltung als beim Pürieren der rohen Zutaten. Zudem können Sie zum Abrunden des Geschmacks ein Fleisch Ihrer Wahl dazugeben.

Tipp: Ich nehme auch gern Fenchel statt Sellerie.

3 Tassen Spinatblätter
1 Stange Sellerie, geputzt
½ Apfel (nach Belieben), entkernt
1 Tasse grob gehackte Zucchini (1 mittelgroße)
1 Tasse kochend heißes Wasser

1–4 TL Apfelessig (nach Geschmack)
2–4 EL ungesalzene Weidebutter
1–2 EL Bulletproof Brain Octane Oil (oder MCT- oder Kokosöl)

In einem Hochleistungsmixer alle Zutaten glatt und cremig pürieren.

Kokos-Cranberry-Suppe

Für 1 Portion

Einfach lecker! Achten Sie darauf, getrocknete Cranberrys zu bekommen, die natürlich gesüßt sind, ohne Maissirup. Schließlich möchten Sie um jeden Preis versteckten Zucker meiden. Wenn Sie junge Thai-Kokosnüsse auf dem Markt bekommen, unbedingt verwenden. Ihr frischer Geschmack ist ein Genuss!

⅓ **Tasse getrocknete Cranberrys**
2,5 cm Ingwer, geschält und in
  dünne Scheiben geschnitten
1 Tasse geschälte gehackte Gurke
2 TL gemahlener Zimt
1 TL Thymianblätter
1 Dose Kokosmilch (400 ml)
  (oder 1 junge Thai-Kokosnuss,
  Fleisch und Wasser)

1 EL Bulletproof Brain Octane Oil
  (oder MCT- oder Kokosöl)
1 EL gehackte Mandeln oder
  Pekannüsse, zum Servieren
1 TL in dünne Streifen geschnittene
  Minze, zum Servieren

In einem kleinen Topf die Cranberrys mit 1 Tasse kochend heißem Wasser übergießen und 10 Minuten quellen lassen. Dann Ingwer, Gurke, Zimt und Thymian dazugeben und alles aufkochen. Die Temperatur sofort herunterschalten und alles 10 Minuten bei mittlerer Hitze köcheln lassen. In einen Mixer füllen, den Deckel des Mixers mit einem Tuch abdecken (falls er nicht ganz dicht schließt) und alles glatt pürieren. Kokosmilch und Öl dazugießen und nochmals cremig pürieren. Mit gehackten Nüssen und Minze garniert servieren.

Pak-Choi-Suppe mit Anis

Für 1–2 Portionen

Dieses Rezept habe ich mir ausgedacht, weil ich das Gemüse immer in seiner Hauptsaison auf dem Bauernmarkt kaufe und dann manchmal mit mehr Pak Choi nach Hause komme, als ich eigentlich brauchen kann.

- **1 kleiner Chinakohl, nur die unteren weißen Teile, in dünne Streifen geschnitten**
- **1 Pak Choi, nur die weißen Stiele, in dünne Streifen geschnitten**
- **4 Frühlingszwiebeln, nur die weißen Teile, in dünne Ringe geschnitten**

- **1 TL gemahlener Koriander**
- **¼ TL gemahlener Anis**
- **1 TL grobes Meersalz**
- **Saft von ½ Zitrone**
- **1 EL kalt gepresstes Kokosöl**
- **1 EL Kokosbutter**
- **1 EL Bulletproof Brain Octane Oil (oder MCT-Öl)**

In einem mittelgroßen Topf Chinakohl, Pak Choi und Frühlingszwiebeln bei schwacher Hitze unter Rühren 4 Minuten andünsten, bis sich ein feines Aroma entwickelt hat.

Dann 2 Tassen Wasser, Koriander, Anis, Meersalz und Zitronensaft hinzufügen und alles zugedeckt 10 Minuten kochen, bis das Gemüse weich ist. In einen Mixer füllen, den Deckel des Mixers mit einem Tuch abdecken (falls er nicht ganz dicht schließt) und alles glatt pürieren. Kokosöl, Kokosbutter und Brain Octane Oil dazugeben und die Suppe nochmals glatt und gleichmäßig fein pürieren.

Brokkoli-Lauch-Suppe

Für 2 Portionen, es bleibt ein Rest

Diese Suppe schmeckt wie eine klassische Brokkolicremesuppe und ist immer sättigend und wohltuend. Der Lauch ersetzt hier das kräftigere Mitglied aus der Allium-Familie, den Knoblauch – so erhalten Sie den Geschmack ohne die Nebenwirkungen.

- 1 EL **Bulletproof Brain Octane Oil (oder MCT-Öl)**
- 1 **Stange Lauch, geputzt, gründlich gewaschen und in dünne Ringe geschnitten**
- 1 **Stange Sellerie, geputzt und in dünne Scheiben geschnitten**

- 1 **Brokkoli, Stiele geschält und fein gehackt, Röschen in 1,5 cm große Stücke zerteilt**
- 1 TL **Apfelessig**
- 2 TL **gemahlener Bockshornklee**
- 1 TL **grobes Meersalz**
- ¼ **Tasse Kokosöl**
- ½ **Tasse Ghee oder Weidebutter**

In einem mittelgroßen Topf das Brain Octane Oil bei mittlerer Hitze erwärmen und Lauch, Sellerie und Brokkolistiele darin unter Rühren 3–4 Minuten weich andünsten.

Dann 2 Tassen Wasser, Brokkoliröschen, Apfelessig, Bockshornklee und Salz dazugeben und alles zugedeckt 10 Minuten kochen, bis der Brokkoli weich ist. Die Brokkolimischung in einen Mixer füllen, den Deckel des Mixers mit einem Tuch abdecken (falls er nicht ganz dicht schließt) und alles glatt pürieren. Kokosöl und Ghee hinzufügen und die Suppe nochmals glatt pürieren.

Fenchel-Eier-Suppe

Für 2 Portionen

Die Eier verleihen dieser Suppe einen Bulletproof-Eiweiß-Kick und die richtige Konsistenz.

1 Stange Lauch, geputzt, gründlich gewaschen und nur das Weiße und Hellgrüne in dünne Ringe geschnitten

1 kleiner Blumenkohl, in Röschen zerteilt

1 Zucchini oder gelber Sommerkürbis, in dünne Scheiben geschnitten

3 Spargelstangen, geputzt, geschält und in dünne Scheiben geschnitten

1 kleine Fenchelknolle, geputzt und fein gehackt

1 TL Apfelessig

1 TL grobes Meersalz

4 Eigelb von Freilandeiern (Größe L)

¼ Tasse Ghee oder ungesalzene Weidebutter

1 EL Bulletproof Brain Octane Oil (oder MCT- oder Kokosöl)

In einem mittelgroßen Topf den Lauch bei mittlerer Hitze unter gelegentlichem Rühren 3 Minuten andünsten, bis er ein feines Aroma entwickelt.

Blumenkohl, Zucchini, Spargel, Fenchel, 2 Tassen Wasser, Apfelessig und Meersalz dazugeben. Alles zum Köcheln bringen und zugedeckt 10 Minuten köcheln lassen, bis das Gemüse weich ist.

In einen Mixer füllen, den Deckel des Mixers mit einem Tuch abdecken (falls er nicht ganz dicht schließt) und alles glatt pürieren. Die Eigelbe, Ghee und Brain Octane Oil hinzufügen und die Suppe nochmals glatt und cremig pürieren.

Warmer Fenchel-Brokkoli-Smoothie mit Reis

Für 1–2 Portionen

Fenchel ist ein Gemüse, das zu wenig verwendet und oft unterschätzt wird. Er ist knackig, schmeckt leicht süßlich und unterstützt die Verdauung. Bei diesem Rezept lege ich zum Schluss gerne noch etwas Lammhackfleisch obendrauf.

2 EL Bulletproof Brain Octane Oil (oder MCT- oder Kokosöl)
1 Tasse Fenchelscheiben (6 mm dick)
1 Tasse Brokkoliröschen
1 Tasse Lauchringe (6 mm dick)
1 TL Thymianblätter
¾ TL grobes Meersalz
1 Tasse gekochter weißer Reis
2 EL ungesalzene Weidebutter

In einem mittelgroßen Topf das Öl bei mittlerer Hitze erwärmen und Fenchel, Brokkoli, Lauch, Thymian und Meersalz darin glasig dünsten. 2 Tassen Wasser dazugießen und alles zugedeckt 15 Minuten köcheln lassen, bis das Gemüse weich ist.

Dann den gekochten Reis unterrühren (Sie können ihn auch erst nach dem Pürieren dazugeben). Die Mischung in einen Mixer füllen, den Deckel des Mixers mit einem Tuch abdecken (falls er nicht ganz dicht schließt) und alles glatt pürieren. Die Butter hinzufügen und die Suppe nochmals pürieren. Vor dem Servieren abschmecken.

Sämige Fischsuppe auf vietnamesische Art

Für 1–2 Portionen

In Vietnam serviert man diese Suppe zum Frühstück – die aromatische Brühe eignet sich perfekt für den Wochenend-Brunch. Meine Version kommt ohne Fischsauce aus, denn sie ist das Lebensmittel mit dem höchsten Histamingehalt, das Sie kaufen können.

**1 Dose Kokosmilch (400 ml),
gut geschüttelt**
**1 TL Bulletproof-Currypulver
(Seite 216), nach Belieben**
1 TL geriebener geschälter Ingwer
½ TL grobes Meersalz
**½ Jalapeño-Chilischote, entkernt
und fein gehackt (nach Belieben)**

**¼ Bund Koriandergrün, Stiele und
Blätter getrennt (ca. ¼ Tasse)**
**1 Schellfischfilet (250 g, oder
jeder andere weiße Fisch aus
nachhaltigem Fischfang, siehe
Tipp Seite 94)**
1 Tasse fein gehackter Pak Choi
Saft von 1 Limette

In einem mittelgroßen Topf die Kokosmilch mit dem Currypulver verrühren und ½ Tasse Wasser unterrühren. Ingwer, Meersalz, Jalapeño (falls verwendet) und Korianderstängel dazugeben. Alles aufkochen, dann die Temperatur sofort herunterschalten und die Suppe 15 Minuten köcheln lassen.

Mit einem Schaumlöffel die Korianderstängel herausfischen. Den Schellfisch hinzufügen und ca. 5 Minuten köcheln lassen, bis er durch ist und zu zerfallen beginnt.

Pak Choi dazugeben und die Suppe vorsichtig umrühren, um den Fisch zu zerteilen. Nach Geschmack salzen. Den Limettensaft unterrühren und die Suppe mit Koriandergrün garniert servieren.

Thai-Fischsuppe

Für 2 Portionen

Kurkuma sorgt in dieser Suppe für die herrliche Farbe, frischer Ingwer und Basilikum liefern den Thai-Touch.

3 Karotten, geschält, 1 fein gehackt, 2 in sehr dünne Scheiben geschnitten

3 Stangen Sellerie, geputzt, 1 fein gehackt, 2 in sehr dünne Scheiben geschnitten

1 kleiner Chinakohl, in dünne Streifen geschnitten

1 Dose Kokosmilch (400 ml), gut geschüttelt

2,5 cm Ingwer, geschält und fein gehackt

2 TL gemahlene Annatto-Samen

1 Lorbeerblatt

½ TL gemahlene Kurkuma

170 g Schollenfilet, in 2 cm große Stücke geschnitten

1 TL grobes Meersalz

¼ Tasse Kokosöl

1 EL Bulletproof Brain Octane Oil (oder MCT-Öl)

1 EL Kokosbutter

1 EL Mandelmus

2 EL gehackte entsteinte schwarze Oliven

In dünne Streifen geschnittene Basilikumblätter, abgeriebene unbehandelte Limettenschale und Limettensaft, zum Servieren

In einem mittelgroßen Topf fein gehackte Karotten und Sellerie bei mittlerer Hitze 3 Minuten andünsten, bis sich ein feines Aroma entwickelt. Dann Karotten- und Selleriescheiben, Chinakohl, Kokosmilch, Ingwer, Annatto, Lorbeerblatt, Kurkuma, Schollenfiletstücke und Meersalz dazugeben und alles zugedeckt 10 Minuten köcheln, bis das Gemüse weich und der Fisch gar ist.

   Das Lorbeerblatt entfernen, die Suppe in einen Mixer füllen. Den Deckel des Mixers mit einem Tuch abdecken (falls er nicht ganz dicht schließt) und alles glatt pürieren. Beide Öle, Kokosbutter, Mandelmus und Oliven hinzufügen und die Suppe nochmals pürieren, bis die Masse emulgiert. Mit Basilikum, Limettenschale und -saft garniert servieren.

Fenchel-Zitronengras-Suppe mit Lachs

Für 2 Portionen

Seit 10 Jahren bereite ich diese Suppe immer wieder zu, ohne ihr je überdrüssig zu werden. Mit einem aromatischen Gemüse wie dem Fenchel können Sie praktisch alles machen – hier kombiniere ich ihn mit Zitronengras. Für dieses Rezept sollten Sie hausgemachte Brühe verwenden (nicht einfach gekaufte). Wenn Sie sich mehr Eiweiß wünschen, verwenden Sie zusätzlich noch Bulletproof-Upgraded-Kollagen. Der cremige Geschmack der Fenchelsuppe kann es gut mit dem Lachs aufnehmen, Sie können den Lachs aber durch jeden Bulletproof-Fisch ersetzen wie Seehecht oder Tilapia.

- **2 TL Bulletproof Brain Octane Oil (oder MCT- oder Kokosöl)**
- **1 Stange Lauch, geputzt, gründlich gewaschen und nur das Weiße und Hellgrüne grob gehackt (nach Belieben)**
- **4 cm Ingwer, geschält und in Scheiben geschnitten**
- **1 Stängel Zitronengras, Wurzel und Spitze abgeschnitten, in 3 Teile geschnitten**
- **1 Kaffir-Limettenblatt, entstielt, oder 1 EL abgeriebene unbehandelte Limettenschale**

- **1 TL gemahlene Kurkuma**
- **3 Tassen Hühnerbrühe oder Upgraded Knochenbrühe (Seite 161)**
- **1½ Tassen Kokosmilch aus der Dose, gut geschüttelt**
- **2 Fenchelknollen, geputzt, Strunk entfernt, quer in 1,5 cm dicke Stücke geschnitten**
- **Grobes Meersalz**
- **500 g Lachsfilet ohne Haut, in 2,5 cm große Würfel geschnitten**
- **60 g Spinatblätter**

In einem mittelgroßen Topf Öl, Lauch (falls verwendet) und Ingwer bei mittlerer Hitze unter Rühren 2 Minuten sanft andünsten. Zitronengras, Limettenblatt, Kurkuma, Brühe und Kokosmilch dazugeben. Alles zum Köcheln bringen und 10 Minuten köcheln lassen, damit die Suppe vollständig von den Aromen durchdrungen wird. Den Fenchel hinzufügen und ohne Deckel 6 Minuten weich kochen.

Zitronengras und Limettenblatt entfernen. Die Suppe in einen Mixer füllen, den Deckel des Mixers mit einem Tuch abdecken (falls er nicht ganz dicht schließt) und alles glatt pürieren. Nach Geschmack salzen. Die Suppe wieder in den Topf füllen und aufköcheln lassen. Den Lachs dazugeben und ca. 2 Minuten kochen, bis er gar ist. Den Topf vom Herd nehmen und die Spinatblätter unterrühren. Nach Geschmack salzen.

KAPITEL 8

Smoothies und Lattes

Ich glaube, dies ist eines der aufregendsten Rezeptkapitel dieses Buchs. Stärker als in jedem anderen Kapitel breche ich hier mit den überkommenen Vorstellungen von Rezepten. Hauptsächlich, weil ich eine Reihe warmer Smoothies vorstelle, die natürlich ebenfalls als Suppen betrachtet werden können (und sollten). Ich esse die Geschmacksrichtungen, die ich mag, wenn ich gerade Lust dazu habe, und mache mir keine Gedanken darüber, ob es den üblichen Kategorien entspricht, wann etwas passend ist, ob es kalt oder warm, süß oder herzhaft zu sein hat.

Die Rezepte in diesem Kapitel beginnen mit meinem Original-Bulletproof-Kaffee, gefolgt von meiner Version einer in den USA sehr beliebten Latte-Variante. Die meisten von uns sind dem »normalen« Kaffee entwachsen. Einer gewissen Kaffeehauskette ist es zu verdanken, dass viele sich an aromatisierte aufgebrühte Getränke gewöhnt haben und insbesondere an ein Kürbis-Sonst-Noch-Was-Kaffeegetränk, das die amerikanische Nation jeden Herbst heimsucht. Die gute Nachricht ist, dass ich meine eigene Bulletproof-Variation zu diesem beliebten Gebräu kreiert habe – aber mit allen Vorteilen, die Ihr Körper verlangt. Sie werden vielleicht nicht erwarten, dass Butternut-Kürbis dasselbe herbstliche Aroma liefern könnte, aber warten Sie ab, bis Sie es probiert haben. Mit meinen Upgraded Kaffeebohnen, reichlich Butter, dem herbstlichen Kürbisgeschmack, etwas aromatischem Zimt und Stevia für die Süße entsteht ein Getränk, das Sie im Herbst lieben werden, ohne Ihren Bulletproof-Weg zu verlassen. Vergessen Sie nicht, dass Sie nicht aufgeben müssen, was Ihnen wirklich lieb ist. Mit etwas Kreativität können Sie weiterhin alle jahreszeitlichen Leckereien genießen.

Das Nächste sind einige Getränke mit weniger Koffein, aber immer noch viel Power: meine Bulletproof Heiße Schokolade und der Grüntee-Latte.

Hier ein paar allgemeine Tipps aus meinem ersten Buch für die Rezepte auf Kaffeebasis: Wenn Sie keinen leistungsstarken Mixer haben, funktioniert es auch mit einem Stabmixer. Falls Sie jedoch einen Mixer verwenden, sollten Sie immer heißes Wasser zum Vorwärmen in den Mixer geben, während der Kaffee noch zieht. Dann das heiße Wasser aus dem Mixer abgießen, sobald der Kaffee fertig ist, und alle Zutaten in den Mixer geben. Der Kaffee kann wie gewohnt aufgebrüht werden, ich empfehle allerdings einen Metallmaschenfilter bei Verwendung einer Kaffeemaschine oder gleich eine Stempelkanne.

Es ist erstaunlich, wie viele Leute warme Smoothies nicht mögen. Morgens etwas Kaltes zu trinken ist bestenfalls schlecht verträglich und mitten im Winter geradezu schrecklich. Es ist auch für den gesamten Organismus ein Schock und dennoch machen wir genau das – wir pürieren Früchte bei einer Temperatur, die so eisig ist, dass wir den Geschmack gar nicht wahrnehmen können und wir Kältekopfschmerzen bekommen. Deshalb nur so viel: Ich glaube, Sie werden die warmen Smoothies in diesem Kapitel lieben!

Es gibt hier auch einige kalte Smoothies, für die es mit Sicherheit den richtigen Zeitpunkt und die richtige Gelegenheit gibt – aber die warmen Varianten funktionieren das ganze Jahr über. Sie sind ein praktischer und einfacher Träger für eine große Dosis an Nährstoffen und Fett. Zudem gibt es einige sehr nahrhafte Lebensmittel, die sich gut in einem Smoothie verarbeiten lassen, aber wirklich niemals roh genossen werden sollten – wie Grünkohl beispielsweise. Die meisten würden Grünkohl zusammen mit Obst und weiterem Grünzeug in einen grünen Smoothie werfen, aber wenn Sie Ihre Bulletproof-Regeln kennen, wissen Sie bereits, dass Sie die Oxalsäure auskochen sollten – ein natürlich vorkommendes Toxin, das dazu da ist, in der Natur Räuber abzuhalten. Ich koche auch die Karotten in meinem warmen Karotten-Ingwer-Smoothie auf Seite 163 in Kapitel 7 (der tatsächlich auch in dieses Kapitel hier passen würde!), um die Konsistenz etwas weicher und die Karotten leichter verdaulich zu machen. Wenn Sie einmal darüber nachdenken, ist es nicht wirklich möglich, eine rohe Karotte richtig zu pürieren: Sie wird erst durch das Entsaften richtig schön »smooth«. Durch das vorherige Kochen erzielt man ein total geschmeidiges, cremiges Resultat und, wenn es dann noch warm genossen wird, ist es über alle Maßen lecker. Wie bei allem, was Bulletproof ist, muss nicht lange gekocht werden – es genügt ein leichtes Köcheln oder Dünsten. Anbraten ist nicht nötig.

Wenn es darum geht, den Smoothies Eiweiß zuzusetzen, bevorzuge ich Molke oder Kollagen. Teilweise weil einige Leute bei der Verwendung von rohen Eiern nervös werden – vor allem aber weil Eiweißpulver so einfach zu handhaben ist. Wir sind alle sehr beschäftigt und Eiweißpulver hat es nährstoffmäßig wirklich in sich. Es hat keinen Eigengeschmack, lässt sich gut aufbewahren und verdirbt nicht schnell. Was sollte man daran also nicht lieben? Für unseren modernen Lebensstil ist es ein Superfood, das wir nutzen sollten.

Auch für die Fette habe ich natürlich meine bewährten Lieblingsquellen: MCT-Öl,

Kokosöl und Weidebutter. Alle drei sind großartige Optionen, wobei die Butter allem einen so guten und reichhaltigen Geschmack verleiht, dass ich dazu neige, sie zu meinem absoluten Liebling zu erklären. Ich mag sie im warmen Süßkartoffel-Mandarinen-Smoothie (Seite 184), einem wirklich göttlichen Genuss. Es klingt zuerst nach einer merkwürdigen Kombination, aber glauben Sie mir: Sie wird Sie vom Hocker hauen!

Ich gebe gewöhnlich bis zu 4 Esslöffel Butter in meinen Smoothie – wenn Sie noch neu sind beim Bulletproof-Essen, können Sie erst einmal mit 2 Esslöffeln beginnen und sich von Ihrem Hunger und Geschmack sagen lassen, wie viel und wann Sie mehr nehmen. Butter ist schwer und wenn Sie es zu Beginn gleich übertreiben, könnte das Ihre Verdauung durcheinanderbringen. Das Tolle daran: Butter ist auch sättigend und wohltuend, Sie beginnen den Tag mit einer warmen Mahlzeit – selbst wenn dies in Form eines Smoothies geschieht! – und das verschafft Ihnen Energie für den ganzen Tag.

Das Letzte, was ich über warme Smoothies sagen möchte, ist, dass sich die Aromen durch den Kochvorgang schön entwickeln können. Nehmen wir beispielsweise Kokosnuss und Zimt: Durch das Erhitzen nehmen die Zutaten mehr Geschmack und Aroma an, sodass der Smoothie noch leckerer wird.

Und nun zu dem Rezept, mit dem alles angefangen hat und mit dem jeder Tag beginnt: Bulletproof-Kaffee.

Bulletproof-Kaffee

Für 1 Portion

Dies ist das Kernstück aller Rezepte. Damit beginnen Sie Ihren Tag, mit diesem Kaffee wurde die Bulletproof-Diät geboren. Mischen Sie Weidebutter und Brain Octane Oil nach und nach in Ihren morgendlichen Bulletproof-Upgraded-Kaffee. Beginnen Sie mit 1 Esslöffel Butter und steigern Sie die Menge im Lauf mehrerer Tage auf 2 Esslöffel. Beim Öl steigern Sie die Menge über mehrere Tage hinweg auf 1 bis 2 Esslöffel.

2½ gehäufte Esslöffel frisch gemahlene Bulletproof-Upgraded-Kaffeebohnen (oder die beste Alternative – die saubersten Bohnen, die Sie bekommen können: Arabica-Bohnen, sortenrein, in Hochlagen gewachsen, gewaschen, nasse Aufbereitung)

1 Tasse gefiltertes Wasser, frisch aufgekocht

1 TL Bulletproof Brain Octane Oil (oder MCT- oder Kokosöl)

1–2 EL ungesalzene Weidebutter

Den Kaffee wie gewohnt mit dem Wasser aufbrühen. Den aufgebrühten Kaffee mit dem Öl und der Butter in den Mixer geben und ca. 20 Sekunden mixen, bis er glatt, emulgiert und schaumig ist.

Bulletproof-Butternut-Latte

Für 1–2 Portionen

Geben Sie Ihrem Morgenkaffee einen kraftvollen Stoß Beta-Carotin durch Butternut-Kürbis als wärmenden Winterzusatz. Bitte beachten: Dieses Rezept eignet sich nicht für das intermittierende Bulletproof-Fasten, da es Kohlenhydrate enthält.

2 Tassen kochend heiß aufgebrühten Kaffee aus Bulletproof-Upgraded-Kaffeebohnen

Bis zu 2 EL ungesalzene Weidebutter (lassen Sie sich von Ihrem Hunger leiten)

Bis zu 2 EL Bulletproof Brain Octane Oil (oder MCT- oder Kokosöl) (lassen Sie sich von Ihrem Hunger leiten)

1 Tasse gekochte Butternut-Kürbiswürfel

½ TL gemahlener Zimt (nach Belieben)

Stevia oder Birkenzucker (Xylitol) (nach Belieben)

Kaffee, Butter, Öl und Butternut-Kürbis in einen Mixer geben. Den Deckel des Mixers mit einem Tuch abdecken (falls er nicht ganz dicht schließt) und alles fein pürieren, bis sich oben eine dicke Schaumschicht bildet – wie bei einem Latte. Nach Belieben mit Zimt und Süßungsmittel abschmecken.

Bulletproof Heiße Schokolade mit Kokosmilch

Für 1–2 Portionen

Kakaobutter und Vanillepulver sind hier die interessanten Zutaten. (Ich verwende natürlich meine Bulletproof-Kakaobutter und Bulletproof VanillaMax). Das Getränk duftet wunderbar schokoladig und verschafft Ihnen einen Kick durch seine guten Fette und die hohe Qualität seiner Zutaten. Ein dekadentes, genussreiches Getränk, das auch Kindern schmeckt!

2 Tassen Kokosmilch aus der Dose, gut geschüttelt
1 EL Kakaobutter
3 EL rohes Kakaopulver wie Bulletproof-Schokoladenpulver
1 TL Vanillepulver wie Bulletproof VanillaMax
Flüssiges Stevia

In einem kleinen Topf die Kokosmilch bei mittlerer Hitze aufkochen und sofort vom Herd nehmen. Dann mit Kakaobutter, Schokoladen- und Vanillepulver in einen Mixer füllen.

Den Deckel des Mixers mit einem Tuch abdecken (falls er nicht ganz dicht schließt) und alles fein pürieren, bis die Konsistenz cremig ist und sich oben eine Schaumschicht bildet. Nach Geschmack mit Stevia süßen.

Grüntee-Latte

Für 1–2 Portionen

Dieser Grüntee-Latte ist eine milde Alternative zu Kaffee und Trinkschokolade, die beide für sich üppiger sind und einen ausgeprägteren Geschmack haben. Matcha-Tee und Kokosmilch sind mild, Grüntee hat zudem auch noch den unglaublichen Vorteil, die Konzentration zu fördern – seit Jahrhunderten wird er von Zen-Mönchen für die Meditation bevorzugt. An Eiweißfastentagen lassen Sie das Eiweißpulver einfach weg. Ich bevorzuge Bulletproof VanillaMax und Bulletproof Molkeeiweißpulver – wenn Sie etwas anderes verwenden, vergewissern Sie sich, dass das Eiweißpulver hitzebeständig ist.

1 Tasse Kokosmilch aus der Dose, gut geschüttelt
½ Tasse gefiltertes Wasser, frisch aufgekocht
1 TL reines Matcha-Grünteepulver
1 TL Vanillepulver wie Bulletproof VanillaMax
2 EL Bulletproof-Upgraded-Kollagen (nach Belieben)
Stevia oder Birkenzucker (Xylitol) (nach Belieben)

In einem kleinen Topf die Kokosmilch bei mittlerer Hitze aufkochen und sofort vom Herd nehmen. In einer kleinen Tasse das heiße Wasser mit dem Matcha-Pulver gründlich verquirlen.

Den Tee mit Kokosmilch und Vanillepulver in einen Mixer geben, den Deckel des Mixers mit einem Tuch abdecken (falls er nicht ganz dicht schließt) und alles fein pürieren, bis die Konsistenz cremig ist und sich oben eine Schaumschicht bildet. Nach Belieben für eine Extraportion Eiweiß das Kollagen hinzufügen und leicht untermixen. Nach Geschmack süßen.

Warmer Süßkartoffel-Mandarinen-Smoothie

Für 1–2 Portionen

Eine Kombination, die sich nicht gerade aufdrängt – aber ein großartiges Frühstück, das eine Zeit lang für Sättigung sorgt. Auch eine reichhaltige, süße und leicht saure Leckerei für Eiweißfastentage.

1 Tasse gehackte Süßkartoffel

½ Tasse gefiltertes Wasser, frisch aufgekocht

2 Mandarinen, geschält, entkernt und gehackt

½ TL grobes Meersalz

1–4 EL Apfelessig (nach Geschmack)

2–4 EL ungesalzene Weidebutter (lassen Sie sich von Ihrem Hunger leiten)

1–2 EL Bulletproof Brain Octane Oil (oder MCT- oder Kokosöl) (lassen sie sich von Ihrem Hunger leiten)

Alle Zutaten im Mixer cremig pürieren.

Warmer Smoothie mit Grünkohl und Ananas

Für 1–2 Portionen

Dieses Rezept enthält etwas Zucker aus der Ananas, ist aber eine tolle Möglichkeit, Grünkohl zu genießen – absolut köstlich! Bitte beachten: Das Rezept ist keine gute Wahl für einen Ketose-Tag. Sorgen Sie dafür, den warmen Smoothie Bulletproof zu machen, indem Sie den Grünkohl dünsten und abgießen, um den Oxalsäuregehalt niedrig zu halten.

1 Tasse gehackte Grünkohlblätter, Mittelrippen entfernt
1 Tasse gehackte Ananas
½ Avocado, geschält
1 TL Limettensaft
2 EL Bulletproof-Upgraded-Kollagen (nach Belieben)

In einem Topf mit Dämpfeinsatz ca. 1 Tasse Wasser zum Köcheln bringen und den Grünkohl darin zugedeckt 5 Minuten dünsten.

Den Grünkohl in einen Mixer geben. ¼ Tasse Kochwasser mit Ananas, Avocado und Limettensaft ebenfalls in den Mixer geben. Alles glatt und cremig pürieren und, falls die Konsistenz dünner sein soll, mehr heißes Wasser dazugießen. Nach Belieben für eine Extraportion Eiweiß das Eiweißpulver leicht untermixen.

Kokos-Smoothie

Für 1–2 Portionen

Wie könnte man Kokosöl besser in die Ernährung integrieren als mit diesem reinen, weißen Smoothie?

½ Tasse ungesüßte Kokosraspel
2 Tassen Kokosmilch aus der Dose, gut geschüttelt
1–2 EL Bulletproof Brain Octane Oil (oder MCT- oder Kokos-
öl) (lassen Sie sich von Ihrem Hunger leiten)
1 TL Vanillepulver wie Bulletproof VanillaMax
2 EL Bulletproof-Upgraded-Kollagen (nach Belieben)
Stevia oder Birkenzucker (Xylitol)

Den Backofen auf 150 °C vorheizen.

Die Kokosraspel in einer Auflaufform und unter Rühren auf Sicht 3 Minuten rösten, dabei öfters wenden, sie sollen nicht dunkel werden. 1 Handvoll geröstete Kokosraspel zum Garnieren beiseitestellen, den Rest in einen Mixer füllen.

Kokosmilch, Öl und Vanillepulver mit in den Mixer geben und alles so lange fein pürieren, bis die Kokosraspel zerkleinert sind und eine cremige Konsistenz entstanden ist – das dauert mindestens 1 Minute. Nach Belieben für eine Extraportion Eiweiß das Kollagen leicht untermixen. Nach Geschmack süßen. Mit den restlichen gerösteten Kokosraspeln garnieren.

Erdbeer-Sahne-Smoothie

Für 2 Portionen

Jeder braucht hin und wieder etwas zu Naschen – und das könnte gar nicht besser gehen als mit frischen Erdbeeren und Sahne.

2 Tassen Erdbeeren (am besten in der Saison vom Bauernmarkt)
½ Tasse Sahne aus Weidemilch (oder Kokossahne, wenn Ihnen
das lieber ist)
1 TL fein gehackte Minze, plus Minzstängel zum Garnieren
Stevia oder Birkenzucker (Xylitol) (nach Belieben)

In einem Mixer die Erdbeeren mit der Sahne glatt pürieren. Die Minze dazugeben und nochmals kurz mixen. Falls nötig, für eine dünnere Konsistenz etwas Wasser dazugießen. Den Smoothie nach Belieben süßen und mit einem Minzstängel garnieren.

KAPITEL 9

Desserts

Und nun kommen wir zu den Desserts. Wie im Kapitel mit den Lattes und Smoothies gefällt mir auch hier wieder, was alles möglich ist. Denn Sie würden wahrscheinlich vermuten, eher Verzicht üben zu müssen, wenn es um köstliche und erfreuliche Leckereien geht. Sobald Sie jedoch wissen, wie Sie die natürliche Süße und glatte Konsistenz von Bulletproof-Lebensmitteln zur Geltung bringen können, lassen sich Desserts zaubern, die – das wage ich tatsächlich zu sagen – sogar besser schmecken als solche, die vollgepackt sind mit Zucker und anderen Antinährstoffen.

Eines ist klar: Hier gibt es keinen weißen Zucker, auch keinen Kokoszucker und keinen Agavensirup. Das heißt aber nicht, dass es an Süße fehlt. Beim Anlegen eines Bulletproof-Vorratsschranks können Sie Birkenzucker (Xylitol), Erythritol und Stevia einplanen und damit so gut wie alles zubereiten, was Ihnen vorschwebt. Ich finde, Birkenzucker und Erythritol haben jeweils ein recht ausgeprägtes eigenständiges Geschmacksprofil (das erste leicht metallisch, das zweite nach verbranntem Holz) – mischt man jedoch beide, ergibt sich ein perfektes breiteres Geschmacksprofil. Ab und zu verwende ich auch eine kleine Menge Stevia, aber die oben genannte Halbe-Halbe-Mischung ist bei den Süßungsmitteln meine Standardlösung. Manchmal habe ich die Mischung auch schon im Mixer feiner gemahlen, weil die Körnchengröße so grob wie bei Rohrohrzucker ist. Das ist ein guter Hack, um andere Rezepte Bulletproof zu machen: Sie können Birkenzucker und Erythritol pulverisieren, dann lassen sie sich genauso verwenden wie ein Produkt mit feinerer Konsistenz. Bei der Beschaffung von Birkenzucker achten Sie bitte auf eine GVO-freie Variante und berücksichtigen Sie, dass es für Hunde extrem giftig ist. Ein Hund kann daran sterben! Das war in vielen Haushalten der traurige Fall, wenn Xylitol-Kaugummi herumlag – also bewahren Sie Ihr Xylitol (in welcher Form auch immer) sicher für Sie und Ihre Haustiere auf. Abgesehen davon, dass Sie Zucker durch Süßungsmittel ersetzen können, lässt sich auch die natürliche Textur vieler Bulletproof-Lebensmittel zur Verbesserung der Cremigkeit nutzen. Erdbeeren ergeben

ein herrlich cremiges Sorbet, bei eher säuerlich-herben Beeren (wie Himbeeren) sorgt Rote Bete als Zusatz für ein supersüßes Aroma und eine fantastisch cremige Konsistenz. Auch Avocado eignet sich, um eine reichhaltige cremige Textur und ein cremiges Gefühl im Mund zu erzeugen. Die Vegane Schoko-Mousse (Seite 204) ist ein perfektes Beispiel dafür, wie samtig ein Bulletproof-Dessert sein kann. Vertrauen Sie mir, Sie werden nicht das Gefühl haben, dass Ihnen irgendetwas entgeht.

Ich verwende auch etwas Ahornsirup, weil ich mir ab und zu ein paar Ausgleichsessen gönne – vor allem um die Feiertage herum, wenn ich ein bestimmtes Geschmacksprofil erreichen möchte. »Sehr dunkler« Ahornsirup ist rein und schmeckt erstaunlich, daher braucht man wenig davon und erhält dennoch den beabsichtigten Geschmack.

Ein weiterer Hack, den man beim Süßen von Desserts nicht vergessen sollte, ist Vanille, die dank ihres Aromas eine Süße weitgehend ersetzen kann. Vanille schmeckt angenehm und lässt diese Vorstellung von warmen, aromatischen Backwaren entstehen.

Honig ist eine interessante Option für Desserts, da es beim Hacken von Schlafmustern hilft. Erhitzt man Honig, so denaturiert er, daher verwende ich ihn nur zum Beträufeln – von Früchten, von Crêpes, von was auch immer. Suchen Sie immer nach unerhitztem Honig und versuchen Sie, Ihren Imker vor Ort (und die Bienen vor Ort) zu unterstützen, da diese Produkte günstige Eigenschaften haben und Allergien gegen lokale Umweltstoffe verringern können. Ein Dessert essen Sie vermutlich gegen Ende des Tages, also ist der Zeitpunkt perfekt, um Ihren Schlaf vor dem Zubettgehen mit einer kleinen Honigbeigabe zu hacken.

Bei der Verwendung von Obst für Ihre Desserts sollten Sie sich immer an die Sorten halten, die gerade erntereif sind. Verlangt ein Rezept beispielsweise Erdbee-ren und haben die gerade keine Saison, ersetzen Sie sie durch eine andere erntereife Beere. Auf diese Weise bekommen Sie nicht nur die reifsten, frischesten und schmackhaftesten Beeren, sondern es reduziert sich auch die Wahrscheinlichkeit, dass Sie Schimmelpilzgifte aus der langen Lagerung aufnehmen.

Bulletproof-Cupcakes

Für 20 Cupcakes

Dieses Rezept habe ich über einen Zeitraum von etwa zwei Jahren in erster Linie für meine Kinder entwickelt. Meine Tochter Anna ist mit acht Jahren noch immer eine begeisterte Bäckerin – was wohl daran liegt, dass sie oft mit mir zusammen gebacken hat, noch bevor sie laufen konnte. Die meisten Desserts im Paläo-Stil enthalten einfach zu viele Kohlenhydrate, meine Cupcakes kommen fast ohne Kohlenhydrate aus, wenn man das Reismehl weglässt. Sie schmecken erstaunlich und sind weder trocken noch zäh. Der Trick dabei ist, Eischnee zu verwenden.

Bei der Verwendung von Erythritol achten Sie auf dessen endothermische (stark kühlende) Reaktion mit dem Protein im Ei, denn es lässt die Temperatur in der Rührschüssel um etwa 6 °C fallen! Wenn Sie kein süßes Reismehl bekommen, lassen Sie es am besten weg – ersetzen Sie es nicht durch normales Reismehl, denn davon würden die Cupcakes sandig schmecken.

6 EL Erythritol (Zuckerersatz)
6 EL Birkenzucker (Xylitol)
330 g dunkle Schokolade (mind. 85 % Kakaoanteil), fein gehackt
170 g ungesalzene zimmerwarme Weidebutter
1 Prise rosa Himalaya-Salz
6 zimmerwarme Freilandeier (Größe L), getrennt
2 TL Vanillepulver wie Bulletproof VanillaMax
1 TL rohes Kakaopulver wie Bulletproof-Schokoladenpulver
1 EL süßes Reismehl (Mehl aus Rundkorn- oder Klebreis)

In das obere und untere Drittel des Backofens je einen Gitterrost schieben und den Ofen auf 180 °C (Umluft) vorheizen. 20 Mulden von 2 Muffinformen mit Papierförmchen auslegen.

Erythritol und Birkenzucker im Mixer sehr fein mahlen und beiseitestellen.

In einem kleinen Topf etwa 2 Tassen Wasser bei mittlerer Hitze zum Köcheln bringen. Schokolade und Butter in eine große hitzebeständige Schüssel geben, auf das Wasserbad setzen und unter gelegentlichem Rühren vollständig schmelzen (das dauert ca. 10 Minuten). Vom Herd nehmen und leicht abkühlen lassen.

In einem Standmixer mit Rührpaddel 6 Esslöffel Zuckerersatzmischung, Salz und Eigelbe bei mittlerer Geschwindigkeit ca. 3 Minuten schlagen, bis die Mischung hell und dicklich wird. Mit einem Teigspatel die Eigelbmischung unter die geschmolzene Schokolade heben und Vanillepulver, Kakaopulver und Reismehl unterrühren.

In einer Schüssel die Eiweiße mit dem Handrührgerät bei mittlerer Geschwindigkeit schlagen, bis sie weiche Spitzen bilden. Die übrige Zuckerersatzmischung langsam unterrühren, dann die Geschwindigkeit auf mittelhoch schalten und weiterschlagen, bis sich mittelfeste Spitzen gebildet haben. Den Eischnee in drei Portionen vorsichtig unter die Schokoladenmischung heben.

Die Masse in die Muffinmulden verteilen und im Ofen ca. 25 Minuten backen, bis an einem Zahnstocher, der in die Mitte eines Cupcakes eingestochen wird, beim Herausziehen so gut wie kein feuchter Teig zurückbleibt. Die Cupcakes 5 Minuten in der Form abkühlen lassen, dann herauslösen und auf einem Kuchengitter komplett auskühlen lassen.

Cremige Vanilleeiscreme

Für 2 Portionen

Kein Bulletproof-Kochbuch wäre vollständig ohne einen Hinweis auf diese Eiscreme. Ich habe sie erfunden, um die Fruchtbarkeit meiner Frau wiederherzustellen. Eine Stunde nach dem Verzehr haben Sie alle Voraussetzungen, um ein Baby machen zu können. Sie haben nur eine Möglichkeit, um festzustellen, ob es bei Ihnen funktioniert: Holen Sie die Eismaschine heraus (ich mag die von Cuisinart gerne, deren Schüssel man einfrieren kann). Der Trick sind die 10 Tropfen Apfelessig oder Limettensaft. Bitte beachten Sie: Es ist wichtig, dass Sie Bulletproof Brain Octane Oil oder MCT-Öl verwenden, nicht nur Kokosöl – weil sich dadurch die Konsistenz verändert. Wenn Sie auf zusätzliches Eiweiß aus sind, probieren Sie es mit etwas Bulletproof Upgraded Whey (Molke) – bereits ein paar Esslöffel machen die Konsistenz leichter.

4 Freilandeier (Größe L)
4 Eigelb von Freilandeiern (Größe L)
1 TL Vanillepulver wie Bulletproof VanillaMax
10 Tropfen Apfelessig
7 EL ungesalzene Weidebutter
7 EL Kokosöl
3 EL plus 2 TL Bulletproof Brain Octane Oil (oder MCT-Öl)
5 ½ EL Birkenzucker (Xylitol) oder Erythritol (Zuckerersatz)
Bis zu ½ Tasse Wasser oder zerstoßenes Eis (falls nötig)

In einem Mixer alle Zutaten außer dem Wasser bzw. Eis cremig pürieren. Dann Wasser oder Eis langsam dazugeben und nochmals mixen – für eine cremige Konsistenz nur so viel Wasser hinzufügen, bis die Mischung die Dicke von Schlagsahne hat. Soll die Textur eisiger werden, mehr Wasser dazugeben.

Die Mischung in eine Eismaschine füllen und entsprechend der Gebrauchsanleitung verarbeiten. Danach in einen Plastikbehälter füllen und 2 Stunden oder über Nacht einfrieren.

Beeren-Kokos-Sahne

Für 2 Portionen

Eine so gut wie bei jedem beliebte Kombination ist Schlagsahne mit Beeren. Sobald Sie jedoch merken, welchen anderen und vorzuziehenden Effekt Kokossahne hat, wird Ihnen der Tausch leichtfallen. Falls Sie nirgends Kokossahne bekommen, können Sie den wässrigen Teil einer Dose Kokosmilch abgießen (und anderweitig verwenden) und nur die feste Creme nehmen. Sie können auch eine kleine Menge Birkenzucker verwenden, achten Sie nur darauf, ihn im wässrigen Teil der Kokosmilch aufzulösen, bevor Sie diese abgießen, sonst wird es sandig.

280 g gemischte Beeren (z. B. Brombeeren, Blaubeeren und Himbeeren)

½ Tasse gut gekühlte Kokoscreme (oben abgesetzte Schicht in einer Dose Kokosmilch)

¼ TL Vanillepulver wie Bulletproof VanillaMax

½–1 TL Zitronensaft

1–2 TL Ahornsirup (nach Belieben)

Die Beeren auf Dessertschüsseln verteilen.

In einer großen Schüssel Kokossahne, Vanillepulver, Zitronensaft und Ahornsirup (falls verwendet) so lange schlagen, bis sich weiche Spitzen bilden.

Oben auf die Beeren einige Kleckse der geschlagenen Kokossahne setzen.

Bulletproof-Obstsalat

Für 1–2 Portionen

Durch die Avocado ist dieser Salat cremiger als ein normaler Obstsalat. In Kombination mit den Vitamin-C-haltigen Zitrusfrüchten steigern Avocados den Bulletproof-Faktor dieses Desserts. Beachten Sie bitte, dass die dunkelgrüne Schicht direkt unter der Schale am meisten Antioxidantien enthält – kratzen Sie die Schale daher gründlich aus, um alle guten Inhaltsstoffe zu nutzen.

1¼ Tassen Ananaswürfel (220 g)
1 Orange, filetiert (siehe Seite 104), Saft aufheben
1 TL Limettensaft
1 TL unerhitzter Honig
½ Avocado, geschält und gewürfelt
1 EL in dünne Streifen geschnittene Minze
1 EL ungesüßte Kokosraspel

In einer kleinen Schüssel Ananas, Orangenfilets und -saft, Limettensaft, Honig, Avocado und Minze vorsichtig mischen. Mit Kokosraspeln bestreuen.

Himbeer-Rote-Bete-Sorbet

Eine tolles Dessert, wenn Sie Kohlenhydrate essen, da Rote Beten eine gute Wahl für abendliche Kohlenhydrate sind. Sie machen dieses Sorbet auch besonders cremig und sorgen für eine erstaunliche Farbe! Bitte beachten Sie, dass zu viel Rote Bete den Oxalsäuregehalt in die Höhe treibt, ein bisschen davon jedoch günstig wirkt.

250 g Rote Beten, geputzt und gewaschen

¼ Tasse Erythritol (Zuckerersatz)

¼ Tasse Birkenzucker (Xylitol)

330 g Himbeeren (ca. 3 Tassen)

2 EL Bulletproof Brain Octane Oil (oder MCT- oder Kokosöl)

1½ TL Vanillepulver wie Bulletproof VanillaMax

1 EL Zitronensaft

1 Prise grobes Meersalz

Den Backofen auf 160 °C vorheizen.

Die Roten Beten mit ¾ Tasse Wasser in eine 20 x 20 cm große Auflaufform geben und im Ofen zugedeckt ca. 1 Stunde backen, bis sie weich sind, wenn man mit einem Messer hineinsticht. Abkühlen lassen, dann die Schale abziehen (dazu am besten Einmalhandschuhe verwenden).

In einem Mixer Erythritol und Birkenzucker fein mahlen. Rote Beten, Himbeeren, Öl, Vanillepulver, Zitronensaft und Meersalz dazugeben und alles glatt pürieren. Die Mischung durch ein feines Sieb in eine Schüssel streichen, um die Kerne zu entfernen.

Die Mischung 1 Stunde kühl stellen, anschließend in einer Eismaschine entsprechend der Gebrauchsanleitung verarbeiten. Das Sorbet 1 Stunde vor dem Servieren aus dem Gefrierfach nehmen.

Erdbeer-Semifreddo

Für 2 Portionen, es bleibt ein Rest

Dies ist im Grunde ein leichter Vanillepudding. Er verlangt etwas Arbeit, schmeckt aber köstlich und Sie können Ihre Gäste damit ganz sicher beeindrucken. Versuchen Sie nach Möglichkeit, regionale Bio-Erdbeeren zu kaufen, da Erdbeeren oft stark mit Pestiziden belastet sind. Wenn Sie so sind wie ich, können Sie gern das Passieren zum Entfernen der Kerne überspringen – wobei es natürlich eindeutig zu einem glatteren Ergebnis führt.

1 Dose Kokosmilch (400 ml), gut geschüttelt

¼ Tasse Erythritol (Zuckerersatz)

¼ Tasse Birkenzucker (Xylitol)

1 kg Erdbeeren

1 EL Bulletproof Brain Octane Oil (oder MCT- oder Kokosöl)

Abgeriebene Schale von 2 unbehandelten Limetten

3 Eigelb von Freilandeiern (Größe L)

1 Prise grobes Meersalz

½ TL Vanillepulver wie Bulletproof VanillaMax

Die Kokosmilch 15 Minuten ins Gefrierfach stellen, bis sie kalt ist.

Ein kaltes Wasserbad vorbereiten, dazu eine große Schüssel zur Hälfte mit Eiswasser füllen. Eine 23 x 13 cm große Kastenform mit Frischhaltefolie auslegen, dabei an jeder Seite 5 cm überhängen lassen

Erythritol und Birkenzucker in einem Mixer fein mahlen und beiseitestellen.

750 g Erdbeeren, Öl, Limettenschale und ¼ Tasse Zuckerersatzmischung im Mixer glatt pürieren. Das Fruchtpüree nach Belieben durch ein feines Sieb in eine Schüssel streichen, um die Kerne zu entfernen. ½ Tasse Püree für die Doko kühl stellen.

Einen mittelgroßen Topf 2,5 cm hoch mit Wasser füllen und bei mittlerer Hitze zum Köcheln bringen. Die Eigelbe in einer großen hitzebeständigen Schüssel, die auf den Topf passt, mit dem restlichen Zuckerersatzpulver und Salz mit dem Schneebesen 6 Minuten aufschlagen, bis die Mischung anfängt, dicklich zu werden und der Schneebesen deutliche Spuren hinterlässt. Die Schüssel sofort ins kalte Wasserbad stellen und unter Rühren kurz abkühlen lassen.

Inzwischen die gekühlte Kokosmilch mit dem Vanillepulver in einer Schüssel mit dem Handrührgerät ca. 5 Minuten bei mittelhoher Geschwindigkeit schlagen, bis sich weiche Spitzen bilden.

2 Tassen Kokosschlagsahne unter die abgekühlte Eigelbmischung heben, anschließend das Erdbeerpüree marmorartig unterheben. Die Semifreddo-Masse in die vorbereitete Kastenform verteilen. Die Form leicht auf den Tisch klopfen, damit die Luft entweicht. Dann die Frischhaltefolie über die Masse schlagen und das Semifreddo mindestens 6 Stunden oder über Nacht einfrieren.

Die Form rechtzeitig aus dem Gefrierfach nehmen und das Semifreddo 45 Minuten etwas weich werden lassen. Inzwischen die restlichen Erdbeeren vierteln.

Das Semifreddo mit einem Messer mit Wellenschliff in 2,5 cm dicke Scheiben schneiden. Mit dem beiseitegestellten Erdbeerpüree, den übrigen Beeren und der restlichen Kokossahne garniert servieren.

Himbeer-Clafoutis

Für 4 Portionen

Ein Ernährungsberater, der an diesem Buch mitwirkte, brachte mich auf den ausgefallenen französischen Namen für dieses Dessert. Ich persönlich arbeite noch an der richtigen Aussprache: *Cla-fu-ti.* Übrigens: Sie können die Himbeeren auch durch Brombeeren ersetzen – für diese leckere Kreation am besten 450 g dieser Beeren mit hoher Mikronährstoffdichte und vielen Antioxidantien verwenden. Achten Sie dabei nur auf sehr hochwertige Beeren, um Schimmelpilzgifte zu vermeiden.

1 TL ungesalzene Weidebutter, für die Form
330–450 g Himbeeren
3 Freilandeier (Größe L)
1¼ Tassen Kokosmilch aus der Dose, gut geschüttelt
½ Tasse süßes Reismehl (Mehl aus Rundkorn- oder Klebreis)
¼ TL Vanillepulver wie Bulletproof VanillaMax
Abgeriebene Schale von 1 unbehandelten Zitrone
¼ Tasse Erythritol (Zuckerersatz)
¼ Tasse Birkenzucker (Xylitol)
1 Prise grobes Meersalz

Den Backofen auf 180 °C vorheizen. Eine flache Backform, Pie-Form oder Tarte-Form (ca. 2 l Inhalt) mit Butter einfetten. Die Beeren auf dem Boden der Form verteilen.

In einer großen Schüssel Eier, Kokosmilch, Reismehl, Vanillepulver, Zitronenschale, Erythritol, Birkenzucker und Meersalz zu einer glatten Masse verschlagen.

Den Teig über die Himbeeren gießen und alles im Ofen 35–40 Minuten backen, bis der Teig etwas aufgegangen und gestockt ist. Den Clafoutis vor dem Servieren ca. 10 Minuten abkühlen lassen.

Ananas-Granita

Für 2 Portionen

Dieses Dessert ist vollgepackt mit Vitamin C und garniert mit antioxidantienreichen Himbeeren – eine leichte und erfrischende Wahl für Kohlenhydrattage. Sie werden staunen, was die Vanille dabei bewirkt: Sie lässt den Geschmack im Mund geradezu explodieren. Ich füge beim Mixen auch gerne etwas Brain Octane Oil zur Mischung hinzu, um die Fettrezeptoren in meinen Geschmacksknospen zu aktivieren.

1 kleine Ananas, geschält und harter Strunk in der Mitte entfernt
1 EL Limettensaft
1 EL unerhitzter Honig oder Birkenzucker (Xylitol)
⅛ TL Vanillepulver wie Bulletproof VanillaMax
2 TL fein gehackte Minze und einige Himbeeren, zum Garnieren

In einem Mixer Ananas, Limettensaft, Honig und Vanillepulver mischen und 5 Minuten stehen lassen, damit die Mischung Saft zieht. Anschließend alles mit Intervallschaltung zu einem dicken, aber noch etwas stückigen Püree mixen.

Die Masse in einen 20 x 20 cm großen Gefrierbehälter (ca. 2 l Inhalt) füllen und im Tiefkühlfach ca. 3 Stunden einfrieren. Dabei alle 30 Minuten durchrühren, bis das Püree körnig und beinahe fest geworden ist.

Die Granita mit einer Gabel herauskratzen und auf Dessertschüsseln oder Gläser verteilen. Mit Minze und Himbeeren garniert servieren.

Schoko-Kokos-Trüffel

Für 6 Trüffel

Sie können die Mandeln durch Walnüsse oder andere Nüsse ersetzen – oder die fertigen Kugeln in ungesüßten Kokosraspeln wälzen, um den Kokosgeschmack zu intensivieren. Diese Häppchen sind sehr sättigend und halten sich gut. Sie müssen aber wissen, dass man unvermeidlich Spuren davon in Ihrem Gesicht finden wird.

¼ Tasse Kokoscreme (oben abgesetzte Schicht in einer Dose Kokosmilch)

1 EL rohes Kakaopulver wie Bulletproof-Schokoladenpulver

60 g dunkle Schokolade (mind. 85 % Kakaoanteil), gehackt

¼ TL Vanillepulver wie Bulletproof VanillaMax

1 EL ungesalzene Weidebutter

1½ TL unerhitzter Honig oder Birkenzucker (Xylitol)

3 EL fein gemahlene rohe Mandeln

Grobes Meersalz

In einem Topf 1 Tasse Wasser bei mittlerer Hitze zum Köcheln bringen. In einer hitzebeständigen mittelgroßen Schüssel Kokoscreme, Kakaopulver, Schokolade, Vanillepulver und 1 Esslöffel kaltes Wasser mischen und im heißen Wasserbad unter Rühren zu einer homogenen Masse schmelzen (das dauert ca. 4 Minuten). Die Schüssel vom Wasserbad nehmen und die Schokoladenmischung 10 Minuten leicht abkühlen lassen (auf Körpertemperatur).

Butter und Honig mit dem Schneebesen unter die geschmolzene Schokolade ziehen und 2 Esslöffel Mandeln unterrühren. Die Masse ca. 1 Stunde kühl stellen.

Dann die Mischung zu sechs Kugeln (ca. 4 cm Ø) formen und in den restlichen Mandeln wälzen. Zuletzt mit einem Hauch Meersalz bestreuen.

Birnen mit Schokoüberzug

Für 2 Portionen

Birnen haben einen hohen Fruktosegehalt – genießen Sie dieses Dessert daher an einem Tag, an dem Sie keine weitere Fruktose essen. Dieses Rezept eignet sich übrigens auch wunderbar für Erdbeeren. Oft sollten Sie dieses Dessert zwar nicht essen – aber wenn, dann mit vollem Genuss.

- **60 g dunkle Schokolade (mind. 85 % Kakaoanteil), grob gehackt**
- **1 EL ungesalzene zimmerwarme Weidebutter**
- **2 reife, aber feste Birnen (z. B. Alexander- oder Anjou-Birnen),** **gründlich gewaschen und abgetrocknet**
- **Für das Topping: 1 EL gemahlene Nüsse (z. B. Mandeln, Wal- oder Haselnüsse), Kakaonibs oder ungesüßte Kokosraspel, grobes Meersalz**

Einen Teller oder ein kleines Backblech mit Backpapier auslegen und beiseitestellen.

In einem kleinen Topf 2,5 cm hoch Wasser zum Köcheln bringen. In einer kleinen hitzebeständigen Schüssel die Schokolade auf dem heißen Wasserbad unter gelegentlichem Rühren 8–10 Minuten zerlassen, bis sie zu drei Vierteln geschmolzen sind. Die Schüssel vom Topf nehmen und die Schokolade weiterrühren, bis sie vollständig geschmolzen ist. Dann die Butter gründlich unterrühren. Die Schokolade sollte geschmolzen, aber nicht heiß sein.

Die Schüssel etwas schräg halten, damit sich die Schokolade sammeln kann. Jede Birne mit der Unterseite in die Schokolade tauchen. Den Schokoguss mit dem Topping Ihrer Wahl und grobem Meersalz bestreuen und die Birnen auf das Backpapier setzen. Im Kühlschrank ca. 20 Minuten kühl stellen, bis die Schokolade fest geworden ist.

Vegane Schoko-Mousse

Für 2 Portionen

Sie hätten nicht erwartet, vegane Rezepte in diesem Buch zu finden, stimmt's? Es gibt durchaus fettreiches veganes Essen – insbesondere wenn man Avocado statt Eier verwendet. Dieses Rezept ist erstaunlich einfach und schnell gemacht. Der perfekte Abschluss für ein Abendessen, das reich an Omega-3-Fettsäuren ist – wie die Fenchel-Zitronengras-Suppe mit Lachs (Seite 176).

**6 EL Kokoscreme (oben abgesetz-
te Schicht in einer Dose Kokosmilch) und 4 EL Kokosflüssigkeit
(Kokosmilch unten in der Dose)
½ TL Vanillepulver wie Bulletproof
VanillaMax**

**2 EL Stevia
60 g dunkle Schokolade (mind.
85 % Kakaoanteil), in 2,5 cm
große Stücke gebrochen
¼ TL grobes Meersalz
1 Avocado, entkernt und geschält**

In einer hitzebeständigen Schüssel Kokoscreme mit Kokosmilch, Vanillepulver, Stevia, Schokolade und Meersalz auf dem heißen Wasserbad 8–10 Minuten vorsichtig verrühren, bis alles geschmolzen ist. Dann in einen Mixer füllen, die Avocado dazugeben und alles glatt pürieren. Die Mousse etwas abkühlen lassen und bei Zimmertemperatur servieren oder noch 15 Minuten kühl stellen.

Kokos-Crêpes mit Zitrussalat

Für 2 Portionen

Crêpes sind ohne Kohlenhydrate schwer herzustellen, denn sie schmecken dann wie Spiegelei. Hier nehme ich süßes Reismehl, um alle Zutaten zusammenzuhalten und sie wie echte Crêpes schmecken zu lassen. Ein wirklich erstaunliches Dessert! Sie können es natürlich auch mit Schokolade servieren. Das Rezept ergibt sechs Crêpes, eignet sich also perfekt für eine Abendeinladung. Und mit etwas Übung im Wenden in der Luft wird die Vorstellung noch eindrucksvoller!

4 EL ungesalzene Weidebutter oder Ghee, leicht zerlassen

½ Tasse süßes Reismehl, mit dem Löffel eingefüllt und glatt gestrichen (Mehl aus Rundkorn- oder Klebreis)

2 zimmerwarme Freilandeier (Größe L)

¾ Tasse Kokosmilch aus der Dose, gut geschüttelt

1 Prise grobes Meersalz

2 Orangen, filetiert (siehe Seite 104)

1 TL unerhitzter Honig, zum Beträufeln (nach Belieben)

Im Mixer 3 Esslöffel zerlassene Butter mit Reismehl, Eiern, Kokosmilch, 2 Esslöffeln Wasser und Salz mischen. Alles ca. 1 Minute pürieren, bis die Mischung schaumig und gründlich gemixt ist. Den Teig 1 Stunde kühl stellen.

In einer beschichteten Pfanne (ca. 23 cm Ø) oder einer Crêpe-Pfanne bei mittlerer Hitze gerade so viel von der restlichen Butter erhitzen, dass sie leicht gefettet ist. Jeweils ¼ Tasse Teig in die Pfanne gießen und die Pfanne nach allen Seiten schräg halten, um den Teig darin gleichmäßig zu verteilen. Den Crêpe 2 Minuten backen, dann vorsichtig wenden und von der anderen Seite noch 1 Minute backen. 5 weitere Crêpes auf diese Art backen, dabei nach Bedarf weitere Butter in die Pfanne geben.

Die Crêpes mit Orangenfilets und nach Belieben mit Honig beträufelt servieren.

Kleine Kürbis-Flans

Für 8 Portionen

Genießen Sie dieses Dessert un Feiertagen, wenn Sie im Erhaltungsmodus sind. Echter Ahornsirup ist ein gutes, fruktosearmes Süßungsmittel, solange Sie ihn nur zu besonderen Gelegenheiten und nicht täglich genießen. Kaufen Sie wirklich ungesüßtes Kürbispüree in der Dose, keine Kürbis-Pie-Füllung, die viel Zucker enthält!

Bulletproof Brain Octane Oil (oder MCT- oder Kokosöl), für die Förmchen
3 Tassen Kokosmilch aus der Dose, gut geschüttelt
3 Freilandeier (Größe L)
2 Eigelb von Freilandeiern (Größe L)
1 TL gemahlener Zimt
¾ TL gemahlener Ingwer
½ TL grobes Meersalz

½ TL Vanillepulver wie Bulletproof VanillaMax
1 Tasse ungesüßtes Kürbispüree (Dose, ersatzweise die entsprechende Menge Hokkaido-Kürbis garen und pürieren)
⅓ hochwertiger »sehr dunkler« Ahornsirup, plus 2 EL zum Servieren
¼ Tasse Birkenzucker (Xylitol)

Den Backofen auf 180 °C vorheizen. 8 Auflaufförmchen (je ca. 180 ml Inhalt) mit Öl fetten und nebeneinander in die Fettpfanne des Ofens stellen.

Im Mixer Kokosmilch, Eier, Eigelbe, Zimt, Ingwer, Meersalz, Vanillepulver, Kürbispüree, ⅓ Tasse Ahornsirup und Birkenzucker glatt pürieren. Je ca. ⅔ Tasse in jedes Förmchen gießen.

Die Fettpfanne in den Ofen schieben und so viel Wasser in das Blech gießen, dass die Förmchen zur Hälfte im Wasser stehen. Alles locker mit Alufolie abdecken, in die meh rere kleine Löcher gestochen sind, und die Flans im Wasserbad im Ofen 35–40 Minuten backen, bis sie gestockt sind. Die Fettpfanne vorsichtig herausziehen und die Flans im Wasser noch 20 Minuten abkühlen lassen, dann 2 Stunden kühl stellen.

Die Flans abgekühlt in den Förmchen servieren, beträufelt mit etwas Ahornsirup.

Gewürzte Bratäpfel

Sie brauchen eine tolle Apfelsauce? Einfach die Bratäpfel mit dem Bratsud in der Küchenmaschine glatt pürieren. Nur Bio-Äpfel verwenden, um möglichst wenigen Pestiziden ausgesetzt zu werden.

1 ½ EL Ghee, zerlassen
1 TL Bulletproof Brain Octane Oil
   (oder MCT- oder Kokosöl)
¼ TL Vanillepulver wie Bulletproof
   VanillaMax
2 TL Zitronensaft

1 Zimtstange
1 ½ TL fein gehackter geschälter
   Ingwer
2 Bio-Äpfel (z. B. Boskoop oder
   Golden Delicious), geschält,
   geviertelt und entkernt

Den Backofen auf 160 °C vorheizen.

In einer 23 x 33 cm großen Auflaufform Ghee, Öl, Vanillepulver, Zitronensaft, Zimtstange und Ingwer mischen. Die Äpfel dazugeben und darin rundum wenden. Die Äpfel mit der flachen Seite nach unten legen. Die Form mit Alufolie abdecken und die Äpfel im Ofen 35–40 Minuten backen, dabei nach der Hälfte der Garzeit die Äpfel wenden. Die Äpfel sollen weich sein, wenn mit einem Messer hineinstich.

Warm servieren.

Bulletproof-Blaubeer-Gelato

Für 2–4 Portionen

Was wäre ein Festessen ohne ein Dessert? Blaubeeren sind ein wahres antioxidatives Kraftwerk – die Anthocyane, die ihnen ihre blaue Farbe geben, erhöhen zudem das HDL (das gute Cholesterin) und bekämpfen Entzündungen. Dieses Rezept verwendet Kokosmilch, damit alles leicht und erfrischend wird. Unbedingt Bio-Blaubeeren kaufen, konventionelle enthalten viele Pestizidrückstände.

280 g Blaubeeren

½ Tasse plus 2 EL Kokosmilch aus der Dose, gut geschüttelt

3 EL Bulletproof Brain Octane Oil (oder MCT- oder Kokosöl)

2 Eigelb von Freilandeiern (Größe L)

1 Prise Vanillepulver wie Bulletproof VanillaMax

3 EL Birkenzucker (Xylitol)

2 g (2000 mg) Ascorbinsäure (siehe Tipp), für den herben Geschmack

Im Mixer alle Zutaten glatt pürieren.

Die Mischung in einen Eiswürfelbehälter füllen (am besten aus Silikon) und 3 Stunden ins Gefrierfach stellen (oder eine Eismaschine verwenden, falls vorhanden).

Die gefrorenen Eiswürfel wieder in den Mixer geben und kurz mixen, bis sie wieder etwas weich werden.

Tipp:

Ascorbinsäure ist nichts anderes als Vitamin C. Falls Sie dieses ohnehin als Nahrungsergänzungsmittel nehmen, können Sie einfach den Inhalt von ein paar Kapseln verwenden.

Super-üppiger Schoko-Trüffel-Pudding

Für 4 Portionen

Mit Zutaten bester Qualität wird ein solches Dessert zu einem nährstoffreichen Lebensmittel, das Ihnen beim Abnehmen hilft – und kein Kryptonit-Essen, das Entzündungen und weitere Essgelüste hervorruft.

Tipp:
Verwenden Sie Bulletproof CollaGelatin, das Produkt liefert doppelt so viel Eiweiß wie normale Gelatine.

4 Tassen Kokosmilch aus der Dose, gut geschüttelt

Bis zu 4 EL Birkenzucker (Xylitol) oder Stevia (nach Geschmack)

1 EL Gelatinepulver wie Bulletproof CollaGelatin

2 TL Vanillepulver wie Bulletproof VanillaMax

¾ Tasse rohes Kakaopulver wie Bulletproof-Schokopulver

4 EL ungesalzene Weidebutter

1 EL Bulletproof Brain Octane Oil (oder MCT- oder Kokosöl)

¼ Tasse Macadamia-Nüsse, plus einige zum Garnieren
  (nach Belieben)

In einem Topf 1 Tasse Kokosmilch mit Birkenzucker und Gelatine bei mittlerer Hitze erwärmen, bis sich alles aufgelöst hat.

Die restliche Kokosmilch in einen Mixer gießen, Vanillepulver, Kakaopulver, Butter und Öl dazugeben und alles gründlich pürieren. Die heiße Kokosmilch-Gelatine-Mischung und die Macadamia-Nüsse (falls verwendet) hinzufügen und alles in der Intervallschaltung mixen. Die Masse in eine große Schüssel füllen und 1 Stunde im Kühlschrank fest werden lassen.

Nach Belieben mit gehackten Macadamia-Nüssen garnieren.

Ultimativ cremige Panna Cotta mit Kokos-Blaubeeren

Für mindestens 4 Portionen

Zu den größten Vorteilen der Bulletproof-Diät gehört, dass man so genussreiche Desserts wie dieses hier regelmäßig essen darf.

Tipp:
Bulletproof CollaGelatin liefert die doppelte Menge Eiweiß von normaler Gelatine.

> **1 Tasse Blaubeeren (frisch oder tiefgekühlt), plus mehr zum Servieren**
> **4 Tassen Kokosmilch aus der Dose, gut geschüttelt**
> **Bis zu 4 EL Birkenzucker (Xylitol) oder Stevia (nach Geschmack)**
> **2 EL Gelatinepulver wie Bulletproof CollaGelatin**
> **2 TL Vanillepulver wie Bulletproof VanillaMax**
> **4 EL ungesalzene Weidebutter**
> **1 EL Bulletproof Brain Octane Oil (oder MCT- oder Kokosöl)**
> **½ Tasse ungesüßte Kokosraspel**

Die Blaubeeren auf dem Boden einer Form mit hohem Rand verteilen – am besten eine runde oder quadratische Auflaufform (20–23 cm Ø).

In einem Topf 1 Tasse Kokosmilch, Birkenzucker und Gelatine mischen und bei mittlerer Hitze erwärmen, bis sich alles aufgelöst hat.

Die restliche Kokosmilch in einen Mixer gießen, Vanillepulver, Butter und Öl dazugeben und alles gründlich pürieren. Dann die heiße Kokosmilch-Gelatine-Mischung und die Kokosraspel hinzufügen und alles in der Intervallschaltung mixen. Die Masse über die Blaubeeren gießen und 1 Stunde im Kühlschrank fest werden lassen.

Mit ein paar Beeren garniert servieren.

Bulletproof-CollaGelatin-Happen

Für 4–6 Portionen

Gelatine liefert den Mahlzeiten die Aminosäuren Glycin, Prolin und Alanin. Diese fehlen in der westlichen Ernährung häufig – der Körper braucht sie jedoch, um Haut, Gelenke und Knochen gesund zu halten und zu regenerieren.

3 Tassen Ihrer Lieblings-Kräuterteemischung (ich liebe eine Mischung aus Löwenzahnwurzel, Brennnessel, Ingwer, Zimtrinde und Fenchelsamen)
¼ Tasse Zitronensaft
¼ Tasse unerhitzter Honig oder Birkenzucker (Xylitol)
6 EL Bulletproof CollaGelatin (oder falls es weniger Eiweiß sein soll, 3 EL normales Gelatinepulver)

In einem Topf Tee, Zitronensaft und Honig bei mittlerer Hitze erwärmen, dann die Temperatur auf niedrige Stufe schalten.

Mit einem Stabmixer alle Zutaten gründlich mischen. CollaGelatin dazugeben und so lange weitermixen, bis sich die Gelatine aufgelöst hat.

Die Mischung in einen Topf oder eine Form (rund oder quadratisch, 20–23 cm Ø) gießen. Abkühlen lassen, dann 2 Stunden in den Kühlschrank stellen, damit die Masse fest wird. Die Masse in Würfel schneiden und servieren!

Variante: CollaGelatin-Happen mit Ananas und Hibiskus
Für einen entspannenden Nachmittags- oder Abendimbiss die 3 Tassen Kräutertee und den Zitronensaft ersetzen durch 1 Tasse Kamillentee, 2 Tassen Hibiskustee und ¼ Tasse frischen Ananassaft. Diese Mischung vor dem Kühlstellen auf jeden Fall erhitzen, um das Bromelain im Ananassaft zu deaktivieren.

KAPITEL 10

Würzsalz, Würzbutter
und Würzmittel

Gewürze und Würzmittel haben häufig medizinische oder heilende Eigenschaften. Es gehört zur Bulletproof-Philosophie, solche Vorteile zu nutzen und andere Gewürze zu meiden, die mehr Nach- als Vorteile aufweisen. Probieren Sie ruhig aus, was Ihnen guttut, berücksichtigen Sie dabei jedoch, was »suspekte« Gewürze wie Knoblauch und schwarzer Pfeffer bewirken – in diesen Fällen kommt der Qualität eine noch größere Bedeutung zu. Daher werden Sie hier keine suspekten Gesellen finden.

Fenchelsalz

Für ca. ⅓ Tasse

Als Kind kannte ich Fenchelsamen noch nicht, aber ich lernte sie in den indischen Restaurants im Silicon Valley schätzen, wo man nach jedem Essen eine Handvoll davon bekommt. Meine Kinder essen sie gerne pur. Inzwischen weiß ich auch, dass sie bei Gemüse wahre Wunder vollbringen können. Gewürzsumach steuert hier zudem noch die hübsche Farbe bei.

1 EL Fenchelsamen
1 EL getrockneter Thymian
2 EL plus 2 TL grobes Meersalz
4 TL gemahlenes Gewürzsumach (nach Belieben)

Alle Zutaten in einer elektrischen Gewürzmühle oder im Mörser mischen. In Intervallschaltung oder mit einem Stößel grob zermahlen. Hält sich in einem luftdicht schließenden Behälter bei Zimmertemperatur 3 Wochen oder im Gefrierfach 2 Monate.

Koriander-Limetten-Butter

Für 8 Esslöffel (ca. 100 g)

Diese Butter habe ich immer im Gefrierfach, so sehr mag ich sie. Falls Sie jedoch zu den 20 Prozent Menschen gehören, für die Koriandergrün wie Seife schmeckt, ist das kein Problem. Denn das ist eine genetische Veranlagung, in diesem Fall ist das Rezept einfach nichts für Sie.

8 EL (100 g) zimmerwarme, ungesalzene Weidebutter
½ Tasse fein gehacktes Koriandergrün
2 EL abgeriebene unbehandelte Limettenschale
2–3 TL Limettensaft (nach Geschmack)
Grobes Meersalz (nach Geschmack)
¼ TL Cayennepfeffer (nach Belieben)

In einer Küchenmaschine alle Zutaten mit Impulsschaltung gründlich mischen. In einem luftdicht verschlossenen Behälter oder zu einem Block geformt und in Pergamentpapier gewickelt im Kühlschrank 5 Tage haltbar, im Gefrierfach bis zu 2 Wochen.

Bulletproof-Currypulver

Für ¼ Tasse

Es gibt wahrscheinlich 10.000 Curryrezepte weltweit und alle drehen sich um diese Zutaten. Bitte nehmen Sie es mir nicht übel, wenn dieses Rezept von Ihrem abweicht – es ist keine traditionelle indische oder Thai-Mischung. Falls Sie bisher noch nicht mit Curry experimentiert haben, nutzt dieses hier die Gewürzzutaten, die am meisten Bulletproof sind. Das Einzige, was mich kulinarisch noch mehr begeistern kann als Guacamole, ist Curry. Dieses Rezept passt immer.

1 EL gemahlene Kurkuma
1 EL gemahlener Kreuzkümmel
2 TL gemahlener Ingwer
1½ TL gemahlener Koriander
½ TL Vanillepulver wie Bulletproof VanillaMax
½ TL grobes Meersalz (nach Geschmack)
¼–½ TL gemahlener Zimt (nach Geschmack)
1 Prise Cayennepfeffer (nach Geschmack)

Alle Gewürze in einem luftdicht abschließbaren Behälter mischen, gründlich verrühren oder schütteln, um alles gut zu mischen. Bei Zimmertemperatur 3 Wochen haltbar, im Gefrierfach 2 Monate.

Salsa verde

Für knapp 1 Tasse

Dies ist eines der wenigen Rezepte für Salsa verde, das ohne Tomatillos oder andere Nachtschattengewächse auskommt. Kapern machen sich hier hervorragend und entsprechen auch der Salsa-verde-Tradition. Wenn Sie auf Jalapeño und Cayennepfeffer als »suspekte« Lebensmittel nicht empfindlich reagieren, peppen Sie das Rezept gerne damit auf.

1 Frühlingszwiebel, in dünne Ringe geschnitten
¾ Tasse Petersilienblätter
½ Tasse Koriandergrün
⅓ Tasse Basilikumblätter
2 EL Kapern
1 EL Apfelessig
5 EL Olivenöl
1 EL Bulletproof Brain Octane Oil (oder MCT- oder Kokosöl)
Grobes Meersalz

In einer Küchenmaschine Frühlingszwiebel, Petersilie, Koriander, Basilikum, Kapern, Apfelessig und beide Öle grob zu einer Sauce pürieren. Nach Geschmack salzen. Die Salsa verde in einem luftdicht verschlossenen Behälter im Kühlschrank aufbewahren. Innerhalb von 2 Tagen aufbrauchen.

Tapenade

Für ca. ¾ Tasse

Ich werde nie verstehen, warum man Hummus isst, wenn Tapenade und Guacamole so viel bessere Optionen sind. Tapenade verleiht so gut wie allem einen großartigen Geschmack und liefert gesunde Fette. Nur darauf achten, hochwertige Oliven zu verwenden, die frei von GVO sind.

1 Tasse entsteinte Nizza- oder Kalamata-Oliven
½ TL Thymianblätter
2 TL fein gehacktes Frühlingszwiebelgrün
1 EL Bulletproof Brain Octane Oil (oder MCT- oder Kokosöl)
1 EL hochwertiges Olivenöl
2 TL Kapern

In einer Küchenmaschine alle Zutaten mit Intervallschaltung zu einem glatten dicken Püree verarbeiten. In einem luftdicht verschlossenen Behälter bis zu 1 Woche haltbar.

Bulletproof-Mayonnaise

Für ca. 1½ Tassen

Sollte Ihre Mayo nicht emulgieren, versuchen Sie ein Stück Avocado, 1 Eigelb oder etwas Sojalecithin unterzumischen. Ich aromatisiere meine Mayo auch gern mit frischen Kräutern! Leider enthält sie zu viel Eiweiß für Eiweißfastentage.

1 Freilandei (Größe L)
¾ Tasse extra leichtes Olivenöl
¼ Tasse Bulletproof Brain Octane Oil (oder MCT- oder Kokosöl)
2–3 TL Zitronen- oder Limettensaft
1 Prise grobes Meersalz

In einer Schüssel alle Zutaten mischen und das Ei auf den Boden sinken lassen. Dann alles mit dem Stabmixer so lange fein mixen, bis die Mayo die gewünschte Konsistenz erreicht hat. Im Kühlschrank aufbewahren.

Schlusswort

Ich hoffe, Sie sind von diesen Rezepten ebenso begeistert wie ich. Es war ein Vergnügen, sie auf der Grundlage jahrelanger Experimente in der Küche zusammenzustellen. Sie sollen Ihnen mit ihrem erstaunlichen Potenzial nicht nur dabei helfen, Ihren Körper zu hacken, sondern sind auch absolut vielseitige, innovative und erfindungsreiche Gerichte. Peppen Sie sie noch weiter auf, geben Sie sie weiter, funktionieren Sie sie um, kombinieren Sie sie, nutzen Sie sie beim Fasten! Wie auch immer Ihr Lebensstil aussehen mag – entsprechend der Bulletproof-Diät zu essen ist einfach und die Gerichte lassen sich allem anpassen, wonach es Sie gelüstet und was Sie lieben. Hier finden Sie den Weg, wie Sie sich zu Ihrem besten Selbst hacken und dabei jeden Bissen mit Freude genießen können!

Voller Dankbarkeit
Dave

Muster für Fastentage

BULLETPROOF-EIWEISSFASTEN: MUSTER FÜR ESSENSPLAN UND LEITLINIE

Hier ist eine beispielhafte Einkaufsliste für die Lebensmittel, die Sie zur Vorbereitung auf Ihren großen Eiweißfastentag benötigen:

Jede Menge ungesalzene Weidebutter

Süßkartoffeln, Yamswurzeln, Karotten, Gurken, Sellerie

Avocados

Weißer Reis (und frische Mochi-Reiskuchen)

Fruktosearmes Obst wie Beeren, Limetten und Zitronen

Zutaten für den Bulletproof-Kaffee: Bulletproof Brain Octane Oil, Bulletproof-Kaffeebohnen

Die folgenden Mustermahlzeiten werden Ihrem Körper zu einer noch effizienteren Entgiftung verhelfen und Ihnen dabei einen Extra-Energieschub liefern.

1 BULLETPROOF-EIWEISSFASTEN: FRÜHSTÜCK

Leitlinie: Wählen Sie eine der folgenden Optionen, die Sie entweder sofort nach dem Aufstehen zu sich nehmen oder zu Ihrer üblichen Frühstückszeit.

Bulletproof-Kaffee
Grüntee, gemischt mit Butter und Bulletproof Brain Octane Oil (allerdings nicht so wirksam wie Bulletproof-Kaffee!)

2 BULLETPROOF-EIWEISSFASTEN: MITTAGESSEN

Leitlinie: Wählen Sie eine der folgenden Optionen und nehmen Sie das Mittagessen 15–18 Stunden nach dem vorherigen Abendessen zu sich.

Guacamole mit Gurken und/oder Selleriesticks
Süßkartoffel-Ingwer-Suppe
Eisbergsalat mit Karottenstiften aus dem Ofen

3 BULLETPROOF-EIWEISSFASTEN: ABENDESSEN

Leitlinie: Wählen Sie eine der folgenden Optionen und nehmen Sie das Abendessen 5–6 Stunden nach dem Mittagessen zu sich.

Eisbergsalat mit weißem Butterreis
Karotten-Fenchel-Suppe mit weißem Reis
Gebackene Süßkartoffel mit Guacamole

4 BULLETPROOF-EIWEISSFASTEN: DESSERT (NACH BELIEBEN)

Leitlinie: Bald nach dem Abendessen zu genießen.

Bulletproof-Beeren-Becher: Blaubeeren, Himbeeren und Erdbeeren mit einem Spritzer Zitronensaft mischen, mit gehacktem frischem Basilikum bestreuen – und genießen!

So hacken Sie Ihr Eiweißfasten

Ihr Ziel ist, an einem Eiweißfastentag pro Woche den ganzen Tag über weniger als 15 Gramm Eiweiß zu essen. Einige Leute finden es schwierig, bis 15 zu zählen oder sagen mir, sie seien zu faul dazu – daher hier meine besten Tipps:

Hack #1:
Googeln

Wenn Sie etwas essen möchten und sich nicht sicher sind, ob es Eiweiß enthält, empfehle ich dringend den altertümlichen Biohack, den ich gerne »Google« nenne. Sie müssen nur eintippen »Wie viel Eiweiß enthält Brokkoli« oder »Eiweißgehalt von Avocado« – oder was Sie eben herausfinden möchten, um eine ungefähre Maßangabe zu erhalten.

Hack #2:
Digitale Küchenwaage kaufen

Durch den Kauf einer kleinen Küchenwaage können Sie Ihre Portionen Eiweißpulver und andere Upgraded-Pulver schnell und einfach abwiegen, was für alle Bulletproof-Rezepte nützlich ist, nicht nur am Eiweißfastentag.

Hack #3:
Essen Sie lieber zusätzlich Bulletproof-Kohlenhydrate als einen Schummeltag mit Junk Food einzulegen

Vergessen Sie nicht, dass dies kein Schummeltag ist. Erlauben Sie es sich nicht, alle Fastfood-Buden im Ort aufzusuchen und anschließend noch einen ganzen Kuchen zu verdrücken! Bulletproof-Eiweißfasten ist einfach eine tolle Möglichkeit, einen noch besseren Rückgang der Entzündungen und noch bessere Bulletproof-Ergebnisse zu erreichen. Von mir aus nennen Sie es auch einen Schummeltag – aber nur insofern, als Ihr Körper, wenn Sie nicht genügend Kohlenhydrate essen, dazu gebracht wird, Fett zu verbrennen und sein Entgiftungssystem zu verjüngen!

Ich sage immer: Wenn Sie zwei Stunden nach einem Essen Hunger haben, essen Sie das Falsche. Diese Richtlinie gilt an allen Wochentagen, auch am Eiweißfastentag.

Muster für das intermittierende Bulletproof-Fasten

Hier sehen Sie einen Mustertag für das intermittierende Bulletproof-Fasten, das ich weiter unten genauer erkläre:

20 Uhr: Essen Sie Ihre letzte Mahlzeit vor dem Fastenbeginn am nächsten Tag.

8 Uhr: Trinken Sie einen Bulletproof-Kaffee.

14 Uhr: Brechen Sie das Fasten mit Bulletproof-Essen.

Das intermittierende Bulletproof-Fasten ist dasselbe wie traditionelles intermittierendes Fasten, abgesehen davon, dass Sie morgens einen Bulletproof-Kaffee trinken. Die gesunden Fette der Weidebutter und des Bulletproof Brain Octane Oil versorgen Sie mit einem stabilen Energiestrom, der Sie durch den Tag trägt. Die Upgraded-Kaffeebohnen, die einen ultraniedrigen Toxingehalt haben, optimieren die Hirnfunktion und die Fettabnahme mit hochwertigem Koffein. Das Bulletproof Brain Octane Oil dient außerdem dazu, die Ketonkörperproduktion zu steigern, und kurbelt die Stoffwechselrate um bis zu zwölf Prozent an. Dieses Getränk ist so sättigend, dass wir schon Kunden hatten, die morgens eine Tasse Bulletproof-Kaffee getrunken haben und erst Mitte des Nachmittags das Bedürfnis verspürten, etwas zu essen.

Um optimale Ergebnisse zu erzielen, sollten Sie der grünen Seite der Bulletproof-Diät-Roadmap (www.bulletproof.com/diet-roadmap-poster) in Verbindung mit dieser Leitlinie folgen. Bulletproof-Fasten schützt Sie nicht vor den Auswirkungen von Pop-Tarts und frittierten Oreo-Keksen.

Intermittierendes Bulletproof-Fasten: Leitlinie zur geistigen Leistungsfähigkeit

Ziel: Die geistige Leistungsfähigkeit verbessern und/oder aufrechterhalten und dabei von mehr Vorteilen profitieren als beim traditionellen intermittierenden Fasten.

Schritt 1: Am Vorabend mit dem Abendessen gegen 20 Uhr fertig sein
Nach dem Abendessen keine Snacks essen – gehen Sie zu Bett, wann Sie möchten.

Schritt 2: Morgens Bulletproof-Kaffee trinken
Bulletproof-Kaffee ist ein Mischgetränk aus aufgebrühten Upgraded-Kaffeebohnen, Weidebutter und Upgraded-XCT-Öl (die pharmazeutische Klasse des Brain Octane Oil). Das vollständige Rezept finden Sie auf Seite 180. Machen Sie keine Experimente mit billigem Kaffee, der wegen der darin enthaltenen Schimmelpilzgifte Ihre Bemühungen zunichtemachen kann.
Trinken Sie morgens so viel Bulletproof-Kaffee, wie Sie möchten. Falls Sie Hunger bekommen, können Sie vor 14 Uhr noch eine Tasse davon trinken. Nach 14 Uhr jedoch keinen Kaffee mehr trinken, sonst können Sie nachts nicht schlafen.

Schritt 2,5 (nach Belieben): Sport
Sport ist zum Muskelaufbau und zur Fettabnahme nicht notwendig, aber er hilft dabei. Falls Sie Sport treiben möchten, empfehle ich ein hochintensives Gewichtheben, direkt bevor Sie in Schritt 3 das Fasten brechen. Kürzeres und intensiveres Trainieren ist besser als längeres Trainieren. Wenn Sie Sport treiben, werden Sie mehr Schlaf brauchen.

Schritt 3: Das Mittagessen nach 14 Uhr einnehmen
Das heißt, Sie haben mit Ausnahme des Bulletproof-Kaffees 18 Stunden lang nichts gegessen. Das sollte vom Aufwachen über den Vormittag und bis in den Nachmittag hinein gelten. Falls 18 Stunden zu lange für Sie sind, beginnen Sie mit kürzerem Fasten und steigern es allmählich.

Schritt 4: Essen Sie 6 Stunden lang so viel Bulletproof-Food, wie Sie möchten (bis 20 Uhr)
Wie viele Mahlzeiten Sie in dieser Zeit zu sich nehmen ist unerheblich, ebenso wie die Kalorienzahl.

Danksagung

Wenn Sie ein Bulletproof-Essen für eine Person kochen, die Ihnen am Herzen liegt, handelt es sich um eine Art Liebesdienst. Sie machen eine Kleinigkeit genau richtig, sodass Ihre Freundin oder Ihr Freund ein »Lebensmittel-High« erleben kann – gefolgt von einer erstaunlichen Energie, die den ganzen Tag über anhält und frei ist von Heißhunger und Energieeinbrüchen.

Erleben Ihre Freunde einen solchen Tag, werden sie dazu angeregt, andere Menschen ebenfalls besser zu behandeln. Das sorgt bei diesen Menschen für Wohlbehagen, sodass sie wiederum andere Leute besser behandeln. Genau das ist entscheidend.

Dazu braucht es nichts weiter als eine Mahlzeit, um die Biologie zu entschlüsseln, damit Sie über die Energie und Kontrolle verfügen können, die Sie haben sollten. Daher beschloss ich, das *Bulletproof-Kochbuch* zu schreiben.

Außerdem habe ich das Buch geschrieben, weil Sie hochwertiges Fleisch, Fett und Gemüse einfach und köstlich zubereiten können, wenn Sie die Bulletproof-Diät befolgen. Manchmal werden sogar Steaks vom Weiderind und Brokkoli langweilig – und dann ist es fantastisch, köstlichere und kreativere Gerichte zuzubereiten, wenn Sie Zeit zum Aufpeppen haben.

Mein besonderer Dank geht an Brandon Routh, einen Freund und Hollywood-Superhelden. Brandon nahm sich trotz der zeitintensiven Dreharbeiten in seiner Rolle als »Atom« in der Fernsehserie *DC's Legends of Tomorrow* Zeit, um im Vorwort über seine Bulletproof-Geschichte zu berichten. Ich war sehr berührt, als ich hörte, wie ihm dieses Buch geholfen hat, und es beschämte mich fast, dass er so bereitwillig darüber sprach.

Vielen Dank dem gesamten Verlagsteam, das dazu beigetragen hat, die Idee für dieses Kochbuch zu realisieren. Diese Teamarbeit war tatsächlich deutlich komplizierter als die Zubereitung des tollsten französischen Essens. Vielen Dank an meine überaus fantastische Agentin, Celeste Fine – es ist wirklich eine Ehre, jeden Tag mit dir zu arbeiten, und ich bin so froh, dass J. J. Virgin uns miteinander bekannt gemacht hat. Vielen Dank an das tolle Team von Rodale unter der Leitung von Marisa Vigilante und Jennifer Levesque für die harte Arbeit bei dieser zweiten Zusammenarbeit. Dank an Jamie Shaw, Ellen Scordato und ihr gesamtes Team, die geholfen haben, diese Rezepte zu testen und zu optimieren, um sie möglichst perfekt zu machen!

Ein großer Dank an das gesamte Bulletproof-Team, das die Einführung des Kochbuchs zu einem so großen Erfolg gemacht hat. Ein großes Dankeschön an Carrie Simons, Ashley Sandberg und ihr wunderbares Team bei Triple7 PR, die Informationen über diese köstlichen Rezepte und die Möglichkeiten der Verbesserung der menschlichen Leistungsfähigkeit verbreitet haben. Russell Brunson, ich bin dankbar für deinen wertvollen Rat in den Monaten, bevor das Buch erschien – das gesamte Bulletproof-Team hat sehr viel von deiner Weisheit und strategischen Unterstützung gelernt.

An Zak Garcia, Nikki de Goey, Susan Lyon, Yo Fujikawa, Peter Bauman, Kailey Stein, Meghan Kelly und jedes Mitglied des Bulletproof-Teams, die ihr maßgeblich an dieser zweiten großen Buchveröffentlichung beteiligt gewesen seid: Ihr habt alle dazu beigetragen, dies möglich zu machen und dafür bin ich unendlich dankbar! Wir wollen dieses Ereignis in der Firma Bulletproof Labs mit einem Essen feiern, zu dem jeder etwas mitbringt. Ich bringe die Guacamole mit! ;-)

Last, but not least danke ich meiner Frau Lana und meinen Kindern Anna und Alan – sie hatten vielleicht den größten Einfluss auf den Entstehungsprozess der Rezepte, denn sie waren die besten Testesser, die ich mir nur wünschen konnte. ;-) Geduldig tolerierten sie mehrere »Rohentwürfe« jedes Rezepts, bevor jedes schließlich perfektioniert war.

Vielen Dank an alle wunderbaren Menschen, die gemeinsam dieses Kochbuch unterstützt haben. Genießt das Festessen!

Register

Unterstrichene Seitenzahlen verweisen auf Kästen. Ein Sternchen (*) verweist auf ein Foto auf den farbigen Innenseiten.